Édition bilingue
POLONAIS-FRANÇAIS
avec lecture audio intégrée

*Pour écouter la lecture de ce livre
dans sa version originale polonaise
scannez le code en début de chapitre avec :
votre téléphone portable, votre tablette,
ou bien votre webcam depuis le site https://webqr.com*

Roman
Littérature polonaise

Titre original :
ANIELKA

Lecture en polonais :
Włodzimierz Chomiak

ISBN : 978-2-37808-038-9
© L'Accolade Éditions, 2018

BOLESŁAW PRUS

ANIELKA

Rozdział 1
Autor dokonywa przeglądu osób

Anielka jest piękną dziewczynką, a przytem ani ubogą, ani sierotą. Posiada wszelkie warunki szczęścia: ma rodziców, uczoną guwernantkę, własnego psa i — mieszka na wsi.

A wieś, szczególniej podczas lata, jest najstosowniejszem miejscem pobytu dla dzieci. Są one tam zdrowe, swobodne i lepiej bawią się niż w mieście.

Przy gościńcu wieś ciągnie się we dwa pogięte szeregi, o parę staj — dwór otoczony wielkim ogrodem, szeroki, dostatni. W jednem skrzydle dworu Anielka uczy się pod okiem guwernantki, a w oszklonym ganku od ogrodu jej braciszek, Józio, bawi się obok matki. Jemu jeszcze wolno bawić się w godzinach powszechnej pracy, bo on mały, ma dopiero lat siedem.

Ładna jest wieś, w której mieszka Anielka. Ładna, gdy nad polami skowronki świergoczą, gdy od łąk dolatuje ciche dźwięczenie ostrzonych kos, gdy na gościńcu biegają z krzykiem opalone dzieci,

Chapitre 1
Où l'auteur passe en revue ses principaux personnages

Anielka est une jolie fille, à qui ne manque aucune des conditions du bonheur : car elle a ses parents, une savante institutrice, son chien à elle, et elle demeure à la campagne.

Or, la campagne, en été surtout, est l'endroit le plus favorable pour les enfants ; ils y jouissent d'une meilleure santé, de plus de liberté, et y jouent mieux qu'en ville.

À deux cents mètres du village, dont les maisons s'alignent sur deux longues rangées, s'élève une spacieuse demeure seigneuriale entourée d'un grand jardin. Dans l'un des pavillons de la maison, Anielka étudie sous l'œil de son institutrice ; Joseph, son petit frère, joue auprès de sa mère sur un grand balcon vitré donnant sur le jardin. Il est permis à Joseph de jouer même pendant les heures où tout le monde travaille, car il est tout petit encore : il n'a que sept ans.

Le village où demeure Anielka est très joli. Il est joli quand les alouettes gazouillent en s'élevant très haut au-dessus des champs, quand grince au loin le bruit sonore des faux tranchantes, quand les enfants hâlés courent sur la route en poussant des cris joyeux,

gdy we dworze po skończonych lekcjach matka z Anielką i Józiem wyjdzie do ogrodu, aby ze wzgórza patrzeć na pola, łąki, strumienie, gościniec i las odległy.

Może powiedzą sobie z uczuciem sprawiedliwej dumy: wszystko, co stąd wzrok obejmie, ożywia myśl i wola naszego ojca — to nasze! Gdyby nie on, nie byłoby tu ani tak pięknie, ani tak dostatnio!...

A może żadna z nich nie wejdzie na wzgórek, skąd widać całą majętność, aby nie przypominać sobie, że lasu wkrótce już nie stanie, bo go sprzedano, że na łąkach jest mało kosiarzy, bydło nie ma co jeść na ugorach i pola są źle obsiane.

Tu i owdzie między dworskiem zbożem tuła się bydlę włościańskie; do niepilnowanego lasu wjeżdżają obce fury. Stodoły puste, budynki obdarte, w śpichrzu ledwie parę garści ziarna leży na spróchniałej podłodze. Kilka koni fornalskich rżą w stajni nad pustym żłobem, parobcy wałęsają się po dziedzińcu, a w kuchni krzyk. Jeden z fornali woła, że już nie będzie jadł kaszy na wieczerzę, bo ją miał dziś dwa razy, inny wyrzeka, że chleb jest pełen ości i mniejszy niż być powinien.

Gdzie klucznica, żeby uspokoiła swary w kuchni? Podobno jest w miasteczku, leczy się na ból zębów, a może — szuka nowego obowiązku. Gdzie ekonom, czy rządca,

quand, la leçon finie, Anielka vient au jardin avec sa mère et Joseph pour regarder, du haut d'un tertre, les champs, les prairies, le ruisseau, la route et la forêt lointaine.

Peut-être les deux enfants se disent-ils alors, avec un sentiment de fierté : « Tout ce que la vue embrasse d'ici est animé par la pensée et la volonté de notre père, — tout cela nous appartient ! Sans lui, rien ici ne serait aussi beau, rien ne respirerait l'aisance ! »

Car ils ne savent pas, ces heureux enfants, que bientôt la forêt, vendue, aura cessé d'exister, qu'il n'y aura plus de faucheurs sur la prairie, et que le bétail n'aura rien à paître dans les jachères.

Çà et là, dans les champs seigneuriaux, errent les vaches du village ; des chariots étrangers pénètrent librement dans la forêt mal gardée. Les granges sont vides ; les bâtiments tombent en ruine ; dans les greniers ne restent plus que quelques poignées de grain, éparses sur le plancher vermoulu. Les chevaux de labour hennissent dans les écuries, auprès de leurs mangeoires vides ; les valets de ferme rôdent dans la cour ; à la cuisine, on se querelle. Un domestique déclare qu'il ne mangera pas de gruau à souper, en ayant mangé deux fois déjà dans la journée ; un autre assure que son pain est plein de barbes de seigle, et plus petit qu'il ne doit l'être.

Où donc est la femme de charge, pour faire cesser ce tapage ? Elle est allée en ville, sous le prétexte d'un violent mal de dents ; mais peut-être est-elle partie plutôt pour se chercher une autre place. Où sont le régisseur, l'économe,

aby dojrzeli robót w polu i nie pozwalali krzywdzić dworskich obszarów? Rządcy już od roku niema, a ekonom wyjechał za własnemi interesami.

A gdzie pan tego majątku?...

O tym najmniej wiadomo. On bywa gościem w domu, nawet wówczas, gdy jego sąsiedzi całe dnie przepędzają w polu. Ostatni raz wyjechał dziesięć dni temu, kończyć interesa. Niedawno sprzedał las i wziął trzy tysiące rubli zadatku. Ale na lesie ciążą serwituty, które wypada znieść na Św. Jan. Jeżeli serwitutów nie zniosą, pan lasu nie sprzeda i będzie musiał ustąpić z majątku, co prawda, bardzo odłużonego. Niemcy zawarli z nim taki układ, który on pół roku temu, śmiejąc się, podpisał, pewny, że... jakoś to będzie!...

Obecnie pojechał dziedzic kończyć sprawę lasu z komisją włościańską. I skończył pomyślnie, gdyż na św. Jan ma przyjechać komisarz i asystować przy ostatecznej ugodzie z włościanami. Podobno chłopi zdecydowali się wziąć po trzy morgi na osadę za zrzeczenie się swoich praw — i — wszystko pójdzie dobrze.

qui doivent surveiller les travaux des champs, et ne pas permettre qu'un préjudice soit causé aux propriétés du château ? Depuis une année environ, il n'y a plus de régisseur, et l'économe est absent, appelé à Varsovie par des affaires personnelles.

Où donc est le maître du domaine ?...

C'est ce qu'on ne sait guère. Il ne loge chez lui qu'en passant, même dans la saison où les autres propriétaires, ses voisins, sont occupés aux champs du matin au soir. Il vient de vendre ses forêts, et a touché trois mille roubles d'avance; mais la forêt est hypothéquée par les « servitudes[1] » qu'il faut lever à la Saint-Jean ; si cela ne peut se faire, la forêt sera considérée comme non vendue, et le châtelain devra quitter ce beau domaine. Les Allemands, acquéreurs de la forêt, ont mis cette clause au contrat, il y a six mois environ ; et le maître a accepté, persuadé que tout s'arrangerait.

Récemment, le châtelain est allé terminer l'affaire des forêts avec le commissaire rural, et il l'a terminée favorablement, sans doute, car, on dit que, à la Saint-Jean, le commissaire doit venir présider à l'entente définitive avec les paysans. Ceux-ci sont décidés, paraît-il, à renoncer à tous leurs droits sur la forêt moyennant trois arpents de terre, cédés en toute propriété à chaque métairie. Tout va donc s'arranger maintenant.

---

1. On appelle, en Pologne, « servitudes » forestières la quantité de bois de chauffage que chaque propriétaire doit fournir aux métayers qui vivent sur son domaine et qui ont été autrefois ses serfs. (Note du traducteur.)

Z tego powodu, dziedzic, pan Jan, nie śpieszył się z powrotem do domu. Dziś już nic w gospodarstwie nie poprawi, bo to czerwiec.

Weźmie się dopiero po ukończeniu interesu leśnego. Tymczasem musi się zobaczyć z krewnym, który wyjeżdża zagranicę, i udzielić rad przyjacielowi, który się żeni.

Dziedzic był człowiekiem lekkiego serca, przynajmniej tak nazywali go rolnicy pedanci. Najważniejszy interes opuściłby on dla rozrywki w towarzystwie ludzi dobrego tonu, a już dla uniknięcia przykrości, Bóg wie czegoby się nie wyrzekł.

Od dzieciństwa zaś miał to przekonanie, że ludzie jego stanowiska nie mogą nurzać się w pracy i poziomych kłopotach. Bawić się, błyszczeć dobrym tonem, dowcipkować i utrzymywać arystokratyczne stosunki — oto były cele jego życia. Innych nie znał, i z tego może powodu w ciągu kilkunastu lat stopniał mu w rękach naprzód majątek własny, a obecnie — posag żony.

Kiedyś (gdy się ureguluje zachwiane społeczeństwo) miał nadzieję odzyskać wszystko. Jakim sposobem? Gdyby go o to zapytano, uśmiechnąłby się tylko i skierowałby rozmowę na inny przedmiot.

Niekiedy w stadle, gdzie mąż jest istotą, która dzięki wychowaniu i stosunkom późniejszym, nigdy nie dotknęła stopą ziemi, trafia się żona energiczna i rozsądna. Tu, na nieszczęście, nie było ani jednego, ani drugiego.

Aussi M. Jean, le maître du domaine, ne se hâte-t-il point de revenir chez lui. Il est trop tard, du reste, pour améliorer en quoi que ce soit la récolte prochaine : n'est-on pas déjà au mois de juin ?

M. Jean se mettra à l'œuvre quand le contrat avec les paysans sera signé ; en attendant, il doit voir un de ses parents, qui part pour l'étranger, et donner quelques conseils à un de ses amis qui va se marier.

M. Jean est un homme frivole : c'est du moins ce que disent ses voisins. Il quitterait tout, même l'affaire la plus pressante, pour aller s'amuser dans une société de bon ton. Et pour s'épargner le moindre ennui, Dieu sait à quoi il ne renoncerait pas !

Il a, depuis son enfance, la conviction que les personnes de son rang ne doivent pas s'abaisser aux occupations vulgaires. Se divertir, briller par son esprit, faire des bons mots, entretenir d'aristocratiques relations : tel est le but de sa vie ; et c'est ainsi qu'il a, en quelques années, dilapidé sa fortune et toute la dot de sa femme.

Plus tard (quand la société chancelante sera consolidée) il a l'espoir de rentrer dans ses biens. Par quel moyen ? Si vous le lui demandez, il répondra par un sourire et détournera la conversation.

Parfois, dans un ménage, quand le mari, grâce à son éducation et plus tard à ses relations, est un être n'ayant jamais foulé du pied la terre, la femme, du moins, est énergique et raisonnable. Ici, malheureusement, elle n'est ni l'un ni l'autre.

Pani Janowa, matka Anielki, za czasów kwitnącej młodości, odznaczała się niepospolitym wdziękiem, słodyczą charakteru i towarzyskiemi zaletami. Umiała ubierać się, przyjmować gości, grać, tańczyć i mówić po francusku, częściej niż rodowitym językiem. Przez kilka lat po zamążpójściu bawiła się jak anioł, a mąż za nią przepadał. Później, gdy mąż ochłonął nieco w sakramentalnej miłości, stała się wzorową żoną i po całych dniach siedziała w domu, nudząc się w sposób, o ile można, łatwy, a bezwarunkowo cnotliwy. Wkońcu zaczęła chorować i od trzech mianowicie lat otoczyła się lekarstwami.

Pan tymczasem jeździł — niby Sowizdrzał — jak mówi lud. Niekiedy wpadał do domu i prosił żonę o podpisanie jakiego papieru. Ta skarżyła się przed nim na samotność i brak wygód; ale gdy mąż obiecał, że od św. Jana wszystko zmieni się na dobre, uspakajała się i podpisywała, co chciał.

Ludzie wiejscy znali ją tylko z kościoła; w kuchni nie widziano jej nigdy. Światem jej był dwór i niekiedy park. Lekarstwa, wystrzeganie się szkodliwych wpływów klimatycznych, wspomnienia zabawy i nudy obecne — wypełniały jej życie, które znosiła raczej z apatją, niż z rezygnacją.

Mme Jean, la mère d'Anielka, se faisait remarquer dans sa jeunesse par un grand charme, un caractère doux et de brillantes qualités mondaines. Elle a su s'habiller, recevoir, jouer du piano ; elle a parlé le français mieux que sa langue maternelle. Pendant les quelques années qui ont suivi son mariage, elle s'est amusée comme un ange, et son mari en a été éperdument amoureux. Plus tard, quand la tendresse conjugale du mari eût fraîchi un peu, elle est devenue une épouse modèle, restant à la maison des journées entières, s'ennuyant d'une manière aussi facile que vertueuse. Enfin elle est tombée malade ; et, depuis trois ans, elle ne s'entoure plus que de médicaments.

Pendant ce temps, son mari a voyagé. De temps à autre, il est revenu pour quelques heures sous le toit conjugal, et a prié sa femme de lui signer un papier. Celle-ci, alors, s'est plainte de son abandon, du manque de confort ; mais quand son mari lui a répété que tout allait s'arranger à la Saint-Jean, elle s'est calmée et a signé tout ce qu'il a voulu.

Les gens du village la connaissent pour l'avoir vue à l'église. Jamais elle n'a mis le pied à la cuisine. Tout son univers se borne au château, et parfois au parc. Se droguer, se préserver des mauvais changements de température, se souvenir des amusements d'autrefois, songer à l'ennui présent ; voilà tout ce qui remplit sa vie, vie qu'elle supporte plus encore par apathie que par résignation.

Położenia nie rozumiała, o możliwej stracie majątku nie myślała nigdy. Gdy doszło do tego, że mąż począł zastawiać jej klejnoty, płakała i robiła mu wymówki. Pomimo to dziwiła się, że nie ma tej służby, co niegdyś, i wypowiadała życzenia swoje, jak za najlepszych czasów: „Kup mi to" — „przywieź owo" — „przyjmij tego..." — a gdy mąż woli jej nie spełnił, nie unosiła się gniewem, ani niepokoiła obawą złej przyszłości.

— Jaś nie chce mi tego zrobić! — myślała, nie przypuszczając nawet, aby Jaś nie mógł czegoś zrobić, jako kandydat na bankruta.

Pod bezpośrednim wpływem matki chował się Józio. Do czwartego roku życia karmiono go sagiem, manną i cukrem; nie pozwalano mu wychodzić zbyt często na dwór, aby się nie zgrzał, lub nie zaziębił; nie dawano mu biegać, aby sobie czego nie złamał.

System ten zrobił dzieciaka wątłym; a ponieważ w owym czasie jego mama poczęła leczyć się, więc i jego leczono. W ciągu trzech lat następnych chłopiec nauczył się trochę po francusku, poznał w siódmym roku życia dużo lekarstw, był uważany i sam uważał się za chorego.

Starsza siostra jego, Anielka, miała lat trzynaście. Przyszła na świat jeszcze w tej epoce, kiedy mama bawiła się. Oddano ją więc pod dozór nianiek i piastunek, z których żadna nie służyła we dworze dłużej roku. Z jakiego powodu? O tem podobno tylko dziedzic wiedział.

Elle ne comprend pas la situation, et ne pense jamais à la possibilité de rester sans fortune. Lorsque le mari en est venu à mettre ses bijoux en gage, elle a pleuré, elle l'a accablé de reproches ; mais, dès le lendemain, elle s'est plainte, de nouveau, d'avoir à son service un personnel moins nombreux qu'auparavant ; de nouveau elle a exprimé les mêmes désirs que dans des temps meilleurs : « Achète-moi ceci ! » « Rapporte-moi cela ! » Et quand son mari ne remplit pas toutes ses volontés, elle ne s'emporte pas, ni ne s'inquiète de l'avenir.

— Jean ne *veut pas* me faire ce plaisir, pense-t-elle, ne supposant même pas que Jean ne le *puisse pas*, en sa qualité de candidat à la faillite.

Joseph n'a été élevé que par sa mère. Jusqu'à sa quatrième année, on l'a nourri de sagou, de semoule et de sucre ; on ne lui a point permis de sortir souvent, par crainte qu'il ne se mît en transpiration, ou ne prît froid ; on ne l'a pas laissé courir, par crainte des chutes.

Ce système d'éducation en a fait un enfant chétif ; et quand sa mère a commencé à se droguer, on l'a drogué aussi. Pendant les trois années suivantes, il a appris un peu à parler français. À sept ans, il connaît le nom d'une foule de médicaments ; chacun et lui-même le tiennent pour un malade.

Sa sœur Anielka a treize ans. Elle est venue au monde alors que sa mère s'amusait encore : aussi l'a-t-on laissée aux mains des bonnes et des surveillantes, dont aucune, d'ailleurs, n'est restée longtemps au château. Pourquoi ! Seul, le châtelain, à ce que l'on dit, en connaît la raison.

Że zaś bony, a później guwernantki, mało zajmowały się edukacją Anielki, dziecko więc samo się wychowywało. Anielka biegała po wielkim ogrodzie, włazila na drzewa, bawiła się z psami, a niekiedy z folwarcznemi dziećmi, na co jej jednak nie pozwalano.

Lecz teoretyczne nauki dziewczęcia były strasznie zaniedbane, podobnież tak zwane „ułożenie." Nic tych rzeczy nie umiała, gdyż nikt jej nie uczył.

Nareszcie pewnego dnia zrobiono odkrycie, że Anielka umie bardzo mało, prawie nic, więc — sprowadzono jej mądrą guwernantkę, pannę Walentynę.

Była to osoba w gruncie rzeczy dobra, dość umiejąca, ale na swój sposób zbakierowana. Nieładna, stara panna, trochę demokratka, trochę filozofka, trochę histeryczka i wielka pedantka. Kto ją widział przy lekcji, mógł sądzić, że patrzy na mumję. Pod zimną jednakże powłoką kwasiło się dużo rozmaitych uczuć, które z panny Walentyny mogły zrobić w danym razie pomocnicę mężnej Judyty, w innym — ofiarę niesumienności jakiego przedstawiciela płci męskiej. Jedno i drugie w minjaturze.

Taką jest doraźna charakterystyka głównych działaczy niniejszego opowiadania.

Wszyscy oni stąpają po podminowanym gruncie, który w języku pospolitym zwie się: bankructwem.

Les surveillantes, et plus tard les institutrices, se sont fort peu occupées de l'éducation d'Anielka, et l'enfant s'est élevée seule. Elle a couru par le jardin, grimpé aux arbres, joué avec les chiens et parfois même avec les enfants des gens de la ferme, ce qui cependant lui est défendu.

L'instruction de la fillette est excessivement négligée ; ce qu'on est convenu d'appeler ses « manières », ne l'est guère moins. Elle ne sait rien de ces choses, parce qu'on ne s'est pas donné la peine de les lui enseigner.

Un beau jour, cependant, on a découvert qu'Anielka savait très peu, presque rien même — et on a engagé pour elle une savante institutrice, Mlle Valentine.

Mlle Valentine est une personne assez bonne, au fond, passablement instruite, mais un peu singulière, pas jolie, vieille fille, un peu démocrate, un peu philosophe, un peu maniaque, et grande pédante. En la voyant donner sa leçon, on pourrait la prendre pour une momie. Et cependant sous son enveloppe glaciale fermentent des sentiments divers qui auraient pu faire de cette docte personne, à l'occasion, une émule de Judith, ou la victime du manque de scrupule de quelque beau représentant du sexe fort. L'une et l'autre en miniature, toutefois.

Tels sont les principaux traits caractéristiques des personnages du récit qui va suivre.

Et tous ces personnages marchent sur un sol miné qu'on nomme, en langue prosaïque, « la faillite ».

Rozdział 2

Czytelnik bliżej poznaje bohaterkę,
jej guwernantkę, a także pieska — imieniem Karuś

Ktokolwiek spożywał papierowe owoce z drzewa wiedzy o złem, dobrem i nudnem, ten nie zapomniał chyba cywilizacyjnej czynności zwanej: *wydawaniem lekcji*.

Bez wielkiego trudu możemy uprzytomnić sobie mętne chwile, w czasie których poprzednik nasz, wedle szkolnego spisu uczniów, bąkał albo pytlował zadaną lekcją. Pamiętamy chaos, jaki wypełniał całą naszą istotę od kurzu na podeszwach aż do pomady na włosach, gorączkowe oczekiwanie własnej kolei i pytania, natrętnie cisnące się do myśli: „A może mnie nie wyrwie?... może godzina wybije?... może go inspektor wywoła?... może stanie się co dziwnego?..."

Tymczasem spotniały nasz poprzednik wypowiadał ostatnie wyrazy lekcji i siadał, przypatrując się z wielką uwagą piątce, trójce albo jednostce, którą obok jego nazwiska rysował w swoim katalogu profesor. Potem — czuliśmy wewnątrz jakąś, niezmierną ciszę, wśród której, z łoskotem kamienia uderzającego w szybę, wywołano nasze nazwisko.

Chapitre 2

Où le lecteur fera plus ample connaissance avec l'héroïne, son institutrice, et aussi avec un chien appelé Karo

Qui a goûté aux fruits de l'arbre de la science n'a pas dû oublier l'exercice qu'on appelle « réciter une leçon ».

Sans trop de difficultés, nous pouvons tous nous rappeler le moment où, à l'école, notre voisin marmottait ou balbutiait la leçon du jour. Nous nous souvenons du chaos qui remplissait alors tout notre être, depuis la poussière de nos semelles jusqu'à la pommade de nos cheveux, l'attente fiévreuse de notre tour, et les questions angoissantes qui se posaient à notre esprit : « Peut-être ne m'interrogera-t-il pas ? Peut-être l'heure sonnera-t-elle avant ?... Peut-être quelque incident surviendra-t-il ? »

Et cependant notre voisin, le front inondé de sueur, marmottait la dernière phrase et se rasseyait, s'efforçant de déchiffrer, à distance, le cinq, le trois ou le zéro que le professeur venait d'accoler à son nom dans son cahier de notes. Et puis nous éprouvions un grand calme intérieur au milieu duquel, avec le fracas d'un caillou heurtant une vitre, nous entendions prononcer notre nom.

Odtąd nie czuliśmy, nie widzieli i nie myśleli nic, zasłuchani w wartki potok wyrazów, który wypływał nam z okolic przełyku, obracał język, potykał się o zęby i poruszywszy kolumnę powietrza, tudzież władze umysłowe znudzonego profesora, krystalizował się ostatecznie w „notesie," przybierając tam formę mniej lub więcej opłakanego stopnia.

Tak rzeczy stoją w szkołach, gdzie z powodu natłoku uczniów inkwizycje pedagogiczne odbywają się krótko i nieczęsto. W edukacji zaś prywatnej, przy której uczeń wciąż musi wydawać lekcje, miejsce trwogi i gorączkowej niepewności zajmuje trwające kilka godzin ogłupienie, a potem — wybuch ukontentowania, jakby nas z ukropu dobyto.

Chwila podobna zbliża się właśnie dla Anielki, wypowiadającej przed guwernantką swoją, panną Walentyną, ostatnią popołudniową lekcją — jeografji.

Dziewczynka stoi na środku pokoju, oparłszy złożone jak do modlitwy ręce na czarnym, lakierowanym stole. Ciemne włosy jej w powodzi czerwcowego słońca błyszczą jak złotemi nićmi przetkane. Machinalnie przestępuje z nóżki na nóżkę i błądzi oczyma po drzwiach, prowadzących do pokoju matki, po suficie, lub stole, zarzuconym materjałami i narzędziami oświaty.

— „Modena — trzydzieści tysięcy mieszkańców. Dla ochrony od upałów ma okryte chodniki... Reggio, wymawiaj: Redżio..."

À partir de ce moment, nous ne sentions, n'entendions, ne voyions plus rien, comme absorbé par le torrent de mots qui découlait de notre larynx, faisait tourner notre langue, se heurtait à nos dents, et, après avoir déplacé une colonne d'air et mis en mouvement les facultés intellectuelles de notre professeur ennuyé, se cristallisait définitivement sous forme de notes, plus ou moins déplorables, dans le cahier.

Tel est encore l'état des choses dans les écoles, où, à cause du trop grand nombre d'élèves, les inquisitions pédagogiques sont peu fréquentes. Dans l'éducation particulière, où l'élève doit réciter chaque jour ses leçons, l'angoisse, l'incertitude fiévreuse sont remplacées par un abêtissement de quelques heures, suivi d'une explosion de contentement pareille à celle qu'on éprouverait en se voyant tirer d'une chaudière d'eau en ébullition.

La minute de cette explosion s'approchait pour Anielka, occupée à réciter sa dernière leçon, la géographie, devant Mlle Valentine, son institutrice.

La fillette est debout au milieu de la pièce, les mains jointes appuyées sur une table noire vernie. Ses cheveux bruns paraissent comme parsemés de fils d'or, sous le soleil de juin. Elle pose machinalement un de ses pieds sur l'autre, et laisse ses regards errer sur la porte conduisant à l'appartement de sa mère, puis sur le plafond, puis sur la table encombrée de livres et d'instruments scientifiques.

— « Modène — 30 000 habitants. Pour préserver les habitants des ardeurs du soleil, les trottoirs sont couverts... Reggio, on prononce Redjio... »

— Ależ Reggio mówić nie potrzeba, a tembardziej dodawać: *wymawiaj*. Jesteś strasznie roztrzepana, moja Anielciu, a masz już lat trzynaście.

Upomnienie to wyszło z wąskich ust panny Walentyny, osoby, która cieszyła się szaremi włosami, szarą twarzą, szaremi oczyma i ciemno-popielatą suknią w białe kropeczki.

— Redżio... — powtórzyła Anielka i zacięła się. Na białą twarz jej wystąpił silniejszy rumieniec, szafirowe oczy niespokojnie przebiegały ze stołu na sufit. Aby wyjść z kłopotu szepnęła cicho:

„Reggio — wymawiaj: Redżio..." A potem powtórzyła głośno: „Redżio... piętnaście tysięcy mieszkańców..."

I odetchnąwszy jak tragarz, który ustawił nareszcie wielki kufer w lokalu trzeciego piętra, mówiła dalej:

— „Niedaleko tego miasta widać rozwaliny zamku Canossa..."

— Kanossa! — poprawiła ją dama popielatego koloru.

Powtórnie zbita z tropu dziewczynka znowu zarumieniła się, zawahała, później powtórzyła raz już wypowiedziany frazes: „niedaleko tego miasta..." i kończyła:

„...na podwórzu którego cesarz Henryk IV w kornej postaci, przez trzy dni błagał Grzegorza VII, papieża, o zdjęcie klątwy, 1077 roku..." „Carrara..."

Skończyła, dygnęła i usiadła na krześle, myśląc:

„Boże! jakie to nudne..."

— Il est inutile de dire Reggio, et encore plus inutile d'ajouter : « *on prononce* ». Tu es extrêmement distraite, Anielka, et cependant tu as treize ans déjà...

Ce reproche s'échappait des lèvres minces de Mlle Valentine, personne possédant des cheveux gris, un visage gris, des yeux gris, et une robe grise à pois blancs.

— Redjio, répéta Anielka ; puis elle demeura court. Son pâle visage se colora, ses yeux bleus errèrent anxieusement de la table au plafond, et, pour se tirer d'embarras, elle répéta, à mi-voix :

« Reggio — on prononce Redjio... » Après quoi elle reprit, tout haut : « Redjio — 15 000 habitants... »

Péniblement, elle continua :

— Non loin de cette ville on voit les ruines du château de Tanossa...

— Canossa[1], corrigea la dame grise.

La fillette décontenancée, hésita, rougit, puis reprit la phrase commencée : « non loin de cette ville... » et acheva :

— ... dans la cour duquel l'empereur Henri IV resta les pieds nus dans la neige, pendant trois jours, implorant le pape Grégoire VII de le relever de l'excommunication.

Puis, ayant achevé, elle fit une révérence, et alla s'asseoir, en se disant :

— Dieu, que tout cela est donc ennuyeux !...

---

1. Canossa (*Kanossa* en polonais) est une commune italienne d'Émilie-Romagne. L'expression « aller à Canossa », que l'on doit à Bismarck, désigne le fait de s'agenouiller devant son ennemi. (*Note de l'éditeur.*)

Uczona dama, z której niobów ciekawie wyzierał zakurzony podkład włosienia, wzięła do ręki pióro i po głębokim namyśle napisała w dzienniczku:

„Jeografja — dość dobrze."

Dama przygarnęła do siebie książkę.

— Będzie stąd — rzekła — od „Wielkie księstwo toskańskie (starożytna Etrurja)..." aż do...

Przewróciła dwie kartki:

Aż do: „weszły w skład królestwa włoskiego..."

I nadgryzionym paznogciem zrobiła w oznaczonem miejscu kreskę.

Potem odchrząknęła i głosem łagodnym mówiła:

— Wychowanie twoje, Anielciu, jest bardzo zaniedbane; a masz już lat trzynaście... Musisz wiele pracować, aby doścignąć inne panienki, będące w twoim wieku.

Anielka wysłuchała upomnienia jednem uchem. W chwilę później spojrzała ukradkiem na zielone gałązki lipy, szeleszczącej w otwartem oknie, i — wyciągnęła rękę do książki, z zamiarem złożenia jej.

— Jeszcze nie czas! — rzekła nauczycielka.

Dziewczynka, przekonawszy się, że zegar wskazuje dwie minuty do piątej, usiadła. Oczy jej znowu przybrały kolor szafirowy, a później niebieski — usta pięknie wykrojone odchyliły się. Każdy jej muskuł drżał. Po wielogodzinnych lekcjach chciała już wybiec do ogrodu, a tu jeszcze dwie minuty do piątej!...

Cependant ladite dame, dans le chignon de laquelle on entrevoyait des rouleaux de crin poussiéreux, prit une plume, et, après avoir longuement réfléchi, écrivit dans le cahier de notes :

« Géographie — assez bien. »

Elle attira, ensuite, le livre vers elle.

— À partir d'ici, dit-elle, du grand-duché de Toscane (l'ancienne Étrurie) jusqu'à...

Elle tourna deux feuillets.

— Jusqu'à... « fit désormais partie du royaume d'Italie ».

Et, de son ongle rongé, elle traça une croix à l'endroit désigné.

Puis elle toussa, et reprit d'une voix douce :

— Ton instruction laisse beaucoup à désirer, Anielka, et tu as déjà treize ans. Il te faudra beaucoup travailler, pour arriver au point où en sont ordinairement les jeunes filles de ton âge.

Anielka n'écoutait cette démonstration que d'une oreille. Un instant après, elle regarda furtivement les branches d'un tilleul, entrant par la fenêtre ouverte, puis elle prit le livre pour le ranger.

— Il n'est pas encore l'heure ! observa la maîtresse.

La fillette, s'étant convaincue que l'aiguille de la pendule marquait cinq heures moins deux minutes, s'assit : ses yeux redevinrent bleu foncé, puis bleu pâle, ses lèvres bien dessinées reprirent leur forme habituelle. Chacun de ses muscles tremblait. Après de longues heures d'étude, elle aurait tant voulu courir au jardin, il lui fallait attendre encore deux minutes !

Od snopów światła ściany pomarańczowego pokoju lśniły się jak metalowe, biała pościel stojącego w kącie łóżeczka Anielki raziła oczy, lusterko na stoliku błyszczało jak gwiazda. Z lipy pachniał miód, a z dziedzińca dolatywało pianie krzykliwych kogutów. Świergot ptaków mieszał się z brzękiem pszczół i cichem szemraniem starych drzew ogrodu.

„Ach! ta godzina nigdy chyba nie wybije" — myślała Anielka, czując na twarzy powiew ciepłego wiatru. Zdawało się, że ją napełniają dreszcze światła — ziejącego z nieskończoności.

Panna Walentyna tymczasem, oparłszy się na poręczy krzesła, splotła żylaste ręce na piersiach i machinalnie patrzyła w ten punkt swej popielatej garderoby, który wieśniacy nazywają podołkiem. W oschłej, zmęczonej wyobraźni widziała się przełożoną pensji, złożonej ze stu panien ubranych szaro, które należało utrzymać w karbach porządku aż do uderzenia dzwonka.

Marzyła, że ciżba istot młodych, chcących wybiegnąć na ogród, tłoczy ją ze wszystkich stron; ona zaś opiera się żywym falom piersi i rąk ze spokojem i siłą granitu. Ta walka dręczyła ją, lecz zarazem napełniała duszę niewymowną słodyczą. Panna Walentyna czuła, że oczekując na dzwonek, wbrew własnej chęci i porywom młodości aż stu dziewczynek, słucha potężniejszego nadewszystko głosu — obowiązku.

Jeszcze minuta...

Les gerbes de lumière, entrant dans la pièce, communiquaient un reflet métallique aux murs orange ; le petit lit tout blanc d'Anielka, dressé dans un coin, blessait les yeux ; son miroir, placé sur une petite table, scintillait comme une étoile. Un parfum de miel venait du tilleul, et les cris perçants des coqs montaient de la basse-cour. Le gazouillement des oiseaux se mêlait au bourdonnement des abeilles et au sourd murmure des vieux arbres du jardin.

— Mon Dieu, cette heure ne sonnera donc jamais ! soupira Anielka, en sentant une chaude bouffée lui caresser le visage.

Mlle Valentine, appuyée au dossier de son fauteuil, ses mains veineuses croisées sur sa maigre poitrine, tenait les yeux machinalement fixés devant elle et rêvait. Dans son imagination fatiguée, desséchée, elle se voyait directrice d'un pensionnat composé d'une centaine de jeunes filles habillées de gris, et qu'il lui fallait maintenir dans l'ordre jusqu'au premier coup de cloche.

Elle rêvait aussi que ces jeunes créatures, voulant s'enfuir au jardin, la poussaient de tous les côtés à la fois, mais qu'elle résistait à la vague vivante, avec le calme et la force du granit. Cette lutte l'énervait, mais la remplissait aussi d'une immense fierté. Mlle Valentine sentait qu'en attendant le coup de cloche, malgré elle et malgré les cent fillettes, elle obéissait à la plus puissante de toutes les voix : — celle du devoir.

— Encore une minute !

Za oknem słychać ciche skomlenie psa, który zwykle o tej porze bawił się z Anielką. Dziewczynka tarła niespokojnie rączki, spoglądając to na zegar, to na wydętą przez wiatr firankę, ale — siedziała.

Nareszcie — zamknięty w wysokiej, ciemno-żółtej szafce zegar, pokazujący dnie, godziny i sekundy, wydzwonił naprzód cienko i prędko cztery kwadranse, potem grubo i powoli — godzinę piątą.

— Możesz złożyć książki — rzekła nauczycielka, i powstawszy z krzesła, wysoka, nieco pochylona, ociężałym krokiem zbliżyła się do komody i wzięła z niej szklankę zimnej kawy, przykrytej spodkiem, na którym roiły się muchy ciekawe i głodne.

Anielka w jednej chwili zmieniła się do niepoznania. Figlarny uśmiech odsłonił jej białe i drobne ząbki, oczy przybrały ciemno-zielonawą barwę i zdawały się sypać iskry. Obiegła parę razy stół, nie wiedząc co pierwej chować; potem skoczyła do drzwi matczynego pokoju, lecz wnet powróciła do książek i pochylając na bok główkę z odcieniem prośby w głosie, spytała:

— Czy mogę puścić tu Karaska?...

— Ponieważ rodzice pozwalają ci bawić się z nim, więc i ja nie bronię — odparła dama.

Anielka, nie słuchając dokończenia, zawołała:

— Karuś, tu!...

I w dodatku — gwizdnęła.

On entendait, par la fenêtre ouverte, les gémissements du chien qui, à cette heure, jouait habituellement avec Anielka. La jeune fille se tordait les mains d'impatience, tantôt elle fixait l'horloge, tantôt le rideau agité par le vent ; mais elle n'osait pas se lever.

Enfin l'horloge, enfermée dans une haute armoire jaune foncé, sonna les quatre quarts, puis les cinq coups de cinq heures.

— Tu peux ranger tes livres, dit alors l'institutrice ; et, redressant sa taille légèrement courbée, elle se dirigea à pas lourds vers une commode où était posé un verre contenant du café froid, et autour duquel bourdonnait un essaim de mouches affamées.

En un clin d'œil, Anielka se transforma. Un sourire malicieux découvrit ses deux rangées de petites dents blanches, ses yeux prirent une teinte vert foncé et semblèrent lancer des étincelles. Elle fit plusieurs fois le tour de la table, puis courut à la chambre de sa mère, mais revint immédiatement à ses livres, et, la tête légèrement inclinée d'un côté, elle demanda, une prière dans la voix :

— Puis-je laisser entrer Karo ?

— Comme tes parents te permettent de jouer avec lui, il ne m'appartient pas de te le défendre, répondit la dame.

Sans même écouter la fin de la phrase, Anielka appela :

— Karo, ici !...

Et, pour comble, elle siffla.

Tylko niezwykłej mocy charakteru przypisać należy to, że panna Walentyna, usłyszawszy gwizdnięcie Anielki, nie upuściła z rąk kawy wraz z jej należytościami. Na mizernej twarzy uczonej osoby zajaśniał wyraz wielkiego oburzenia. Lecz nim połknęła bułkę, aby w swoich organach mownych zrobić dosyć miejsca na długą prelekcją o przyzwoitości, pies, nie czekając aż mu drzwi otworzą, skoczył do pokoju oknem.

— Jesteś rozpieszczona, jesteś — dzika dziewczyna! — rzekła dama uroczyście i na znak najwyższej goryczy przełknęła podwójną dozę kawy, wydając przytem szmer podobny do gulgotania.

— Karusek... zbytniku jakiś... kto słyszał, ażeby wskakiwać do pokoju oknem? — zgromiła go Anielka.

Ale pies nie miał czasu słuchać upomnień. Skoczył jej naprzód do ust, później targnął za sukienkę, oblizał jej powalane atramentem palce i nareszcie schwycił za guziczek wysokiego bucika. Skomlał przytem i szczekał, aż nareszcie upadł nawznak i wytarzał się po ziemi, wywieszając język. Był to pies bardzo żywego temperamentu, miał białą sierść, a na lewem oku czarną łatkę.

Panna Walentyna nie mówiła już nic, pogrążona w przyjmowaniu posiłku i gorzkiej zadumie.

„Życie moje — myślała szanowna panna — podobne jest do tej kawy. Kawa i śmietanka — cierpienie i praca, oto jego treść; a jak szklane naczynie nie pozwala rozlewać się płynowi, tak moje panowanie nad sobą hamuje wybuchy rozpaczy. Ledwiem ukończyła lekcją, a już mam psa...

C'est grâce à une force de caractère peu commune que, en entendant siffler Anielka, Mlle Valentine ne laissa pas tomber le verre et son contenu. Une profonde indignation se peignit sur son visage. Mais avant qu'elle eût avalé la bouchée de pain, afin de permettre aux organes de sa voix d'entamer une leçon sur les convenances, le chien, sans attendre qu'on lui ouvrît la porte, sauta par la fenêtre.

— Tu es une enfant gâtée, tu es une sauvage ! déclara la dame, d'un ton solennel ; et, en signe de grande amertume, elle avala une double dose de café, avec un bruit pareil au glouglou d'une bouteille.

— Karo, petit fou... qui vous a permis d'entrer dans les chambres par la fenêtre ? gourmanda Anielka.

Mais le chien n'avait guère le temps d'écouter des remontrances. Il sauta au visage de sa petite maîtresse, la tira par sa robe, lécha ses doigts tachés d'encre, et enfin saisit un des boutons de ses hautes bottines. Cela faisant, il jappait et gémissait. Enfin il se coucha sur le ventre et se traîna sur le plancher, en montrant la langue. C'était un vif petit chien blanc, avec une tache noire au-dessus de l'œil gauche.

Mlle Valentine se taisait, tout occupée à se réconforter et à méditer amèrement.

— Ma vie, se disait la respectable demoiselle, ressemble à ce café. Le café et la crème, le travail et la souffrance, voilà le contenu ; et de même que ce vase de verre ne permet pas au liquide de s'échapper, de même mon empire sur moi-même retient les explosions de mon désespoir. À peine ai-je achevé la leçon, que j'ai à subir le chien...

Szkaradne zwierzę, które pchły roznosi po całym domu... Ale — pchajmy dalej naszą taczkę boleści i obowiązków..."

W tej chwili przyszło jej na myśl, że w kawie jest cukier. Czyby i jej życie miało kiedy zostać osłodzone? Czem?... chyba jakiemś cieplejszem uczuciem?

W niezbyt żywej wyobraźni panny Walentyny owo „cieplejsze uczucie" wyrobiło sobie pewien symbol, co prawda, zmieniający się z biegiem czasu. Niegdyś (gdy wyjechała pierwszy raz na wieś) miał on formę młodego i pięknego właściciela dóbr ziemskich.

Gdy wróciła do miasta, piękny właściciel dóbr ustąpił miejsca brzydkiemu wprawdzie, lecz — poważnie myślącemu lekarzowi. Później było wiele innych symbolów, w których z tego powodu zatarły się cechy indywidualne, i — powstała idea czysta. Idea owa musiała mieć koniecznie więcej niż średni wiek, niezbyt długą brodę, uroczysty tużurek i pełne godności stojące kołnierzyki.

Tymczasem Anielka biegała dokoła stołu, za nią warkocz włosów i ogonek jej krótkiej blado-różowej sukienki, a za niemi pies.

Anielka składała i porządkowała książki, a pies podskakiwał i chwytał dziewczynkę za rękawy lub pukające buciki, widocznie upominając się o należne mu pieszczoty.

Skrzypienie szuflady obudziło nauczycielkę z marzeń. Spojrzała na stół i zawołała:

— Co ty robisz, Anielciu?

Vilaine bête, qui apporte des puces dans toute la maison ! Mais, allons, continuons à traîner notre fardeau de peines et de devoirs !

À cet instant, la pensée lui vint que, dans le café, il y avait aussi du sucre. Est-ce que par hasard sa vie serait sucrée, un jour ? Par quoi le serait-elle ? Par quelque chaude tendresse, certainement !

Dans l'imagination laborieuse de Mlle Valentine, cette « chaude tendresse » avait revêtu à maintes reprises diverses personnifications. Jadis (lorsque pour la première fois elle était allée demeurer à la campagne), c'était un jeune et beau propriétaire de biens fonciers.

Lorsqu'elle revint en ville, le propriétaire fit place à un médecin, laid, il est vrai, mais sérieux. Plus tard « la personnification » changea bien des fois ; aussi les principaux traits s'effacèrent-ils, et il ne resta à leur place qu'une pure « idée ». Cette « idée » devait être d'âge mûr, avoir une assez longue barbe, une redingote correcte, et un col droit plein de dignité.

Pendant ce temps, Anielka, sa natte lui battant le dos, sa jupe rose envolée, courait autour de la table, suivie de Karo. La fillette rangeait ses livres ; le chien sautait et lui mordillait tantôt la manche, tantôt une bottine, comme pour réclamer les caresses qui lui étaient dues.

Le grincement d'un tiroir arracha l'institutrice à sa rêverie. Elle jeta un regard sur la table et s'écria :

— Que fais-tu donc, Anielka ?

— Składam książki. Czy mogę pójść do mamy? — spytała, zamknąwszy stolik.

— Idźmy! — rzekła panna Walentyna, podnosząc się z fotelu.

— Je range mes livres. Puis-je aller chez maman ? demanda-t-elle quand tout fut en ordre.

— Allons ! dit Valentine en se levant du fauteuil.

Rozdział 3

W KTÓRYM JEST MOWA O MEDYCYNIE,
O CELACH ŻYCIA LUDZKIEGO
I WIELU INNYCH RZECZACH

Minąwszy dwa pokoje: perłowy, mający pozór szpitalnej celi, i jasno-niebieski, który mógł być niegdyś sypialnią młodego małżeństwa, lecz obecnie został czemś niezdecydowanem, Anielka i wesoły towarzysz jej, Karuś, wbiegli do szklanej altany, ze wszech stron gęsto porosłej dzikiem winem.

W altanie tej, na wysokim stołku siedział, z lalką w ręku, mizerny chłopczyk w bernardyńskim habicie, a przy nim, obok stolika, zapełnionego flaszkami i szklankami, dama w średnim wieku, z uwagą czytająca książkę. Dama ubrana była biało, miała szafirowe oczy wyblakłe, włosy ciemne i na twarzy szczupłej, o pięknych rysach, chorobliwe rumieńce.

Do tej damy przypadła Anielka i poczęła całować jej twarz, szyję, chude i przeroczyste ręce i kolana.

Chapitre 3

Dans lequel on s'entretient de médecine, des buts de la vie humaine, et de beaucoup d'autres choses encore

Après avoir traversé deux chambres : l'une gris perle, ressemblant assez à une chambre d'hôpital, et l'autre, bleu-pâle, qui avait dû être jadis la chambre à coucher des jeunes époux, mais qui était actuellement sans destination, Anielka et son gai compagnon, Karo, coururent vers une véranda que tapissait de tous côtés une vigne vierge.

Là, un chétif petit garçon, vêtu d'un habit de franciscain, était assis sur une haute chaise et jouait à la poupée ; une dame entre deux âges lisait attentivement auprès d'une table couverte de fioles et de verres. La dame était vêtue de blanc ; elle avait des yeux bleus, des cheveux bruns ; des plaques rouges marbraient son beau visage maigre.

Anielka se précipita vers elle, et couvrit de baisers son cou, son visage, ses mains frêles et diaphanes.

— *Ah! comme tu m'as effraye, Angélique!* — zawołała dama, składając książkę i całując dziewczynkę w różowe usta. — Już, dzięki Bogu, skończyłaś lekcje?... Zdaje mi się, żeś trochę zmizerniała od obiadu. *N'es tu pas malade?* Ten pies wywróci stolik albo Józia. *Joseph, mon enfant, est-ce que le chien t'a effrayé?*

— *Non!* — odparł malec w habicie bernardyńskim, patrząc osowiałym wzrokiem na siostrę.

— Jak się masz, Józiu?... Dajże mi buzi! — zawołała Anielka, chwytając braciszka za szyję.

— *Doucement! doucement!*... wiesz przecie, że nie można mną trząść, bo ja jestem osłabiony! — odezwał się Józio głosem żałosnym.

Potem wydłużył blade usta, nakształt ryjka, i zasłaniając się rączkami od gwałtownych uścisków siostry, pocałował ją bardzo ostrożnie.

— Jak mama ślicznie dziś wygląda!... musi mama być bardzo zdrowa?... Patrz, Józiu, twemu chłopczykowi zagięła się kurtka dogóry — mówiła Anielka.

— *En vérité,* czuję się dziś lepiej. Zjadłam po obiedzie kilka łyżeczek ekstraktu słodowego i wypiłam filiżankę mleka. *Ce chien fera du dégât partout,* wypędź go, moja droga.

— Idź, Karo! — zawołała Anielka, wypędzając do ogrodu pieska, który obwąchawszy stojące w kącie wazony i blaszaną polewaczkę do kwiatów, miał obecnie chęć zająć się jednym z pantofli chorej mamy.

W tej chwili weszła panna Walentyna.

— *Ah ! comme tu m'as effrayée, Angélique !*[1] s'écria la dame en fermant son livre et en baisant la petite fille sur ses lèvres roses. Ainsi, tu as fini tes leçons ?... Il me semble que tu as un peu maigri depuis hier ! *N'es-tu pas malade ?* Ce chien va renverser la table. *Joseph, mon enfant, est-ce que le chien t'a effrayé ?*

— Non, répondit le petit franciscain en regardant sa sœur d'un air morne.

— Comment vas-tu, Joseph ?... Donne-moi un baiser ! dit Anielka en jetant ses bras au cou de son frère.

— *Doucement ! doucement !...* tu sais qu'on ne peut pas me secouer ! fit Joseph d'une voix plaintive.

Puis, avançant les deux mains pour se garantir des baisers de sa sœur, il allongea ses lèvres pâles et l'embrassa légèrement.

— Maman, comme vous avez bonne mine aujourd'hui ! Vous devez vous sentir beaucoup mieux ! Regarde, Joseph, la veste de ton jockey s'est relevée ! dit Anielka.

— *En vérité*, je me sens mieux aujourd'hui. J'ai même pris, à dîner, quelques cuillerées d'extrait de malt et une tasse de lait. *Ce chien fera du dégât partout*, chasse-le, ma chérie !

— Va-t'en, Karo ! cria Anielka en ouvrant la porte du jardin au chien qui, après avoir flairé les pots à fleurs et l'arrosoir déposé dans un coin, manifestait l'intention de s'occuper d'une des pantoufles de la malade.

Mlle Valentine fit alors son entrée.

---

1. En français dans le texte.

— *Bonjour, mademoiselle!* — powitała ją pani domu. — Cóżto, już skończyłyście lekcje? Jakże tam poszło? *Joseph, mon enfant, prendras-tu du lait?*

W tej chwili wypędzony pies zaskowyczał i począł drapać we drzwi.

— Poznaję z fizjognomji, że czyta pani coś zajmującego. Czy nie „Dumania" Gołuchowskiego, które pani rekomendowałam? — zapytała Walentyna.

— *Angelique! ouvre la porte à cette pauvre bête!...* jego krzyk rozdziera mi serce... Czytam coś lepszego, aniżeli „Dumania," — czytam dziełko Raspaila, którego mi ksiądz dziekan był łaskaw pożyczyć — odparła chora. — Zostaw, Anielciu, drzwi otwarte, niech trochę powietrza wejdzie. Nie uwierzy pani, jakie cudowne kuracje wykonywał ten człowiek swojemi środkami. Jestem zachwycona, i zdaje mi się, żem była zdrowsza już po przeczytaniu paru rozdziałów. Cóż dopiero będzie, gdy zacznę to wszystko stosować! *Joseph, mon enfant, n'as-tu pas froid?*

— *Non, maman!*

— Czy to jednak będzie dobrze leczyć się bez porady doktora? — zauważyła panna Walentyna.

— Może cię wynieść, Józiu, przed ganek? — pytała Anielka brata. — Zobaczyłbyś ptaszki, zobaczyłbyś, jak Karusek goni motyle...

— *Bonjour, mademoiselle*, — dit la maîtresse de maison. — La leçon est-elle finie ? Comment cela a-t-il marché ? *Joseph, mon enfant, prendras-tu du lait ?*

En cet instant, le chien se mit à gémir plaintivement, et gratta à la porte.

— Je vois à votre visage que vous lisez quelque chose d'intéressant, madame ! Ne serait-ce pas le livre que je vous ai recommandé, les *Méditations* de Goluchowski ? interrogea Mlle Valentine.

— *Angélique, ouvre la porte à cette pauvre bête* : ses gémissements me déchirent le cœur ! Je lis quelque chose de mieux que les *Méditations*, je lis Raspail ; le doyen a bien voulu me prêter son *Manuel de Médecine*, répondit la malade. Angélique, laisse la porte ouverte, pour renouveler un peu l'air ! Vous ne sauriez croire, mademoiselle, quelles cures merveilleuses cet homme a accomplies avec sa méthode ! Je suis enchantée, et il me semble même mieux me porter après avoir lu les deux premiers chapitres du livre. Que sera-ce quand je commencerai à me soigner ? *Joseph, mon enfant, n'as-tu pas froid ?*

— *Non, maman.*

— Mais est-ce bien prudent de se soigner sans consulter le docteur ? dit Mlle Valentine.

— Joseph, veux-tu qu'on te conduise sur le balcon ? demanda Anielka à son frère. Tu y verrais des oiseaux, tu verrais aussi comme Karo fait la chasse aux papillons.

— Wiesz przecie, że ja nie mogę wychodzić na dwór, bo jestem osłabiony — odparł chłopczyna.

Nieszczęsne osłabienie było torturą biednego dziecka. O niem tylko myślał i z tego powodu ofiarowany był św. Franciszkowi, którego habit nosił, nie licząc lekarstw, jakiemi ciągle go fetowano.

Tymczasem pani domu rozmawiała z guwernantką o lekarzach.

— Co oni umieją, co oni wiedzą! — biadała chora. — Leczą mnie już trzy lata bez najmniejszego skutku. Obecnie porzuciłam ich, i będę się leczyć sama, chyba że Jasieczek zawiezie mnie do Chałubińskiego. O! czuję, że onby mi pomógł... Ale Jasieczek nie myśli o tem, w domu bywa rzadko; gdy chcę jechać, mówi, że interesa w tej chwili nie pozwalają — wszystko kończy się na obietnicach. *Angélique, chasse ce chien*, bo jest nieporządny!

Niesłusznie skompromitowany Karusek uległ wypędzeniu i los swój przyjął z rezygnacją wyższą nad wszelkie pochwały. Nie przeszkodziło mu to jednak w chwilę później skowyczyć i drapać we drzwi, a następnie gonić poważnie chodzące koguty.

Anielka tymczasem usadowiła lepiej Józia, który się krzywić zaczął, przyniosła matce ciepły szal i angielską gramatykę nauczycielce. Potem wybiegła do kuchni, aby sprowadzić mleko dla Józia i obstalować kotlecik dla matki;

— Tu vois bien que je ne puis pas sortir, je suis trop faible ! répliqua l'enfant.

Cette malheureuse faiblesse était une torture pour le pauvre enfant ; il ne faisait qu'y penser. C'est à cause de sa soi-disant « débilité » qu'on l'avait voué à saint François, dont il portait l'habit ; et on lui faisait, en outre, absorber un nombre infini de médicaments.

La maîtresse de maison causait toujours médecine avec l'institutrice.

— Que savent les médecins ? que peuvent-ils ? gémissait-elle. Depuis trois ans, ils me traitent sans aucun succès. Je suis maintenant décidée à ne plus les consulter, mais à me soigner moi-même, à moins que Jean consente à me conduire chez Chalubinski. Je sens que, lui, il me guérirait. Mais Jean n'y pense guère ; il n'est presque jamais ici, et, quand je veux aller à Varsovie, il prétexte toujours des affaires qui l'empêchent de m'accompagner. Tout finit par des promesses... *Angélique, chasse ce chien :* il est inconvenant...

Le chien, injustement soupçonné, fut de nouveau chassé, et subit son sort avec une résignation au-dessus de tout éloge : ce qui ne l'empêcha pas, l'instant d'après, de gémir et de gratter de nouveau à la porte, et puis de se lancer à la poursuite des coqs qui se promenaient, à pas graves et mesurés, dans la cour.

Anielka installa plus commodément le petit Joseph, qui commençait à faire la moue, apporta un châle à sa mère, une grammaire anglaise à son institutrice, puis courut à la cuisine y commander une côtelette pour sa mère et du lait pour son frère ;

wpięła sobie w warkocz kwiatek i wróciła do szklanej altany z dużą, tęgo zbudowaną klucznicą, panią Kiwalską.

Była to dama w wieku mocno średnim, ubrana w wełnianą suknią w pasy ponsowe i czarne. Workowaty stanik galowej szaty szczęśliwie uwydatniał bogactwa jej popiersia.

Klucznica wdzięcznie dygnęła pani domu, przyczem rozległo się skrzypienie podłogi, i skinęła głową niepatrzącej nawet na nią guwernantce. Panna Walentyna niecierpiała Kiwalskiej od czasu, kiedy, przechodząc raz koło kuchni, usłyszała klucznicę, dowodzącą, że jej, pannie Walentynie, gwałtem męża potrzeba.

— Cóż, moja Kiwalsiu, wróciłaś z miasta? A co tam słychać?... Czy ci felczer pomógł na zęby?...

— Ach, słychać i bardzo wiele, mówię łasce pani. Gospodyni księdza dziekana strasznie chora, już jej nogi spuchły; brała Przenajświętsze Sakramenta — odpowiedziała klucznica, pochylając się i bijąc w piersi przy ostatnich słowach.

— Cóż jej to jest?

— Tego nie wiem, ale ksiądz dziekan, mówię łasce pani, to taki chodzi jak kreda biały. Do mnie ani pary z gęby nie puścił, tylko ręką machnął. Ale z oczu, mówię łasce pani, to mu patrzyło, jakby chciał powiedzieć: „Oj, moja Kiwalsiu, żebyś też ty do mnie zgodziła się!... Bo stara patrzy z przeproszeniem na księżą oborę, a te szelmy bez dozoru głodem mię zamorzą."

elle piqua, chemin faisant, une fleur dans ses cheveux, et revint sur la véranda, suivie de la grande et robuste Mme Kiwalska, la femme de charge.

C'était une dame d'âge très mûr, vêtue d'une robe de laine à raies rouges et noires. Un ample corsage — son corsage des jours de fête — faisait ressortir l'opulence de sa gorge.

La femme de charge fit à Mme Jean une gracieuse révérence, et salua l'institutrice d'un léger signe de tête. Mlle Valentine ne l'honora même pas d'un regard ; elle avait pris en grippe Mme Kiwalska depuis le jour où, passant par hasard près de la cuisine, elle l'avait entendue affirmer que « tant que Mlle Valentine n'aurait pas trouvé mari, elle continuerait à jaunir et à se dessécher ».

— Vous voilà revenue, Kiwalska ! Qu'y a-t-il de nouveau, en ville ?... Le dentiste vous a-t-il soulagée ?

— Il y a bien du nouveau, madame. La servante du doyen est gravement malade, ses pieds sont enflés, et elle a même reçu les derniers sacrements, répondit Kiwalska, en s'inclinant et en se frappant la poitrine à ces derniers mots.

— Qu'a-t-elle ?

— Je ne sais pas, madame, mais M. le Doyen est pâle comme un linge ; il ne m'a même pas adressé la parole, et s'est contenté de me faire un signe de la main. Mais ses yeux semblaient me dire : « Ma chère Kiwalska, si tu voulais entrer en service chez moi, maintenant... Ma vieille s'en va faire le ménage dans l'autre monde, et ces vauriennes d'ici me laisseront mourir de faim si on ne les surveille pas... »

— Anielciu — odezwała się w tej chwili nauczycielka, którą drażniło gadulstwo klucznicy i naiwność jej pani — weź historją wieków średnich i pójdźmy do ogrodu.

— Historją?... — zapytała przestraszona dziewczynka. Ale, przywykła do posłuszeństwa, natychmiast wyszła do swego pokoju i po upływie kilku minut wróciła, niosąc książkę w ręku, a w kieszeni parę sucharków dla wróbli.

— No, idźcie sobie, idźcie — rzekła mama — a ja tu posiedzę z Kiwalsią. Czy pana czasem nie spotkałaś w miasteczku, bo miał być u komisarza na jakiemś zebraniu? *Joseph, mon enfant, veux-tu aller au jardin?*

— Non — odparł chłopczyna.

Panna Walentyna i Anielka wyszły, a Kiwalska, usiadłszy na stołeczku, bawiła w dalszym ciągu panią opowiadaniem nowinek. Donośny głos jej, który słychać było z odległości kilkunastu kroków, stopniowo osłabł i wkońcu zupełnie przycichnął.

Ogród był wielki, dawny i z trzech stron w podkowę otaczał dom. Tu żyły w dostatku, sędziwych lat doczekawszy, kasztany, rodzące biały kwiat, ułożony w piramidkę, a w jesieni kolczaste owoce; klony z liśćmi podobnemi do kaczej łapy; akacje z listkami, ułożonemi jak zęby gęstego grzebienia i paszczękowatemi kwiatami, które wydają woń słodką, przynęcającą pszczoły. Wzdłuż płotu siedziały lipy pełne wróbli, pilnujących pól i stodół, wychudłe topole włoskie i szeroko rozgałęzione u dołu, a ostre u szczytu smutne świerki.

— Anielka ! — appela l'institutrice, que le bavardage de la servante et la naïveté de la maîtresse irritaient, prends l'*Histoire du Moyen Âge* et allons au jardin !

— L'histoire ?... fit la petite fille effrayée. Mais, habituée à obéir, elle courut à sa chambre, et en revint, quelques instants après, avec un livre dans sa main, et quelques biscuits dans sa poche pour les oiseaux.

— Allez, allez ! dit la mère, je resterai ici avec Kiwalska. N'auriez-vous pas par hasard rencontré monsieur, en ville ? Il devait assister à une réunion chez le commissaire rural. *Joseph, mon enfant, veux-tu aller au jardin ?*

— Non, répondit le petit garçon.

Mlle Valentine et Angélique sortirent. Kiwalska, s'étant assise sur un escabeau, continua de raconter les nouvelles du jour. Sa voix claironnante, qu'on entendait à cent pas, baissa insensiblement, puis se tut tout à fait.

Le jardin était vieux et spacieux ; il entourait la maison de trois côtés, en fer à cheval. Là vivaient en paix des châtaigniers centenaires ; des érables aux feuilles pareilles à des pattes de canards ; des acacias au feuillage disposé en forme de peigne, et dont les fleurs ressemblent à des gueules ouvertes. Le long de la clôture croissaient des tilleuls habités par des moineaux veillant aux champs et aux granges, de sveltes peupliers d'Italie, et de tristes sapins.

Bzy włoskie zasypane sinemi kitami, bzy lekarskie, których mocno pachnący kwiat używa się na wzbudzenie potów, tarnina, rodząca czarne i cierpkie jagody w jesieni, dzikie róże, głóg drzewny, ulubiony przez kwiczoły jałowiec, rozsypane po całym ogrodzie, zapełniały wolne od drzew miejsca, tocząc między sobą długą i cichą walkę o soki z ziemi i węgiel z powietrza.

Środek parku zajmowała sadzawka, otoczona fantastycznie wyrosłemi wierzbami. W zimie wyglądały one jak połamane, upadające, chore pnie; w nocy przybierały postaci widziadeł rozkraczonych, garbatych, bezgłowych, wieloramiennych, które tylko na widok człowieka kamieniały w potwornych ruchach, udając rzeczy martwe. W ciepłych miesiącach roku, straszydła te odziewały się delikatnemi gałązkami, tudzież liściem drobnym o zielonym wierzchu i jasnym spodzie, a w ich dziuplach, mających formę paszcz, gnieździły się ptaki.

Przez ten ogród, który co chwilę zmieniał formy i barwy, chwiał się, pachniał, błyszczał i szemrał, zapełniony skrzydlatemi istotami najrozmaitszych gatunków, szły teraz Anielka i jej guwernantka, ścieżyną nierówną, powoli zarastającą zielskiem. Dziewczynkę upajało otoczenie. Oddychała prędko i głęboko, chciała oglądać każdą gałązkę, lecieć za każdym ptakiem albo motylem i wszystko ogarnąć uściskiem. Lecz panna Walentyna była chłodna. Stąpała drobnemi krokami, patrząc na nosy swych bucików i przyciskając do zwiędłej piersi gramatykę angielską.

Les lilas italiens, couvert de panaches bleuâtres, les lilas médicinaux, dont la fleur est employée pour provoquer la transpiration, les genévriers aimés des grives, dispersés par tout le jardin, occupaient les espaces restés libres entre les arbres, se faisaient une guerre sourde, mais acharnée, pour les sucs de la terre et l'oxygène de l'air.

Le milieu du jardin était occupé par un étang entouré de saules fantastiques. L'hiver, ils ressemblaient à des troncs malades, brisés, défaillants, et la nuit ils revêtaient l'aspect de fantômes bossus, étêtés, aux jambes écartées, prenant, à l'approche d'un être vivant, des poses pétrifiées. Dans les mois d'été, ces épouvantails se révélaient de délicates branches, de petites feuilles vertes pardessus ; et, dans leurs creux en forme de gueules, des oiseaux faisaient leurs nids.

Anielka et son institutrice suivaient un sentier raboteux, où les mauvaises herbes étendaient peu à peu leur domaine. Le jardin, à chaque instant, changeait de formes et de couleurs, bruissait, embaumait, brillait, donnait asile à toute sorte de créatures ailées. Cet entourage enivrait la fillette. Elle respirait plus vite, plus profondément ; elle aurait voulu examiner chaque branche, poursuivre chaque oiseau ou chaque papillon, serrer tout dans ses bras. Mlle Valentine, au contraire, demeurait froide. Elle allait à petits pas, les yeux fixés sur le bout de ses bottines, serrant sa grammaire anglaise sur sa poitrine maigre.

— Dowiedziałaś się dziś z jeografji, gdzie leży Canossa — rzekła panna Walentyna do Anielki — a teraz masz sposobność dowiedzieć się, za co Henryk IV-ty przepraszał Grzegorza VII-go. Przeczytasz o tem w dziejach Grzegorza VII-go, zwanego też Hildebrandem, w rozdziale: Niemcy i Włochy.

Propozycja czytania w takiem miejscu oburzyła Anielkę. Chciała westchnąć, lecz powstrzymała się i rzekła ze złośliwą intencją:

— Pani będziesz się w ogrodzie uczyła... po angielsku?

— Tak.

— Więc i ja będę się uczyła po angielsku?

— Pierwej musisz gruntownie poznać język francuski i niemiecki.

— Ach!... A jak już, proszę pani, poznam francuski, niemiecki i angielski, to... co będę robić?...

— Będziesz mogła czytywać książki w tych językach.

— A jak już wszystkie przeczytam?

Panna Walentyna spojrzała na szczyt topoli i wzruszyła ramionami.

— Życie człowieka — odparła — nie wystarczy na odczytanie tysiącznej części książek, jakie są w jednej literaturze. A cóż dopiero mówić o trzech, najbogatszych!

Anielkę tym razem ogarnęła niewymowna tęsknota.

— Tu as appris, aujourd'hui, dans la géographie, où est située la ville de Canossa, dit-elle enfin à Anielka. Tu vas pouvoir comprendre, maintenant, pourquoi Henri IV a dû demander pardon au pape Grégoire VII. Tu liras tout cela dans *« le règne de Grégoire VII, appelé Hildebrand »*, aux chapitres intitulés *« Allemagne, Italie »*.

La proposition de lire un tel livre, en un tel endroit, révolta la fillette. Elle voulut protester ; mais elle s'en abstint après un instant de réflexion et se contenta de demander, non sans une intention malicieuse :

— Et vous, mademoiselle, étudierez-vous l'anglais, au jardin ?

— Oui, je l'étudierai !

— Alors je l'apprendrai aussi...

— Tu dois connaître auparavant l'allemand et le français.

— Ah !... Et quand je connaîtrai l'allemand, le français, et l'anglais, que... que ferai-je ?

— Tu pourras lire en ces langues.

— Et quand j'aurai tout lu ?

Mlle Valentine leva les yeux sur la cime d'un peuplier, et haussa les épaules.

— La vie humaine ne suffit pas pour lire la millième partie de ce qui a été écrit en une seule langue ; que dire donc des ouvrages des trois littératures les plus riches du monde !

Une détresse infinie s'empara d'Anielka.

— Więc nic, tylko uczyć się i czytać!... — szepnęła mimowoli.

— A cóżbyś ty chciała robić w ciągu życia? Czy nad naukę potrafiłabyś znaleźć jakieś szlachetniejsze zajęcie?

— Co jabym chciała robić? — spytała Anielka. — Czy teraz, czy — jak urosnę?...

A widząc, że panna Walentyna nie raczy jej objaśnić, mówiła dalej:

— Teraz, chciałabym umieć to, co pani... Jużbym się wtedy nie uczyła — oho! Ale później — miałabym dużo do roboty. Zapłaciłabym parobkom pensje, żeby się tak nie marszczyli jak dziś, kiedy mi się kłaniają. Potem — kazałabym opatrzyć te rany na drzewach, bo mówił mi ogrodnik, że niedługo u nas wszystko poschnie i spróchnieje. Naturalnie — wypędziłabym także lokaja za to, że strzela ptaki nad wodą i wypala szczurom oczy... Niegodziwiec!...

Anielka wstrząsnęła się.

Potem — zawiozłabym mamę i Józia do Warszawy. Nie!... To zrobiłabym najpierwej, a pani — dałabym w prezencie cały pokój książek... cha!... cha!...

I chciała uścisnąć pannę Walentynę, która odsunęła się od niej.

— Żałuję cię! — odparła sucho nauczycielka. — Masz dopiero lat trzynaście, a pleciesz jak prowincjonalna aktorka o rzeczach, których cię nikt nie uczy, i zaniedbujesz te, które do ciebie należą. Jesteś za mądra na swój wiek i dlatego nigdy nie zapamiętasz jeografji.

— Alors, il faut toujours lire et étudier ? murmura-t-elle involontairement.

— Et que voudrais-tu faire, pendant ta vie ? Pourrais-tu trouver une occupation plus noble que la lecture ?

— Ce que je voudrais faire ? dit Anielka. Quand ? maintenant, ou plus tard, quand je serai grande ?...

Voyant que M{\ieme} Valentine n'avait nullement l'air disposé à lui donner des explications, elle poursuivit :

— Maintenant, je voudrais savoir ce que vous savez... Alors je n'étudierais plus... plus jamais... Mais après, j'aurais beaucoup à faire. Je paierais les gages des charretiers, pour ne plus les voir froncer les sourcils en me saluant, comme aujourd'hui ; puis je ferais soigner les arbres, car le jardinier m'a dit qu'avant peu tout dessécherait et pourrirait dans le jardin ; ensuite je chasserais immédiatement ce domestique qui tue les oiseaux, sur l'étang, et brûle les yeux aux rats... Quel vilain homme !...

Anielka frissonna.

— Puis, je conduirais Joseph et maman à Varsovie ; non, je ferais cela d'abord... Et à vous, mademoiselle, je donnerais toute une chambre de livres... Hein ?...

Et elle voulut embrasser M{\ieme} Valentine, qui détourna sa face, et, sèchement, répondit :

— Je te plains ! Tu n'as que treize ans, et tu babilles comme une petite actrice provinciale sur des choses que nul ne t'enseigne, tandis que tu négliges celles que tu devrais savoir. Tu en sais trop pour ton âge, et c'est pourquoi, sans doute, tu oublieras toujours la géographie...

Anielka zawstydziła się. Czy ona jest rzeczywiście za mądra, czy też panna Walentyna...

W lewym kącie ogrodu był wzgórek, na nim duży kasztan i ławka kamienna. W tej chwili właśnie weszły tu Anielka z panną Walentyną i usiadły.

— Daj mi książkę — rzekła guwernantka — znajdę ci historją Grzegorza. Aha! mamy znowu psią wizytę...

Istotnie Karusek wbiegał na wzgórze, mocno zadowolony. W otwartym pysku niósł odrobinę pierza, które prawdopodobnie zdobył w pogoni za kogutem.

— Pani zupełnie nie lubi psów? — spytała nagle Anielka, głaszcząc Karusia.

— Nie.

— Ani ptaków?

— Nie — odparła rozdrażniona nauczycielka.

— Ani ogrodu?... Woli pani czytać książkę, aniżeli spacerować między drzewami? Prawda. W pokoju pani niema doniczki, ani ptaszka. Dawniej przylatywały tam wróble, którym dawałyśmy jeść, i Karusek też wbiegał po schodach, choć był mały i gruby. Karmiłam go wtedy bułką, owiniętą w gałganek i umaczaną w mleku. On ją ssał, a razem z nim kotek tej nauczycielki, która była przed panią. Ach, co oni dokazywali!... jak gonili papierek, który ciągnęłam za nitkę po podłodze! Ale pani nie lubi Karuska, ani małych kotków, ani...

Anielka resta toute confuse. Est-ce que vraiment elle en savait trop long pour son âge, ou est-ce que Mlle Valentine ?...

À gauche du jardin, dans un coin, s'élevait un petit tertre sur lequel croissait un gros châtaignier, abritant de son ombre un banc de pierre. Anielka et son institutrice étaient arrivées en cet endroit ; elles s'assirent.

— Donne-moi le livre, je te trouverai l'histoire de Grégoire VII. Ah ! voici de nouveau une visite de ce chien !... En effet Karo accourait, l'air satisfait. Il tenait encore, dans sa gueule entr'ouverte, quelques plumes arrachées sans doute à la queue des coqs de la basse-cour.

— Vous n'aimez pas les chiens, mademoiselle ? questionna Anielka tout en caressant Karo.

— Non, je ne les aime pas.

— Ni les oiseaux ?

— Non, répondit l'institutrice agacée.

— Ni le jardin ?... Vous préférez lire, au lieu de vous promener sous les arbres, n'est-ce pas ? Dans votre chambre, on ne voit ni fleurs ni oiseaux ; autrefois un moineau y entrait toujours, et nous lui donnions à manger. Karo courait aussi dans l'escalier, quoiqu'il fût encore tout petit, alors, et très gros. Je lui donnais du pain enveloppé dans un chiffon et trempé dans du lait. Il le mangeait avec le chat de l'institutrice qui était ici avant vous. Mon Dieu, comme ils jouaient... comme ils couraient après le papier, attaché à un fil, que j'agitais devant eux !... Mais vous, mademoiselle, vous n'aimez ni les chats, ni Karo, ni...

Anielka umilkła, gdyż panna Walentyna wstała nagle z ławki i patrząc na dziewczynkę zgóry, poczęła mówić rozdrażniona :

— Co tobie za pytania chodzą po niedojrzałej głowie?... Co tobie do tego, że ja nic nie lubię?... Naturalnie, że nie lubię... Ani kotów, bo mi je strzelano albo wieszano, ani psów, bo mnie gryzły, ani ptaków, bo mi ich nie było wolno trzymać... I kwiatów nie chcę... Alboż jest na świecie grządka ziemi, któraby należała do mnie? Ja przecież nie pochodzę z jaśnie panów! Spacery także mi zbrzydły, bom na nich musiała być stróżem i niewolnicą dzieci — złych...

Niespodziewany ten wybuch złości czy tkliwości wzruszył Anielkę. Schwyciła guwernantkę za chudą, drżącą rękę, pragnąc przycisnąć ją do ust. Ale panna Walentyna szarpnęła się gwałtownie i odskoczyła wtył.

— Więc pani gniewa się na mnie? — spytała zmieszana dziewczynka.

— Tyś nic temu nie winna, że cię źle wychowano... — odparła guwernantka i szybko odeszła ku domowi.

Anielka obraziła się i usiadła na ławce pod kasztanem. Przy niej legł Karuś.

„Zabawna sobie ta panna Walentyna! — myślała dziewczynka — za wszystko gniewa się. Sama nic nie lubi i nie chce, ażeby u nas było dobrze. Coby jej szkodziło,

Anielka se tut en voyant Mlle Valentine se lever brusquement du banc. La demoiselle regarda la petite fille d'un air hautain, et s'écria, irritée ;

— Quelles questions passent par ta folle tête ?... Que t'importe ce que j'aime ou ce que je n'aime pas ?... Naturellement, je n'aime rien... Je n'aime pas les chats parce que, quand j'en avais, on les pendait ou on les tuait ; ni les chiens, parce qu'ils mordent ; ni les oiseaux, parce qu'on ne me permettait pas d'en avoir... Est-ce qu'il y a quelque part un petit coin qui m'appartienne ?... Je ne descends pas de puissants seigneurs, moi... Les promenades m'ennuient aussi, c'est vrai : mais parce que je dois y être la gardienne et l'esclave d'enfants — de méchants enfants ! comme...

Cette explosion inattendue de sensibilité — ou de méchanceté — émut Anielka. Elle saisit la main maigre et toute tremblante de son institutrice, et voulut la porter à ses lèvres ; mais Mlle Valentine la retira vivement et fit un pas en arrière.

— Vous êtes fâchée ? demanda timidement la fillette, toute troublée.

— Ce n'est pas ta faute si l'on t'a mal élevée, répondit l'institutrice ; et elle regagna la maison à grands pas.

Anielka, très affectée, s'assit sur le banc, à l'ombre du châtaignier ; Karo se coucha à ses pieds.

— Elle est vraiment étonnante, Mlle Valentine ! Elle se fâche pour tout... Elle n'aime rien et ne veut pas que ce soit joli, chez nous ! Qu'est-ce que cela lui ferait,

gdyby ten ogród był piękniejszy?... Albo żeby parobcy nie marszczyli się?... Przecież sam Pan Bóg kazał wszystko kochać... A dawnoż to mówił ksiądz dziekan, że lepiej zasadzić jedno drzewo, albo pocieszyć jednego biedaka, aniżeli wszystkie rozumy pozjadać..."

Później przypomniała sobie, że jeszcze parę lat temu było u nich lepiej. I ludzie weselsi, i dobytek piękniejszy, i ogród ładniej utrzymany.

Wtem z odległości kilkudziesięciu kroków doleciał Anielkę cienki głosik dziecięcy:

— Malu!... malu!... maluśki!... — któremu odpowiedziało wesołe chrząkanie prosięcia.

Karusek podniósł uszy. Anielka, zapomniawszy o swych medytacjach, jednym skokiem stanęła na ławce i rozejrzała się.

Za ogrodzeniem parku ciągnął się gościniec do miasteczka. Zdaleka widać było furę, otoczoną tumanem kurzu, w którego kłębach iskrzyły się promienie słońca. Bliżej — szło dwu ubogich Żydków. Jeden niósł jakiś duży przedmiot w szarej płachcie, drugi kiwające się buty na lasce. Jeszcze bliżej, między konarami drzew i dygoczącemi liśćmi, tuż naprzeciw białych kominów dworu, stała chata włościanina Gajdy, a przy niej dziewczynka w grubej koszuli. Siedziała ona na ziemi i okruchami chleba karmiła spore prosiątko. Potem wzięła ciągle chrząkające prosię na kolana i bawiła się niem jak pieskiem.

si le jardin était plus beau encore ?... Ou si les charretiers ne fronçaient pas les sourcils ?... N'est-ce pas le bon Dieu qui a ordonné d'aimer tout le monde ? Il n'y a pas longtemps que M. le Doyen disait encore que mieux valait planter un arbre ou consoler un malheureux que de posséder toutes les sciences du monde !

Et puis elle se rappela que, deux ans auparavant, tout allait mieux chez eux. Les gens étaient plus gais et le bétail mieux nourri, et le jardin mieux entretenu.

Anielka en était là de ses réflexions quand elle entendit une voix enfantine appelant :

— Petit !... petit !... petit !... À quoi répondit un joyeux grognement de goret.

Karo dressa les oreilles, et Anielka, qui avait déjà oublié ses réflexions, monta sur le banc et regarda autour d'elle.

Le chemin menant à la ville voisine longeait le parc. Dans le lointain, on apercevait un chariot au milieu d'un nuage de poussière où se jouaient les rayons du soleil. Plus près, cheminaient deux vagabonds juifs. L'un portait un gros paquet enveloppé dans une toile grisâtre, l'autre des bottes, se balançant au bout d'un bâton. Plus près encore, entre la ramure des arbres et les feuilles tremblantes, juste en face des cheminées blanches du château, on apercevait la chaumière du paysan Gaïda ; une petite fille, assise sur le seuil, donnait des miettes de pain à un cochon d'assez belle taille. Quand elle lui eut tout donné, elle le prit sur ses genoux et joua avec lui comme avec un chien.

Na Anielkę szczególna ta grupa wywierała taki wpływ, jak żelazo na magnes. Zeskoczyła z ławki, zeszła ze wzgórka, ale po chwili — zatrzymała się.

Gajdę, właściciela chaty, bardzo nie lubił ojciec Anielki. Wieśniak ten był niegdyś jego parobkiem i mieszkał w domu, którego później stał się posiadaczem, nieprawnym — jak mówił ojciec. Za to nie brano go nigdy na robotę do dworu, a że Gajda miał mało gruntu, więc często na terytorjach swego niegdyś chlebodawcy dopuszczał się nadużyć. Od kilkunastu lat ojciec Anielki i Gajda pasowali się z sobą. Zniecierpliwiony dziedzic chciał już kupić grunt Gajdy, byle pozbyć się niewygodnego sąsiada; ale wieśniak ani słuchał podobnych propozycyj. Nie było prawie miesiąca, żeby Gajdzie nie zajęto krowy, konia albo świni do dworu. On wówczas chodził ze skargą do gminy, odbierał bydlę na mocy wyroku, albo wykupywał je. Dziedzic mówił, że Gajda płacił pieniędzmi, wziętemi za drzewo, kradzione w dworskich lasach.

Anielka wiele słyszała o tych stosunkach (bo o czem nie słyszała?), bała się Gajdy i nie lubiła jego chaty. Mimo to pociągał ją widok dziewczyny, bawiącej się z pogardzanem przez wszystkich prosiątkiem. Zdawało się Anielce, że dziecko musi być biedne i dobre, a zresztą — coś ciągnęło ją tam.

Ce groupe fit sur Anielka le même effet que l'aimant sur le fer. Elle sauta du banc et descendit le tertre en courant ; mais tout à coup elle s'arrêta.

Gaïda, le propriétaire de la chaumière, n'aimait pas le père d'Anielka. Autrefois, il avait été valet de ferme au château ; il habitait alors la maisonnette dont il était devenu, dans la suite, l'illégitime propriétaire, à ce qu'assurait son ancien maître. Aussi ne l'employait-on plus jamais à la ferme ; et comme il ne possédait que quelques lopins de terre, il commettait souvent des abus sur les propriétés du château. Depuis quelques années, le châtelain et l'ancien domestique luttaient sourdement entre eux. Le propriétaire, à bout de patience, aurait voulu acheter les terres de Gaïda pour se débarrasser de l'incommode voisin ; mais le paysan faisait la sourde oreille à toutes les propositions. Il ne se passait guère de mois qu'on ne mit en fourrière, au château, soit une vache, soit un cheval, pris en flagrant délit. Gaïda allait alors porter plainte devant le tribunal de la commune ; on ordonnait de lui rendre son bétail, ou bien il le dégageait moyennant une certaine somme, et le propriétaire assurait que l'argent qu'il versait à cette intention provenait de la vente de bois volé dans les forêts du château.

Anielka avait entendu parler maintes fois de ces relations (de quoi n'avait-elle pas entendu parler ?) Aussi elle craignait Gaïda et n'aimait pas sa chaumière. Mais, ce jour-là, elle se sentait attirée par la vue de la petite fille jouant avec son goret. Il lui paraissait que l'enfant devait être bonne, et quelque chose l'entraînait vers elle...

Odgarniając gałęzie krzaków, Anielka powoli zbliżyła się do płotu, zbudowanego nakształt palisady. Był on stary, obrosły ciemno-zielonym mchem i popielatym, łatwo rozcierającym się w palcach, porostem. Co kilkanaście kroków stały tęgie, zaostrzone słupy, utrzymujące zapomocą długich poziomych ramion rzędy również ostro zakończonych łat, które zmęczone długoletnią służbą, całym ciężarem chyliły się naprzód, albo wywracały wtył. Gdzieniegdzie brakło już łat; w innych miejscach jaśniejszy kolor i mniej staranne obrobienie zdawały się opowiadać, że płot naprawiano w nowszych czasach, ale już z mniejszym nakładem.

Zapominając o swych trzynastu latach i stanowisku młodej dziedziczki, Anielka przez jeden z szerszych otworów wydostała się na gościniec i podeszła do dziewczyny w grubej koszuli.

Ubogie dziecko w pierwszej chwili przestraszyło się ładnie ubranej panienki ze dworu. Otworzyło szeroko usta i podniosło się z ziemi, jakby chcąc uciekać. Wtedy Anielka wydobyła sucharek z kieszeni i ukazując go dziewczynce, zawołała:

— Nie bój się mnie! Ja ci przecież nic złego nie zrobię. Widzisz oto, com dla ciebie przyniosła. Pokosztuj-no!

I włożyła dziecku do ust kawałek olukrowanego ciasta. Dziewczyna zjadła, nie spuszczając z Anielki zdziwionych oczu.

— Masz jeszcze. Smakuje ci — co?...

— Dobre! — odpowiedziało dziecko.

Elle écarta les branches des buissons et s'avança lentement jusqu'à une clôture en forme de palissade, toute vieille, couverte de mousse vert foncé et de lichen gris. De distance en distance, de gros pieux fichés en terre retenaient, à l'aide de barres horizontales, des rangées de lattes pointues qui, fatiguées d'un long service, se penchaient en avant ou se renversaient en arrière. Par-ci parlà, il manquait des lattes ; à certains endroits, la teinte plus claire du bois et un travail moins soigné semblaient raconter que la clôture venait d'être réparée récemment, mais à moins de frais.

Oubliant ses treize ans et son rang de jeune châtelaine, Anielka se glissa entre deux lattes à demi détachées et courut vers la fillette.

Celle-ci resta tout interdite en voyant près d'elle la jolie demoiselle du château. Elle ouvrit la bouche toute grande, se leva, et fit mine de s'enfuir ; mais Anielka tira de sa poche un biscuit quelle montra à l'enfant en disant :

— N'aie pas peur, je ne te ferai pas de mal. Vois ce que je t'apporte ! Goûte !

Et elle mit un morceau de gâteau dans la bouche de la petite fille qui le mangea sans détacher ses yeux de la demoiselle.

— En voici encore... C'est bon ?...

— C'est bon ! répondit l'enfant.

Anielka usiadła na przewróconym pniu, obok niej przykucnęła na piasku dziewczyna.

— Jak ci na imię? — spytała, głaszcząc ją po tłustych, jasno-żółtawych włosach.

— Magda.

— Masz, Magdziu, jedz jeszcze sucharek. A to prosię czy twoje? — dodała, patrząc na prosiaka, którego Karuś chciał za ogon schwytać i który odwrócił się do niego ryjem, pokwikując w sposób, okazujący mało ufności.

— Tatulowe — odparła już nieco ośmielona dziewczyna. — Żeby go choć pies nie zagryzł...

— Karusek do nogi!... To ty zawsze bawisz się z prosiątkiem?

— A jużci. Jałośka już urosła, a Kaśka tego roku umarła... Malu! malu!... I on woli być ze mną, bo także nie ma z kim chodzić. Maciorę dziedzic kazali zastrzelić, a drobiazg tatulo sprzedali. Ino ten ostał.

— A za co maciorę zastrzelili?

— Bo zdybał ją dziedzic w szkodzie.

— Wyście tylko jedną mieli?

— A skądby więcej? Tatulo przecie chłop, to u nas dobytku nie może być wiele...

To mówiąc, głaskała prosiaka, który położył się obok niej.

Anielka s'assit sur un tronc d'arbre renversé ; la fillette s'accroupit près d'elle sur le sable.

— Comment t'appelles-tu ? demanda Anielka, en caressant les cheveux blonds graisseux de sa compagne.

— Magda.

— Tiens, Magda, voici encore un biscuit ! Et ce cochon, est-il à toi ? ajouta-t-elle en regardant le petit porc que Karo cherchait à saisir par la queue, mais qui montrait le groin au chien, avec un grognement de mauvaise humeur.

— Il est à papa, répondit la fillette, déjà un peu enhardie.
— Pourvu que le chien ne le morde pas !...

— Karo, ici !... Et tu joues toujours avec ce cochon ?

— Je crois bien. Jalochka est grande, et Kochka est morte l'an dernier... Petit... petit... Et lui aussi, il préfère rester avec moi : car lui non plus n'a pas d'autre compagnie. Le monsieur du château a ordonné de tuer la mère avec un fusil, et papa a vendu les autres petits cochons, et maintenant Petit est tout seul.

— Mais pourquoi a-t-on tué la mère ?

— Le monsieur a dit qu'il l'avait vue dans son champ.

— Et vous n'aviez que cette truie-là ?

— Et d'où en aurions-nous davantage ? Mon papa est un paysan ; nous ne pouvons pas avoir beaucoup de bétail...

Tout en parlant, elle caressait le cochon, qui s'était courbé près d'elle.

— I bardzo ci było żal maciory?

— O i jak! a jeszcze lepiej, kiej mnie tatuś zbili...

— Zbił cię?

— I nie tak zbili, ino mnie wzięli za łeb i kopnęli parę razy nogą.

Dziecko opowiadało to bardzo spokojnie. Anielka aż pobladła. Zdawało się jej, że Karusek został zabity i że ją samą skatowano tak okrutnie. Uczuła potrzebę wynagrodzenia tylu krzywd biednej, ale czem? Gdyby miała majątek, podarowałaby jej maciorę, sprawiła piękną sukienkę, lecz dziś — cóż jej da?

Wtedy spostrzegła, że Magda pilnie przypatruje się szafirowej wstążeczce, którą miała na szyi. Nie namyślając się więc, zdjęła szybko wstążkę i zawiązała ją przy koszuli małej.

— Teraz będziesz ubrana tak, jak ja — rzekła.

Magda roześmiała się na cały głos, wyobrażając sobie, że już posiada nietylko szafirową wstążkę, ale różową sukienkę, białe pończochy i wysokie buciki.

— A to jeszcze sobie zjedz — mówiła Anielka, dając jej drugi sucharek.

— Zjem aż jutro, bo to słodkie.

— A za to, że cię zbili...

Ucałowała ją.

— Et tu regrettes beaucoup cette truie ?

— Oh ! bien sûr !... je l'ai surtout regrettée quand papa m'a battue.

— Il t'a battue ?

— Il ne m'a pas battue, comme ça, mais il m'a prise par les cheveux et m'a donné quelques coups de pied.

L'enfant racontait cela d'un air très calme. Anielka pâlit. Il lui sembla que Karo venait d'être tué et qu'on la traitait elle-même de cette cruelle manière. Elle sentit le besoin de réparer l'injustice faite à la petite fille. Mais comment ? Avec quoi ? Si elle avait été riche, elle lui aurait fait cadeau d'une autre truie, d'une belle robe ; mais, aujourd'hui, que lui donner ?

Elle s'aperçut alors que Magda jetait des regards avides sur le ruban bleu qu'elle avait au cou ; sans plus réfléchir, elle le détacha rapidement et le noua à la chemise de la fillette.

— Te voilà habillée comme moi, maintenant ! dit-elle.

Magda éclata de rire, s'imaginant sans doute qu'elle possédait déjà non seulement un ruban bleu, mais une robe rose, des bas blancs et de hautes bottines.

— Et puis, mange encore ceci ! ajouta Anielka en lui donnant un autre biscuit.

— Je le mangerai demain... c'est si sucré !

— Et voici encore, pour les coups que tu as reçus !

Et elle l'embrassa.

Pocałunek przecie, który Anielka uważała za najwyższą nagrodę, najmniej oddziałał na Magdę. Ściskała ona sucharek i co chwilę spoglądała na szafirową wstążkę, myśląc, że jest całkiem podobna do wielkiej damy.

Tymczasem na zakręcie drogi rozległ się turkot i podniósł obłok kurzu. Elegancki koczyk nadjeżdżał pędem. Nim Anielka zorjentowała się, co to może znaczyć, kocz stanął naprzeciw chaty.

— Ojczulku! — zawołała Anielka, biegnąc do powozu.

Ale ojciec spostrzegł ją pierwej jeszcze i dlatego nie pocałował jej, tylko zawołał surowo:

— Panna Aniela na gościńcu!... Winszuję... Co ty tu robisz?...

Anielka przestraszona milczała.

— Piękny masz dozór... wybornie postępujesz... niema co mówić. Biegasz po trakcie i tarzasz się w piasku z jakimś brudnym bachorem i prosięciem!... Proszę iść do domu. Wrócę tam zaraz, a wtedy rozmówimy się. Nie przypuszczałem nigdy, ażebyś mogła tak ciężko zmartwić ojca!...

Na dany znak powóz ruszył, zostawiając Anielkę osłupiałą ze strachu.

„Rozmówimy się!" O Boże, co to znaczy?...

Cette caresse, qui pour Anielka semblait la plus haute récompense, laissa Magda très indifférente. Elle serrait fortement le biscuit entre ses doigts et regardait à chaque instant le ruban bleu, se croyant déjà mise comme une grande dame.

Au même instant, une voiture parut au tournant du chemin, soulevant un nuage de poussière. Une élégante calèche arrivait grand train, avant qu'Anielka eût le temps de s'orienter, la voiture s'arrêta devant la chaumière.

— Papa ! s'écria Anielka en se précipitant vers la voiture.

Mais son père, qui l'avait aperçue le premier, ne l'embrassa pas et lui dit sévèrement ;

— Mademoiselle Anielka se promène sur la grand' route ! Mes félicitations !... Que fais-tu ici ?

Anielka, toute décontenancée, ne sut que répondre.

— Allons, tu es bien surveillée... et tu te conduis à merveille... c'est vraiment admirable !... Tu cours les chemins, tu te traînes sur le sable avec un sale pourceau et une mendiante déguenillée... Va à la maison... J'y serai dans quelques instants, alors nous causerons ! Jamais je n'aurais cru que tu pusses me causer une telle peine !...

Il fit un signe au cocher, et la voiture repartit, laissant Anielka plongée dans la stupeur.

— « Nous causerons »... Mon Dieu ! qu'est-ce que cela pouvait signifier ?...

Magda uciekła aż do progu chaty, niespokojnie patrząc na oddalający się powóz, za którym pogonił Karusek. Anielka odwróciła się do niej i skinęła na pożegnanie ręką:

— Bądź zdrowa, Magdziu! — rzekła. — Pewnie będę miała duży kłopot za to, żem tu przyszła...

Pobiegła do otworu w płocie i za chwilę zniknęła w gąszczu. Za nią popędził Karusek, a za niemi obojgiem — Magda.

Rozumiała ona, co znaczy: duży kłopot, i rada była przynajmniej dowiedzieć się o przyszłych losach nowej przyjaciółki. Zbliżyła się ostrożnie do płotu i położywszy palec na ustach, to nasłuchiwała, to zaglądała do ogrodu. Ale na wejście tam zabrakło jej odwagi.

Z bijącem sercem zbliżała się Anielka do domu. Trapiły ją dwa zmartwienia. Obraziła rzadko widywanego ojca i przyprawiła o silne wzruszenie swoją nauczycielkę.

— Co to będzie, jak ojciec z nią „rozmawiać" zacznie? Panna Walentyna niezawodnie połączy się z nim. Matka zasłabnie jeszcze bardziej...

Nurtował ją męczący niepokój, pod wpływem którego ogród wydał się jej brzydki, a dom straszny. W jakiby tu sposób przygotować matkę do nadciągającej burzy?

Stanęła za drzewem, z pod którego widać było dwór, i poczęła śledzić, co się w nim dzieje.

Magda s'était réfugiée sur le seuil, les yeux anxieusement fixés sur la voiture qui s'éloignait. Suivie de Karo, Anielka se tourna vers elle et lui tendit la main.

— Au revoir, Magda. J'aurai sans doute bien des ennuis pour être venue jusqu'ici !

Elle courut vers une ouverture pratiquée dans la haie, et disparut dans le taillis ; Karo la suivit, Magda aussi.

Elle comprenait, la petite paysanne, ce que signifiait « j'aurai bien des ennuis » ; et elle aurait voulu au moins savoir ce qu'il adviendrait à sa nouvelle amie. Elle s'approcha de la palissade, mit un doigt sur ses lèvres et resta là à écouter et à regarder ce qui se passait dans le jardin. Le courage lui manquait d'y pénétrer.

Le cœur d'Anielka battait bien fort, quand elle arriva devant le château. Deux choses, surtout, lui causaient de la peine. Elle avait contrarié son père, qu'elle voyait si rarement ! Et elle avait irrité son institutrice.

Qu'adviendrait-il quand son père « causerait » avec elle ? Mlle Valentine se joindrait certainement à lui... Sa mère se sentirait encore plus malade...

Et une torturante angoisse l'envahit ; elle trouva le jardin laid, la maison horrible. Comment préparer sa mère à l'orage qui menaçait ?...

Elle se cacha derrière un arbre, à proximité du château, et se mit à observer ce qui se passait.

Obdarzona bardzo silnym wzrokiem, spostrzegła, że matki ani Józia niema już w oszklonej altanie i że panna Walentyna jest w swoim pokoju na facjatce. W ogrodzie — pustka, tylko z podwórza, leżącego po drugiej stronie domu, dolatywał ją krzykliwy głos Kiwalskiej, gdakanie kur i żałosny wrzask pawia:

— A-ho!... a-ho!... Smutno! smutno!

W otwartem oknie na facjatce ukazała się guwernantka.

— Pewnie mnie zawoła — pomyślała Anielka.

Ale panna Walentyna nie zawołała jej, tylko oparłszy się łokciami na krawędzi okna, patrzyła w ogród. Potem cofnęła się w głąb pokoju i powróciwszy znowu, poczęła kruszyć chleb na wystający daszek.

W kilka minut później przyleciał tam wróbel, za nim parę innych, i poczęły dziobać okruchy, trzepocząc się wesoło. Pierwszy to raz stara panna pomyślała o nakarmieniu ptaków. Od tej pory robiła tak codzień, nad wieczorem, jakby lękając się, aby nie wypatrzyło jej obce oko.

Wypadek ten, zresztą niezmiernie prosty, otuchą napełnił duszę Anielki. Niewiadomo z jakiego powodu pomyślała, że po takim objawie uczuć ze strony panny Walentyny dla ptaków, może ojciec będzie na nią łaskawszy... „Osobliwa logika w tak dorosłej panience!" — powiedziałaby niezawodnie guwernantka.

Grâce à ses excellents yeux, elle vit que la véranda était déserte ; son frère et sa mère étaient rentrés dans leurs appartements, Mlle Valentine, dans sa chambre. Le jardin était désert aussi, et de la basse-cour, située de l'autre côté de la maison, arrivaient jusqu'à elle la voix criarde de la Kiwalska, le caquetage des poules, et les cris aigus des paons.

— Que c'est triste !... triste !...

L'institutrice se montra à une fenêtre.

— Elle m'appelle, sans doute ! se dit Anielka.

Mais Mlle Valentine ne songeait nullement à l'appeler : appuyée sur le rebord de la fenêtre, elle regardait le jardin ; bientôt, elle disparut dans le fond de la chambre, puis revint à la fenêtre et émietta du pain qu'elle jeta sur l'abat-vent.

Quelques minutes après, un oiseau accourut, puis d'autres, et ils se mirent à becqueter ces miettes tout en se trémoussant joyeusement. C'était la première fois de sa vie que la vieille fille songeait à nourrir des oiseaux. À partir de ce moment, elle le fit chaque jour, mais seulement vers le soir, comme si elle eut craint d'être remarquée des fenêtres voisines.

Cet incident, très simple, du reste, rendit courage à Anielka. Elle se dit, on ne sait pourquoi, que, après une telle preuve de sensibilité de la part de Mlle Valentine, son père serait moins sévère... « Étrange logique de jeune fille ! » aurait dit l'institutrice.

Rozdział 4

Dziedzic odbywa naradę ze Szmulem,
poczem jest uprzejmy dla żony, Anielki,
a nawet — dla guwernantki

W półtorej godziny później przyjechał do domu dziedzic, a wraz z nim — Szmul, dworski pachciarz i dzierżawca karczmy.

Ojciec był roztargniony i zafrasowany. Wszedł prędko do pokoju matki, przywitał się z nią krótko, ucałował ledwie żywą Anielkę i Józia i — zdawał się całkiem nie pamiętać o spotkaniu na gościńcu.

— Jakże się miewasz? — spytał żony, nie siadając nawet.

— Ja, *comme a l'ordinaire* — odparła. — Nie mam sił, nogi mi drżą, serce bije, wszystkiego lękam się, apetyt mam niewielki i żyję tylko ekstraktem słodowym...

— A Józio? — przerwał ojciec.

Chapitre 4

Le châtelain tient conseil avec Samuel,
après quoi il est aimable avec sa femme, sa fille,
et même avec l'institutrice

Une demi-heure plus tard, le maître du château arrivait à la maison, ramenant avec lui Samuel, le tenancier du cabaret, qui était en même temps quelque chose comme son homme d'affaires.

Le châtelain était distrait et avait l'air embarrassé. Il entra chez sa femme, lui souhaita rapidement le bonjour, embrassa Anielka, à demi morte de peur, caressa les cheveux de Joseph, et parut avoir oublié complètement la rencontre sur la grand'route.

— Comment te portes-tu ? demanda-t-il à sa femme, sans même s'asseoir.

— Moi, *comme à l'ordinaire !* répondit-elle. Je n'ai plus de forces, mes jambes tremblent, le cœur me bat, j'ai peur de tout, je n'ai plus d'appétit et je ne vis que d'extrait de malt...

— Et Joseph ? interrompit le père.

— *Pauvre enfant!...* zawsze osłabiony, pomimo że wciąż bierze pigułki żelazne.

— Nieszczęście z tem osłabieniem, które podobno zwiększają tylko twoje lekarstwa! — odparł ojciec i postąpił ku drzwiom. — Anielcia dobrze się uczy, zdrowa? — spytał. — Może i w niej wynajdziecie jaką chorobę?...

— Więc już odchodzisz, po dziesięciodniowej nieobecności? — zawołała matka. — Tyle mam z tobą do pomówienia... Chciałabym koniecznie w lipcu albo sierpniu pojechać do Chałubińskiego, gdyż przeczuwam, że on jeden...

— Chałubiński dopiero w końcu września wraca do Warszawy. Zresztą pogadamy o tem później. Teraz muszę załatwić parę interesów — odpowiedział niecierpliwie ojciec i wyszedł.

— *Toujours le même!* — westchnęła matka. — Od sześciu lat po całych tygodniach załatwia interesa i nigdy ich skończyć nie może. A ja chora, Józio chory, gospodarstwo upada, jacyś nieznani ludzie oglądają majątek, nie wiem poco? O, ja nieszczęśliwa! łez mi wkrótce nie stanie... *Joseph, mon enfant, veux-tu dormir?*

— *Non* — odpowiedział chłopiec napół senny.

Anielka tak osłuchała się z narzekaniami matki, że i obecne żale nie zmieniły w niczem jej uwielbienia dla ojca.

— *Pauvre enfant !* il est toujours faible, quoiqu'il prenne tous les matins des pilules ferrugineuses.

— C'est une véritable calamité que cette faiblesse, que ne font qu'accroître encore tes médicaments ! repartit le père tout en gagnant la porte. Et Anielka, étudie-t-elle bien ? est-elle bien portante ? Tu lui as peut-être déjà découvert une maladie, à elle aussi ?...

— Tu me quittes déjà après une absence de dix jours ! s'écria la mère ; j'ai tant de choses à te conter. Je voudrais absolument aller consulter Chalubinski en juillet ou en août : je sens que lui seul...

— Chalubinski ne revient à Varsovie que vers la fin de septembre. Du reste, nous en reparlerons plus tard ; maintenant j'ai à régler quelques affaires, répondit le père impatienté ; et il sortit de la chambre.

— *Toujours le même !* soupira la mère. Depuis six ans, il passe des semaines entières à régler des affaires, sans pouvoir jamais les terminer. Et moi, je suis malade, Joseph est malade, la culture est négligée, des inconnus viennent visiter le domaine, Dieu sait dans quel but !... Que je suis donc malheureuse ! Avant peu je n'aurai même plus de larmes... *Joseph, mon enfant, veux-tu dormir ?...*

— *Non*, répondit l'enfant, à demi endormi.

Anielka était si habituée aux doléances de sa mère que celles-ci ne diminuèrent en rien son adoration pour son père.

Owszem, uczucie to spotęgowało się w niej, przypuszczała bowiem, że ojciec za dzisiejszy występek na gościńcu chce ją ukarać bez świadków. Dlatego przywitał się, jakby nigdy nic nie zaszło, i uciekł do swej kancelarji.

— Kiedy Szmul wyjdzie, pewnie mnie wtedy ojciec zawoła — mówiła do siebie Anielka. — Pójdę już lepiej sama i poczekam, to się mama niczego nie domyśli...

Taki zrobiwszy plan, wysunęła się cichaczem do ogrodu, aby być bliżej pokoju ojca. Przeszła parę razy pod otwartem oknem, ale ani ojciec, ani Szmul nie zwrócili na nią uwagi. Postanowiła zatem czekać i usiadła pod ścianą na kamieniu, dręczona wielkim strachem.

Tymczasem ojciec zapalił cygaro i wygodnie rozsiadł się na fotelu. Szmul zajął miejsce na drewnianem krzesełku, które umyślnie ustawiono dla niego pode drzwiami.

— Więc powiadasz — mówił dziedzic — że nie ziemia naokoło słońca obraca się, ale słońce naokoło ziemi?...

— Tak stoi w naszych książkach — odparł Szmul. — Ale, z przeproszeniem, jaśnie pan chyba mnie nie poto tu przywiózł?...

— Cha! cha!... masz rację!... Otóż, przystępując odrazu do rzeczy, wystarasz mi się o trzysta rubli, jutro — do południa.

Au contraire, son affection pour lui s'accrut encore quand elle se dit que, sans doute, il voulait la punir sans témoin, pour son escapade de tantôt, et que c'était là, probablement, la raison pour laquelle il l'avait embrassée tout naturellement avant de se rendre dans son cabinet.

— Il m'appellera quand Samuel sera parti, se dit-elle, mais j'irai plutôt moi-même le trouver avant qu'il me fasse demander : de cette façon, maman ne saura rien !

Cette résolution une fois prise, elle se dirigea à pas de loup vers le jardin, afin d'être plus près du cabinet paternel. Elle passa et repassa sous les fenêtres, mais vainement, car ni Samuel ni son père ne la remarquèrent. Elle décida donc d'attendre ; et, toute tremblante de crainte, elle s'assit sur une pierre, contre le mur.

Son père, cependant, avait allumé un cigare, et s'était confortablement installé dans son fauteuil. Samuel avait pris place sur une chaise en bois, placée expressément pour lui près de la porte.

— Tu dis donc, fit M. Jean, que ce n'est pas la terre qui tourne autour du soleil, mais le soleil autour de la terre ?...

— C'est écrit dans nos livres, repartit Samuel. Mais, sauf votre respect, je ne crois pas que monsieur m'ait amené ici pour parler de ces choses-là !

— Ah... ah... tu as raison... et j'en viens droit au fait ! Tu dois me procurer trois cents roubles avant demain midi !

Szmul włożył obie ręce za pas, kiwał głową i uśmiechał się. Przez chwilę obaj, milcząc, przypatrywali się sobie. Pan, jakby chciał zbadać: czy nie zmieniło się co w bladej twarzy, czarnych, żywych oczach i szczupłej, schylonej nieco postaci Żyda. Żyd, jakby podziwiał piękną blond brodę, posągowe kształty, nieporównane ruchy i klasyczne rysy pana. Zresztą po raz tysiączny obaj mogli przekonać się, że każdy z nich był modelowym okazem swojej rasy, co jednak w niczem nie przyczyniło się do załatwienia interesu.

— No, i cóż ty na to? — przerwał milczenie pan.

— Ja myślę, bez urazy jaśnie pana, że prędzej w pańskiej sadzawce zdybalibyśmy jesiotra, aniżeli jedną sturublówkę w okolicy. Myśmy tu tak wszystkie wyłapali, że ten, coby chciał dać, to ich nie ma — a kto je ma, to nie da.

— Jakto, więc już nie mam kredytu między ludźmi?

— Z przeproszeniem, ja tego nie powiedziałem. My kredyt mamy zawsze, tylko nie mamy ewikcji, i dlatego nikt nam nie pożyczy.

— Cóż, u licha! — mówił pan, jakby do siebie — przecie wszyscy wiedzą, że lada dzień sprzedam las i wezmę pozostałe dziesięć tysięcy rubli...

— Wszyscy wiedzą, że jaśnie pan już wziął trzy tysiące rubli, i jeszcze wiedzą, że z chłopami targ o zniesienie serwitutów idzie kiepsko.

Samuel passa ses mains dans sa ceinture, fit un signe de tête, et sourit. Pendant quelques secondes ils restèrent muets, se regardant fixement. On aurait cru que le maître voulait voir si rien n'avait changé dans le visage pâle, dans les yeux noirs et vifs, dans la figure maigre et légèrement courbée du Juif. Le Juif, lui, semblait admirer la belle barbe blonde, les formes sculpturales, les mouvements souples et les traits réguliers du maître. Chacun d'eux, du reste, avait déjà pu se convaincre à mille reprises qu'ils étaient, l'an et l'autre, un type modèle de leur race, ce qui ne facilitait guère toutefois l'arrangement de leurs affaires.

— Et qu'as-tu à répondre à cela ! reprit enfin le maître.

— Je crois, sans vouloir offenser monsieur, qu'on pêcherait plutôt des esturgeons dans l'étang du parc qu'un billet de cent roubles dans les environs. Nous avons tout pêché, déjà ; celui qui voudrait les donner ne les a pas, et celui qui les a ne les donnera pas.

— Comment, je n'ai plus de crédit chez personne ?

— Je demande pardon à monsieur. Nous avons toujours du crédit : seulement, comme nous n'avons pas de caution, personne ne nous prêtera.

— Que diable ! — dit M. Jean, comme se parlant à lui-même, — tout le monde sait qu'un de ces jours je vendrai ma forêt et toucherai au moins dix mille roubles...

— Tout le monde sait que monsieur a déjà touché deux mille roubles, et on sait aussi que l'affaire des servitudes va mal avec les paysans.

— Ale się lada dzień skończy.

— Bóg wie!

Dziedzic zaniepokoił się.

— Czy słyszałeś co nowego?

— Słyszałem, że chłopi chcą już po cztery morgi na osadę...

Pan aż skoczył na fotelu.

— Ich ktoś buntuje! — zawołał.

— Może być.

— Pewnie Gajda?

— Może Gajda, a może i kto mądrzejszy od Gajdy.

Dziedzic dyszał jak lew podrażniony.

— Ha, mniejsza — mówił. — Ależ w takim razie sprzedam majątek i wezmę sto tysięcy rubli gotówką.

— Długów jest więcej — wtrącił Żyd — i te muszą być zaraz spłacone.

— Więc odwołam się do pomocy ciotki i u niej zaciągnę pożyczkę...

— Jaśnie prezesowa już nic nie da... Ona kapitałów nie ruszy, a procenta sama woli tracić.

— To po jej śmierci...

— Et cependant elle sera terminée ces jours-ci !

— Dieu seul le sait.

Le châtelain parut inquiet.

— As-tu entendu quelque chose de nouveau ?

— J'ai entendu dire que les paysans veulent avoir maintenant quatre arpents chacun.

Le châtelain sursauta dans son fauteuil.

— Quelqu'un les excite ! s'écria-t-il.

— Peut-être.

— C'est sans doute Gaïda ?

— Peut-être est-ce Gaïda, et peut-être est-ce quelqu'un de plus malin encore ?

Le châtelain haletait, comme un lion irrité.

— Ah ! n'importe, dit-il enfin. Dans ce cas, je vendrai ma propriété ; elle vaut cent mille roubles...

— Les dettes dépassent ce chiffre, interrompit le Juif, et elles doivent être payées immédiatement.

— Alors je m'adresserai à ma tante, et la prierai de me prêter une certaine somme...

— Madame la présidente ne donnera plus rien maintenant... Elle ne touchera jamais à son capital... quant aux intérêts, elle préfère les dépenser elle-même...

— Alors après sa mort...

— A jak, z przeproszeniem, nic jaśnie panu nie zapisze?...

Dziedzic zaczął z gorączkowym pośpiechem chodzić po pokoju. Żyd podniósł się z krzesła.

— Poradźże mi! — zawołał, stając nagle przed pachciarzem.

— Ja wiem, że jaśnie pan nie zginie, choćby i ten Niemiec dobra kupił. Jaśnie pan będzie zawsze żył między jaśnie państwem, a jak (tu Szmul zniżył głos) z przeproszeniem — jaśnie pani kiedy... tego... to jaśnie pan ożeni się.

— Głupiś, Szmulku — rzekł dziedzic.

— To jest prawda, ale pani Weiss ma dwa miljony gotówką. A co srebr, kosztowności...

Dziedzic schwycił go za ramię.

— Milcz! — ofuknął. — Potrzebuję trzystu rubli, i o nich myśl...

— I to można zrobić... — odparł Szmul.

— W jaki sposób?

— Poprosimy pani Weiss...

— Nigdy...

— To musi jaśnie pan dać zastaw, a ja od Żydków wydobędę pieniędzy.

Dziedzic uspokoił się, znowu usiadł i zapalił cygaro. Żyd po chwilowej przerwie mówił dalej:

— Je demande pardon à monsieur, mais... si elle ne laisse rien à monsieur ?

Le châtelain se mit à arpenter fiévreusement la chambre. Le Juif se leva.

— Conseille-moi donc ! s'écria enfin le châtelain en s'arrêtant devant lui.

— Je sais très bien que monsieur ne s'en portera pas plus mal si même cet Allemand achète le domaine ; monsieur n'en vivra pas moins parmi des seigneurs ; et quand (ici Samuel baissa la voix) quand madame... alors monsieur se remariera...

— Tu n'es qu'un sot, Samuel ! dit le châtelain.

— C'est vrai, mais Mme Weiss a deux millions en bel argent, et tant d'argenterie, tant de bijoux !...

Le châtelain le saisit par l'épaule.

— Tais-toi ! dit-il d'un ton rude. J'ai besoin de trois cents roubles, pense à me les trouver...

— Ça peut se faire, répliqua tranquillement le Juif.

— De quelle manière ?

— Nous les demanderons à Mme Weiss.

— Jamais !

— Alors monsieur doit me donner une garantie, et je tirerai l'argent de quelque Juif.

Le maître du château se rasséréna ; il s'assit et alluma un cigare. Après un instant de silence, le Juif reprit :

— Żeby choć był jaśnie pan młyn wystawił, o co tyle lat proszę.

— Nie było pieniędzy.

— Były nieraz i niejedne. Teraz także jaśnie pan wziął trzy tysiące rubli, ale wolał powóz kupić i pokoje wylepić... A nade mną wciąż wisi strach...

— Zarobiłeś na tym interesie z pięćset rubli.

— Możem zarobił, możem stracił, a zawdy wolałbym młyn. Co stoi wsadzone w ziemię, to jest wartość, a z pieniędzmi tylko kłopot i wielkie chodzenie dla złodziejów.

— No — przerwał dziedzic — zaczekaj tu, a ja tymczasem pomyślę o wynalezieniu ci zastawu.

Przez cały czas rozmowy ojca ze Szmulem, Anielka pogrążona była w tym przykrym i chaotycznym stanie duszy, jaki zwykle wywołuje obawa. Podrażniona imaginacja bezświadomie usiłowała rozstrzygnąć pytanie: co też powie jej ojciec? — i w odpowiedzi na to tworzyła z przeszłych wspomnień i teraźniejszych wrażeń, obrazy smutne i bezładne.

Rozmowę ojca ze Szmulem dziewczyna słyszała dokładnie, lecz narazie nie pojmowała jej. W umyśle Anielki pozostał jednakże niewyraźny obraz jakiejś damy obok ojca...

— Si, au moins, monsieur avait construit ce moulin, dont je parle depuis tant d'années...

— Je n'avais pas d'argent.

— Monsieur en a eu, et plus d'une fois encore. Il n'y a pas si longtemps que monsieur a touché trois mille roubles. Mais monsieur a préféré acheter une voiture, et faire tapisser ses appartements... Et moi, malheureux, je suis toujours dans l'incertitude...

— Mais tu as gagné cinq cents roubles !

— Peut-être que je les ai gagnés, peut-être que je les ai perdus, mais j'aurais préféré le moulin. Ce qui est bâti sur la terre a toujours son prix, tandis que l'argent ne donne que des embarras, et il faut encore le cacher des voleurs.

— Écoute un peu, interrompit le maître, attends ici ; et, pendant ce temps, j'irai essayer de te procurer une garantie !

Pendant le temps que dura l'entretien de son père avec Samuel, Anielka resta plongée dans ce désagréable et chaotique état moral qu'engendre toujours la crainte. Son imagination, surexcitée, essayait inconsciemment de résoudre cette question : « Que lui dirait son père ? » Et pour toute réponse elle se créait, de ses souvenirs passés et de ses impressions présentes, des tableaux tristes et confus.

La fillette, cependant, avait entendu distinctement la conversation de son père avec Samuel, sans toutefois en comprendre le sens ; mais un nom de femme, accolé à celui de son père, lui resta dans l'esprit, mêlé à l'éternel sourire, triste et rusé, de Samuel.

— Boże! Boże!... jaki ten Szmul niegodziwy!... Co on powiedział ojcu!... Kto jest ta pani Weiss? — pytała siebie samej z przestrachem.

Nie mogła wytrzymać w tem miejscu. Pobiegła do swego pokoju i siedziała tam przez długi czas na krześle, czekając, aż ją wezwą, cicha, przelękniona.

Ale nie zawołano jej tak prędko. Kolacja dziś była spóźniona, ponieważ ojciec długo rozmawiał z matką.

Tym razem ojciec miał doskonały humor. Wszedł do pokoju, nucąc, i stanąwszy obok fotelu matki, rzekł do niej pieszczotliwie:

— Buzi!

— Nareszcie po dziesięciu dniach — rzekła matka. — *Je suis charmée*, żeś sobie przypomniał o mnie, od czego już odwykłam. Choroba, pustka i rozpaczliwe myśli, *voici mes compagnons!* Jeżeli mam powiedzieć prawdę, to w tym ponurym pokoju nawet twoja wesołość robi na mnie przykre wrażenie...

— No, nie dziwacz, moja Meciu. I twoja samotność i choroba skończą się wkrótce, tylko — cierpliwości. Jestem na drodze do zrobienia świetnego interesu i byłem zebrał potrzebne fundusze...

— *Assez! assez! Je ne veux pas écouter cela!...* Znowu interesa i pieniądze! Ach, nie zasnę dziś...

— Mon Dieu ! mon Dieu ! quel méchant homme que ce Samuel !... Qu'a-t-il dit à papa ?... Qui est cette Mme Weiss ?... se demandait-elle, toute tremblante.

Elle ne put tenir en place et s'enfuit dans sa chambre. Elle y resta longtemps, silencieuse, épouvantée, attendant que son père la fit demander.

Mais on ne l'appela point. Le souper fut même servi en retard, car son père s'entretint très longuement avec sa mère.

Le châtelain était de fort belle humeur en retournant à la véranda. Il fit son entrée en fredonnant, et arrivé près de sa femme, assise là dans son fauteuil, il murmura, d'une voix caressante :

— Embrasse-moi, veux-tu ?

— Enfin ! après dix jours... soupira sa femme. *Je suis charmée* de voir que tu te rappelles mon existence. J'en suis si déshabituée ! La maladie, l'abandon, les sombres pensées, *voici mes compagnons*. Et, à vrai dire, en te voyant si gai dans cette pièce si triste j'en éprouve même une impression désagréable.

— Fais trêve de caprices, Mathilde ! Ton abandon et ta maladie auront bientôt une fin ; il ne faut que patienter encore un peu. Je suis en train de conclure une excellente affaire ; et pourvu que je trouve les fonds suffisants...

— *Assez, assez, je ne veux pas écouter cela.* De nouveau des affaires, de nouveau de l'argent ! Ah ! mon Dieu ! mon Dieu ! je n'en dormirai pas cette nuit...

— Ależ poczekaj, powiem ci i co innego. Wyobraź sobie, że Władysław jest już po słowie z panią Gabrjelą. Poczciwa rozwódka pożyczyła mu pięć tysięcy rubli, za które ekwipuje się jak książę. Gdybyś widziała jego odświeżony pałacyk, meble i powozy...

— Nie chce mi się wierzyć — przerwała pani — aby Gabrjela wyszła za szaławiłę, który w ciągu kilku lat stracił ogromny majątek...

— Przepraszam cię. Nie stracił, tylko zadłużył, ale przy kapitale żony wyrobi się. Żyjemy w epoce przejściowej, w której zachwiane zostały najznakomitsze fortuny...

— Wiem!... przez karty i zabawy.

— Nie bądźże złośliwą, tem bardziej, że nieoceniony Władek oddał mi wielką przysługę w pewnym interesie. I gdybym znalazł pieniądze...

— Znowu interes i pieniądze!...

— A, doprawdy, że nie poznaję cię, Meciu! — zawołał zgorszony mąż. — Wiesz, że sam nie lubię rozprawiać o drobiazgach, a tembardziej ciebie niemi nudzić, ale obecnie chodzi o kwestją serwitutów, o nasz majątek, stanowisko, przyszłość dzieci. Wszystko to nie może przecie rozbić się o jakieś kilkaset rubli...

— Więc znowu zabrakło ci pieniędzy? — spytała zdziwiona pani.

— Naturalnie, i tym razem postanowiłem ciebie prosić o pomoc...

— Mais écoute donc, que je te conte la grande nouvelle ! Figure-toi que Ladislas est fiancé à Mme Gabrielle. La bonne veuve lui a prêté cinq mille roubles, et il se monte comme un prince. Si tu voyais son château restauré, ses meubles, ses voitures !...

— Je ne puis croire, interrompit-elle, que Gabrielle épouse cet écervelé qui, en quelques années, a dissipé une telle fortune...

— Pardon ! Il ne l'a pas dissipée, mais il s'est endetté, rien de plus, et avec le capital de sa femme il va se tirer de là. Nous vivons dans une époque de transition, où les plus grandes fortunes sont ébranlées...

— Oui, oui, par les cartes et les paris aux courses !

— Ne sois pas si méchante ! Sois-le d'autant moins que cet inappréciable Ladislas m'a rendu un grand service dans une affaire, et que, si j'avais de l'argent...

— De nouveau des affaires, et de l'argent...

— Mais vraiment je ne te reconnais plus, ma chère Mathilde ! s'écria le mari indigné. Tu sais très bien que je n'aime pas à m'occuper de bagatelles, encore moins à t'en ennuyer, mais actuellement il s'agit de la question des *servitudes*, de notre fortune, de notre position, de l'avenir de nos enfants. Est-ce que tout cela peut s'écrouler pour quelques malheureuses centaines de roubles ?

— Alors il te faut de nouveau de l'argent ?

— Oui, et j'ai résolu de te demander ton aide pour...

Pani zasłoniła oczy chustką i zapytała żałośnie:

— Mnie?... a cóż ja ci pomogę?... Cały mój posag stracony, połowa klejnotów w zastawie, ja nie mam za co pojechać do Chałubińskiego, który, czuję to, powróciłby mi zdrowie. A nie wspominam już o nieszczęśliwym Józiu, o tem, że służba nie zapłacona, że wiele bierze się na kredyt... *Oh, malheureuse que je suis!* łez mi już wkrótce zabraknie...

— Meciu! zaklinam cię, uspokój się — błagał ją mąż.

— Ty nie chcesz pojąć, że wszystkie majętności, cały ogół przechodzi epokę krytyczną, która dla nas specjalnie skończy się za dni kilka. Gdy ureguluję serwituty, natychmiast wezmę dziesięć tysięcy rubli i włożę w meljorację dóbr. Urodzaje wówczas poprawią się, długi spłacimy, a tymczasem sprzedamy drugą część lasu i wyjedziemy zagranicę. Tam odżyjesz, będziesz znowu bawić się i błyszczeć jak niegdyś...

— *Vain espoir!* — szepnęła pani. — Zawsze mi to powtarzasz, ile razy chodzi o mój podpis...

— Teraz nawet podpisu nie potrzeba, Meciu! — pochwycił mąż. — Dasz mi tylko na tydzień... dwa... twój naszyjnik... Najdalej za miesiąc będziesz miała wszystkie twoje klejnoty...

— Łez mi już wkrótce zabraknie...

Madame se couvrit les yeux, de son mouchoir, et reprit, d'une voix gémissante :

— À moi ? Et en quoi puis-je t'aider ? Toute ma dot est dépensée, la moitié de mes bijoux sont en gage, et je n'ai pas même l'argent nécessaire pour aller consulter Chalubinski, qui, je le sens, me rendrait la santé. Je ne parle déjà plus de ce malheureux petit Joseph, des domestiques qui n'ont pas été payés depuis longtemps, ni de ce que tout, à présent, s'achète à crédit... *Oh ! malheureuse que je suis*, bientôt il ne me restera même plus de larmes...

— Mathilde, je t'en supplie, calme-toi ! implora le mari. Tu ne veux pas comprendre que la propriété en général subit en ce moment une crise, qui finira pour nous d'ici à quelques jours. Lorsque j'aurai réglé la question des servitudes, je toucherai immédiatement dix mille roubles que j'emploierai à améliorer mes terres : nous ferons alors de meilleures récoltes, et nous paierons nos dettes ; en attendant, nous vendrons une seconde coupe de forêt et nous partirons pour l'étranger. Là, tu recouvreras la santé, tu t'amuseras de nouveau, et tu redeviendras la brillante Mathilde d'autrefois.

— Oui, je sais ! murmura madame. Tu me répètes cela chaque fois qu'il te faut ma signature.

—Je n'ai nullement besoin de ta signature aujourd'hui, Mathilde. Prête-moi seulement ton collier de perles pour une semaine ou deux. Avant un mois, tous tes bijoux te seront rendus.

— Avant peu je n'aurai plus de larmes...

— W początkach zaś października odwiozę cię do Warszawy, gdzie, o ile mi się zdaje, będziesz mogła przepędzić całą zimę...

— Tylko dla odzyskania zdrowia — szepnęła.

— No, i trochę dla rozrywki! — odparł mąż z uśmiechem. — Teatr, koncert, a nawet jakiś tańcujący wieczorek nie zaszkodzą ci.

Pani opuściła głowę na piersi i po chwilowym namyśle, rzekła:

— Weź sam ten naszyjnik z biurka. Boże! czuję, że umarłabym z rozpaczy, gdybym teraz spojrzała na niego.

— Ale zato jak ci będzie przyjemnie wystąpić w nim kiedyś! Ile razy spojrzysz na niego, przypomnisz sobie, żeś nie zawahała się przed spełnieniem obowiązków względem dzieci i stanowiska...

Z temi słowy poszedł do biurka i szukając tam, ciągnął dalej:

— Chwilowe przykrości potęgują następującą po nich przyjemność. Zwykły kamień nabywa ceny, jeżeli spełnił się wobec niego jakiś doniosły wypadek. A pomyśl tylko, ile w oczach córki twojej mieć będzie wartości ten zbiór świecidełek, gdy zapinając go na jej szyi, powiesz: „Te brylanty w stanowczej chwili przesilenia społecznego uratowały nasze stanowisko, nasz byt..."

Wydobył z szuflady spore safianowe pudełko, schował je do kieszeni, a potem, schyliwszy się nad żoną, szepnął:

— Je te mènerai à Varsovie dans les premiers jours d'octobre et tu pourras même, j'espère, y passer tout l'hiver...

— Je ne voudrais seulement que me rétablir !

— Et aussi un peu te distraire, n'est-ce pas ? fit le mari avec un sourire. Le théâtre, les concerts, et même quelques soirées intimes ne sauraient t'empêcher de guérir ?

La dame baissa la tête : puis, après avoir réfléchi quelques instants, elle dit :

— Prends ce collier, dans mon bureau. Mon Dieu ! je sens que je mourrais de désespoir à l'instant même, si je le regardais !

— Mais tu n'en auras que plus de plaisir à le porter un jour ! En le mettant, tu te diras chaque fois que pas un seul instant tu n'as hésité à accomplir ton devoir envers tes enfants, envers ta position...

Tout en parlant, il se dirigea vers le bureau et poursuivit, en fouillant les tiroirs :

— Un moment désagréable nous fait mieux apprécier les heures heureuses qui suivent ; et un simple bijou, même, acquiert de la valeur s'il a été mêlé à quelque grand événement. Pense aussi à ce que vaudront ces perles pour ta fille lorsque, l'en parant, tu lui diras : « Ce collier a sauvé notre position, notre existence, dans un moment décisif de crise sociale ! »

Prenant dans le tiroir un écrin en maroquin, il l'enfouit vivement dans sa poche, puis s'approcha de sa femme et lui chuchota à l'oreille :

— Buzi!...

— O, jakżebym była szczęśliwa... — rzekła pani. — Gdybym ci mogła wierzyć...

— O, kiedy znowu dziwaczysz, Meciu! — odparł niecierpliwie.

Mówił to już na progu pokoju, śpiesząc do kancelarji, gdzie go oczekiwał Szmul.

Pani została sama. Widok pięknej twarzy męża i rozmowa z nim cofnęły ją wstecz o kilkanaście lat, nasuwając porównania, które budziły wątpliwości i tęsknotę.

Wszedł lokaj.

— Proszę jaśnie pani, samowar na stole.

— Pan już jest?

— Dałem znać jaśnie panu.

— Poproś panny Anieli i powiedz guwernantce.

Lokaj wyszedł.

— *Joseph, mon enfant, veux-tu prendre du thé?*... śpi, biedne dziecko!...

Wyszła przez pokój jasno-niebieski i sień do pokoju jadalnego, a za nią wlókł się długi ogon białego szlafroczka.

Wkrótce ukazała się ciągle strwożona Anielka i milcząca guwernantka, a po nich pan.

— Encore un baiser !...

— Comme je serais heureuse si seulement je pouvais te croire !

— Allons, encore des extravagances ! fit-il d'une voix impatientée.

Après quoi il se hâta d'aller retrouver Samuel, qui l'attendait dans son cabinet.

Madame resta seule. La vue du beau visage de son mari, leur conversation, la reportèrent à dix années en arrière, suscita, dans son esprit, des réflexions qui la remplissaient à la fois de plaisir et d'inquiétude.

Un domestique entra :

— Madame est servie.

— Monsieur est là ?

— Non, madame, mais j'ai prévenu monsieur.

— Prie Mlle Anielka de descendre, et dis à l'institutrice que le souper est servi.

Le domestique sortit.

— *Joseph, mon enfant, veux-tu prendre du thé ?* Il dort, le pauvre chéri !

Elle traversa la chambre bleu-pâle et gagna la salle à manger ; la longue traîne de sa robe de chambre de laine blanche se déroulait derrière elle.

Anielka, toujours tremblante, entra bientôt avec son institutrice silencieuse ; son père les suivait.

Pan grzecznie podał rękę guwernantce, której szyja i twarz pokryły się barwą ceglastą. Siadła naprzeciw niego i patrzyła pod stół.

Dziedzic od niechcenia położył obie ręce na stole i patrząc na pannę Walentynę (zdawało jej się, że w sposób zuchwały), mówił do służącego:

— Każ mi zrobić mały kawałek befsztyku, po angielsku...

— Niema mięsa, jaśnie panie!

— Jakto — już w czerwcu nie można mięsa dostać?...

— Dostać można, ale jaśnie pani nie posyłała do miasta...

Matka i Anielka mocno zarumieniły się. Obie wiedziały, że nie posłano po mięso przez oszczędność.

— Każ mi więc ugotować parę jaj na miękko — rzekł pan, topiąc w nauczycielce melancholijne spojrzenie.

Panna Walentyna uznała za stosowne odezwać się:

— Jaj zapewne niema, ponieważ były dziś na obiad, a prócz tego ja pijam codzień surowe.

— Widzę, Meciu — mówił pan — że twoja Kiwalska bardzo zaniedbuje się w gospodarstwie.

— Stosuje się do wyznaczonych jej funduszów — wtrąciła się nauczycielka, biorąc w obronę znienawidzoną klucznicę dla dokuczenia panu.

Słowa jej ubodły dziedzica.

Il offrit poliment le bras à l'institutrice, dont le cou et les joues se couvrirent d'une teinte rouge-brique. Elle s'assit en face de lui, et baissa les yeux.

Le maître de la maison posa nonchalamment ses mains sur la table, et, regardant M{lle} Valentine (d'une manière impertinente, selon elle), il dit au domestique :

—Dis qu'on me prépare un petit bifteck, mais à l'anglaise...

— Il n'y a pas de viande, monsieur !

— Comment, — en juin on ne peut déjà plus avoir de viande ?

— On peut en avoir, monsieur, mais madame n'a pas envoyé chez le boucher.

La mère et la fille rougirent. Toutes les deux savaient que c'était par économie qu'on n'avait pas envoyé chez le boucher.

—Dis qu'on me serve deux œufs à la coque ! reprit monsieur, en jetant un regard mélancolique du côté de l'institutrice.

M{lle} Valentine crut convenable de dire, à son tour :

— Il n'y a sans doute pas d'œufs, car nous en avons eu à dîner, et, en outre, on m'en sert un cru tous les matins.

—Je vois, Mathilde, que ta Kiwalska n'est guère bonne ménagère !

— Elle ne peut dépenser que l'argent qu'on lui donne ! dit l'institutrice, prenant la défense de la femme de charge, qu'elle détestait, pour taquiner le châtelain.

Ces paroles aiguillonnèrent le maître de la maison.

— Czy jesteś, Meciu, tak słabą, że pannę Walentynę obarczasz obowiązkami kasjerki?... — spytał.

W duszy starej panny zbudziła się jędza.

— Nie byłoby w tem nic złego — wtrąciła z uśmiechem. — Szmul jest kasjerem pana, ja więc mogłabym ten urząd pełnić przy pani.

— Zapewne! — odparł dziedzic, lekko marszcząc brwi — choć nie sądzę, aby mogło się to dziać bez uszczerbku dla Anielci.

Anielce o mało że łyżeczka z rąk nie wypadła.

Ot i dziś — mówił dalej — znalazłem ją na publicznej drodze...

— Anielkę?... — spytała razem matka i guwernantka.

— Tak, ją. Na szczęście nie samą. Towarzyszyła jej córka tego zbója, Gajdy, i — prosię...

— Anielce... — szepnęła matka.

— Widzi więc pani — ciągnął, zwracając się z uśmiechem do guwernantki — na co jest narażona moja córka, nawet obecnie, gdy pani jeszcze nie raczy zajmować się kasą... Szuka sobie stosunków między pastuszkami i prosiętami...

Panna Walentyna, słuchając tego, była szaro-niebieska.

— Ha! któż wie — odparła z wymuszonym chłodem — czy stosunki te nie przydadzą się jej kiedy...

— Es-tu donc si faible, Mathilde, que tu doives encore encombrer Mlle Valentine des fonctions de caissière ?... demanda-t-il.

La vieille fille devint furieuse.

— Et qu'y aurait-il de mal à cela ? fit-elle avec un sourire. Samuel est le caissier de monsieur, je pourrais bien remplir le même emploi auprès de madame !

— Certainement, répliqua le maître, en fronçant légèrement le sourcil, quoique je ne suppose pas que cela puisse se faire sans causer un grand détriment à Anielka !

La cuiller d'Anielka faillit lui tomber des mains.

— Aujourd'hui, par exemple, poursuivit-il, j'ai trouvé cette enfant sur la voie publique !

— Anielka ? demandèrent, d'une seule voix, la mère et l'institutrice.

— Oui Anielka ! Heureusement, elle n'était pas seule, elle était en compagnie de la fille de ce vaurien de Gaïda, et d'un goret.

— Anielka ! balbutia la mère.

— Vous voyez, mademoiselle, continua-t-il en regardant toujours l'institutrice, à quoi est exposée ma fille alors même que vous n'avez pas encore à vous occuper de la caisse ! Elle cherche des amis parmi les porchères et les cochons de lait !

En l'écoutant, Mlle Valentine était devenue bleu foncé.

— Qui sait, dit-elle enfin avec une froideur feinte, si ces relations ne lui seront pas utiles un jour ?

— Z prosiętami?

— Z dziećmi ludu. Dotychczas była moda, że panowie przyjaźnili się tylko z Żydami, a do czego to ich doprowadza, widzimy niekiedy. Może więc następne pokolenie z konieczności zbliży się do chłopów...

Panu usta drgały, ale pokrył to uśmiechem, i nie odpowiedział jej nic. Zwrócił się tylko do córki i rzekł:

— Anielko!...

Dziewczynka wstała z krzesła i zbliżyła się ze drżeniem do ojca, sądząc, że już nadchodzi okropna chwila. Stół, samowar, cały pokój krążyły jej przed oczyma.

— Słucham tatkę...

— Przybliżże się...

O mało nie upadła.

— Proszę cię, żebyś mi już po gościńcu nie biegała... — rzekł powoli ojciec i ująwszy ją za szyję, pocałował w czoło. A teraz pij herbatę...

Anielce zdawało się, że jest na innym świecie. O Boże! Boże! jaki ten tatko dobry!... i jaki ten Gajda, który kopał swoją córkę, szkaradny!...

Wtem przyszła jej na myśl pani Weiss, i zapał dziewczynki nagle ostygł.

— Des relations avec les porcs ?

— Avec les enfants du peuple. Jusqu'à présent la mode voulait que les seigneurs ne fussent en relation qu'avec les Juifs. Où cette mode les a conduits, nous en avons un exemple de temps à autre. Peut-être la nouvelle génération devra-t-elle se rapprocher des paysans...

Les lèvres du châtelain tremblaient. Mais il songea qu'on devait trois mois d'appointements à l'institutrice, et il préféra ne pas lui répondre. Il se tourna donc vers sa fille :

— Anielka !...

La fillette se leva et s'approcha en tremblant de son père, croyant enfin arrivé le terrible moment. La table, la bouilloire, tout dansait devant ses yeux.

— Je vous écoute, papa !

— Viens ici, plus près...

Elle faillit tomber.

— Que je ne te trouve jamais plus sur la route ! dit lentement le père, en embrassant sa fille sur le front. Et maintenant, va prendre ton thé !

Anielka se crut ravie dans un autre monde. Dieu, que son père était donc bon... et que ce Gaïda, qui battait sa fille... était donc méchant !

Mais aussitôt le souvenir de la mystérieuse M{me} Weiss revint à l'esprit de la petite fille, et elle retomba dans l'incertitude.

Rozdział 5

Weseli są zasmuceni, a smutni mają doskonały humor

Upłynął tydzień. Słońce grzało coraz mocniej, noce były ciepłe i krótkie. Nad polami przeciągały niekiedy chmury, rozsypujące deszcz; wnet je przecie wiatr rozpędzał, aby nie szkodziły zbożom. Jedne drzewa pokrywały się kwiatem, inne — zawiązkami owoców.

Powietrze pachniało. Nad sadzawką dumały bociany, przysłuchując się dukaniu żab. Ptasie gniazda zapełniały się pisklętami. Wszystko żyło i rosło, albo — przygotowywało się do życia i wzrostu. Im wyżej słońce wzbijało się nad horyzont, tem mocniej kipiało życie.

Przez cały ten czas ojciec Anielki nie wyjeżdżał z domu. Wysłał tylko przez Szmula pożyczone pieniądze do miasta. Najczęściej siedział w swoim gabinecie i palił cygaro, czytał coś i palił cygaro, rozmawiał ze Szmulem i znowu palił cygaro.

Chapitre 5

Les gais sont tristes et les tristes sont gais

Une semaine s'était écoulée. Le soleil devenait de plus en plus ardent, les nuits étaient courtes et tièdes. Parfois des nuages gros de pluie passaient au dessus des blés ; mais le vent ne tardait pas à les disperser, afin qu'ils ne causassent pas de dégâts aux moissons. Des arbres se couvraient de fleurs, d'autres étaient chargés de fruits.

L'air était embaumé. Près de l'étang, des cigognes écoutaient le coassement des grenouilles. Les nids s'emplissaient d'oiseaux. Tout croissait et vivait, ou se préparait à vivre et à croître. Plus le soleil montait à l'horizon, plus tout débordait de vie.

Pendant tout ce temps, le père d'Anielka n'avait pas quitté la maison. Le plus souvent, il se tenait dans son cabinet et fumait des cigares. Il lisait un peu et fumait ; il causait avec Samuel et fumait de nouveau.

Niekiedy wychodził przed ganek, wkładał ręce do kieszeni i podniósłszy głowę, patrzył na krańce horyzontu, jakby wyglądając oczekiwanych wypadków. Ale wypadki spóźniały się, a natomiast widać było na jego polach rzadkie zboża i wiele płatów nieobsianych. Wówczas jak błyskawica przychodziła mu myśl, że jego przyszłość nie ma już punktu oparcia. Wracał do gabinetu i chodził, chodził — całemi godzinami po uginającej się podłodze.

Kto wie, czy nie pierwszy raz w życiu dziedzic był tak zadumany i niespokojny. Przebywał ważną epokę. Dziś, jutro, a najpóźniej za tydzień powinna się rozstrzygnąć kwestja serwitutów. Parę miesięcy temu włościanie zdecydowani byli cofnąć swoje prawa do lasu za trzy morgi gruntu na każdą osadę. Jeżeli włościanie podpiszą układ, las zostanie sprzedany, dziedzic otrzyma jeszcze dziesięć tysięcy rubli i ureguluje najgwałtowniejsze interesa. Lecz jeżeli nie zgodzą się, będzie musiał sprzedać majątek. A co potem?...

Zawieszona w taki sposób kwestja bytu albo ostatecznej ruiny trapiła ojca Anielki. Stracił humor, zwykłą pewność siebie, a zarazem — chęć do przejażdżek. Od pewnego czasu chodziły wieści, że włościanie rozmyślili się i żądać mają większego wynagrodzenia za serwitut, a nawet zerwać układy. To przerażało go.

Należał on do ludzi, którzy pragną, aby każda sprawa szła wedle ich myśli, ale żadnej sami nie wypracują.

Parfois il sortait sur le perron, et là, les mains dans les poches, la tête levée, il interrogeait l'horizon, comme s'il guettait des événements attendus. Mais ces événements tardaient à se produire, et ses yeux n'apercevaient que des champs en friche ou couverts d'une maigre récolte. Alors une idée, rapide comme l'éclair, lui traversait l'esprit : il se disait que sa situation était sans issue. Aussitôt il rentrait dans son cabinet de travail et marchait, marchait, pendant des heures entières.

Le lendemain, le surlendemain, dans huit jours au plus tard, devait enfin se résoudre la question des « servitudes. » Deux mois auparavant, les paysans avaient décidé de renoncer à leurs droits, moyennant l'abandon fait à chacun de trois arpents de terre ; si donc ils consentaient à signer le contrat, la forêt pourrait être définitivement vendue, M. Jean toucherait quelques milliers de roubles, et paierait immédiatement les dettes les plus criardes. Mais s'ils allaient refuser de consentir ?... Il lui faudrait alors vendre son domaine. Et ensuite ?...

La question, ainsi posée, tourmentait fort le père d'Anielka. Il avait perdu sa belle humeur, son assurance habituelle et jusqu'à son goût des voyages. Depuis quelque temps, le bruit courait que les paysans, ayant réfléchi, avaient résolu d'exiger une plus grande compensation ou de maintenir leurs droits sur la forêt. Cela le consternait.

Il appartenait à cette catégorie de gens qui veulent que chaque affaire se conclue au gré de leurs désirs, sans toutefois qu'ils aient à s'en occuper eux-mêmes.

Zgodziwszy się z włościanami na trzy morgi, uwierzył jak w pewnik, że serwituty ureguluje. Na mocy tego sprzedał las, wydał pieniądze, sprawą już nie zajmował się dłużej, nie przypuszczając nawet, aby w interesie mogły zajść jakie przeszkody. Wiedział, że na św. Jan ma być podpisany ostateczny układ, i do tego terminu wszystko odsuwał.

Gdy mu Szmul doniósł, że włościanie mówią o czterech morgach, uczuł, że wielopiętrowy gmach jego nadziei zachwiał się. Opanowała go trwoga, lecz tak dalece przywykł powierzać się biegowi wypadków, taki czuł wstręt do utraty złudzeń, że nie śmiał nawet sprawdzić wiadomości, a tem bardziej odrobić rzeczy, o ileby się dała.

— Może to plotki? — myślał.

— W takim razie trzebaby włościan spytać...

— Nie!... bo gotowi sądzić, że ustąpię...

Właściwie jednak nie o to mu chodziło, ale o to, ażeby nie usłyszeć złej prawdy. Jeżeli dziś przekona się, że układy spełzną na niczem, marzenia jego, osnute na sprzedaży lasu, rozwieją się. W przeciwnym razie może się bawić niemi jeszcze tydzień, trzy dni... choćby jeden dzień.

Nie pytał więc nikogo, z nikim nie rozmawiał; nawet Szmulowi przerywał rzecz o serwitutach i — czekał. Takie postępowanie nazywał dyplomacją i tłomaczył sobie, że jeżeli nikt od niego nie usłyszy ani wyrazu w tej sprawie, włościanie nie będą śmieli zmieniać warunków poprzednich.

Ayant consenti à accorder les trois arpents demandés, il avait la complète certitude que cette question était arrangée ; et il avait vendu la forêt, dépensé l'argent touché d'avance, et ne s'était plus soucié de cette affaire, ne supposant même pas que quelque complication pût survenir. Il savait que l'arrangement définitif devait être signé à la Saint-Jean et il renvoyait tout à cette date.

Quand Samuel vint lui annoncer que les métayers parlaient de quatre arpents, il sentit s'écrouler le bel édifice de ses espérances. L'inquiétude le prit. Mais il était si bien habitué à laisser les événements suivre leur cours, il avait une telle peur des désillusions, qu'il n'osa même pas s'enquérir de la véracité de ces on-dit. Encore moins essaya-t-il d'arranger l'affaire.

— Ce sont peut-être de faux bruits, disait-il.

— Mais alors, il faudrait voir les paysans...

— Non, car ils pourraient me croire disposé à leur céder...

Mais là n'était pas la vraie raison: il avait peur d'entendre la fatale vérité. S'il allait apprendre, tout de suite, que les pourparlers n'avaient pas abouti, ses illusions basées sur la vente de la forêt s'évanouiraient, et il voulait s'en bercer encore pendant une semaine, pendant trois jours... pendant un jour même.

Il n'interrogeait donc personne, ne parlait à personne ; il avait même défendu à Samuel de souffler mot de cette question, — et il attendait. Cette manière d'agir lui semblait très diplomatique ; et il se donnait pour excuse que, si personne n'entendait un mot de lui sur cette affaire, les paysans n'oseraient pas changer leurs conditions.

I znowu nie była to dyplomacja, ale obawa spojrzenia w oczy faktom, obawa zapytania samego siebie: co robić po przymusowej sprzedaży majątku za długi? Gdzie podziać żonę?... Czem jej zastąpić strwoniony posag, klejnoty i względne wygody?...

Zdawało się, że usposobienie dziedzica cięży nad całym domem. Pani pobladła jeszcze bardziej, Anielka była zgnębiona, choć nie wiedziała czemu. Parobcy jeden po drugim dziękowali za służbę i zaniedbywali się w pracy. Niektórzy wymykali się ze dworu, niekiedy na parę dni, w celu szukania nowego miejsca. Inni wynosili z budynków powrozy i żelastwo, aby choć w części odbić zaległą pensją. Inni byli hardzi i wykrzykiwali na złe jadło.

Ponieważ gospodyni księdza dziekana rzeczywiście w upłynionym tygodniu umarła, klucznicą więc Kiwalska, ze łzami wprawdzie i zaklęciami, ale nader stanowczo podziękowała pani za służbę. Twierdziła ona, że kocha cały dom bez pamięci, że pewno umrze z tęsknoty, gdy się oddali, ale że religijny obowiązek nakazuje jej pójść do księdza dziekana, którego niegodziwe służące zamorzyłyby głodem. Dodała wkońcu, że nawet nie śmie przypominać o należnych jej zasługach, ale wierzy w to, jak w świętą Ewangelją, iż państwo krzywdy jej nie zrobią.

W postępowaniu panny Walentyny także zaszła zmiana. Widząc, jak się wszyscy wynoszą, zapewniała głośno, że ani myśli opuszczać edukacji Anielki, którą polubiła, ale — że z panem pod jednym dachem mieszkać nie może.

Mais il n'en était pas moins forcé de se demander, sans cesse, à lui-même : « Que ferai-je après qu'on aura vendu notre propriété ? Que deviendra ma femme ?... Par quoi lui remplacerai-je sa dot dissipée, ses bijoux, le confort relatif dont elle jouit ici ?... »

L'humeur du maître semblait peser sur toute la maison. Les charretiers s'en venaient, l'un après l'autre, demander leur congé et négligeaient leur besogne. Les uns s'en allaient pendant des journées entières à la recherche d'un autre service ; d'autres emportaient ou des ustensiles ou des cordes, pour se payer, en partie du moins, l'arriéré de leurs gages. D'autres encore devenaient arrogants, et se plaignaient de la mauvaise nourriture.

La femme de charge du doyen étant morte dans la semaine, Kiwalska vint, les larmes aux yeux, adjurer Madame de lui donner son congé. Elle assura qu'elle adorait toute la maison, qu'elle mourrait certainement d'ennui loin d'eux, mais que son devoir, ses sentiments religieux lui ordonnaient d'entrer chez M. le Doyen, que d'indignes servantes laisseraient mourir de faim si elle n'était pas là. Elle ajouta, en terminant, qu'elle n'osait pas réclamer son dû, mais qu'elle croyait, comme au Saint Évangile, que monsieur et madame ne voudraient pas lui porter préjudice.

Un changement se produisit aussi dans la manière d'être de Mlle Valentine. Quand elle vit que tous partaient, elle assura bien haut n'avoir nullement l'intention de quitter Anielka, à laquelle elle s'était beaucoup attachée ; « mais elle déclara, toutefois, ne pas pouvoir vivre sous le même toit que Monsieur ».

Słysząc to, pani ruszyła nieznacznie ramionami, nietyle spokojna o wierność męża, ile o wpływ wdzięków uczonej osoby. Odpowiedziała jej więc, że pewnie obie z dziećmi wyjadą do Warszawy w jesieni, a że tymczasem męża jej w domu niema, sądzi przeto, że panna Walentyna mogłaby choć w części opanować swój niepokój.

Rzeczy więc zostały w zawieszeniu, niemniej jednak panna Walentyna oddała bieliznę do prania i, co już było złym znakiem, więcej czasu poświęcała pilnowaniu swej cnoty, aniżeli uczeniu Anielki.

Anielka miała jednak czas zajęty więcej niż kiedykolwiek. Jeżeli bowiem wykłady i objaśnienia trwały krótko, natomiast rozmaite zadania, pisania, przepisywania i lekcje na pamięć sypały się w dozach podwójnych. Jakby przeczuwając rychły wyjazd, panna Walentyna pragnęła w głowę swej wychowanki lać światło wiadrami, snać, aby go na dłuższy czas wystarczyło.

To też biedne dziecko, któremu potrzeba było ruchu i powietrza, pomizerniało w ciągu kilku dni. Do ogrodu wychodziła rzadko, a już jego części do gościńca przyległej unikała zupełnie. Całą jej pociechę stanowił Karusek, asystujący swej pani ciągle, o ile okoliczności pozwalały. Siadywał z nią razem obok szklanej altany, jadł resztki obiadu, które mu w kieszeni przynosiła, słuchał jej łagodnych upomnień i nieomal uczył się z nią różnych przedmiotów, które może niedługo tak stanowić będą minimum psiej edukacji, jak dziś wchodzą do ludzkiej.

En l'entendant. Mme Jean haussa légèrement les épaules. Elle lui répondit donc que, avant peu, toutes deux partiraient pour Varsovie, avec les enfants, et que, du reste, Monsieur étant rarement à la maison, Mlle Valentine pouvait se rassurer de ce côté-là.

Les choses restèrent donc en suspens, ce qui n'empêcha pas Mlle Valentine de ranger longuement son linge dans sa malle, et, plus mauvais signe encore, de consacrer plus de temps à garder sa vertu qu'à instruire Anielka.

Celle-ci, cependant, était plus occupée que jamais : car si les leçons et les explications duraient peu, les narrations, les versions et les problèmes étaient donnés à triple dose. Pressentant son prochain départ, Mlle Valentine semblait vouloir verser des torrents de lumière dans la tête de son élève, afin qu'ils lui suffisent pour longtemps.

Aussi la pauvre enfant, à qui l'air et le mouvement étaient indispensables, maigrit et perdit toute sa bonne mine. On la voyait rarement descendre au jardin, encore moins se hasarder du côté de la route. Toute sa consolation était Karo, qui ne la quittait guère. Il restait avec elle sous la véranda, mangeait les restes de son dîner, qu'elle lui apportait dans sa poche, écoutait ses douces remontrances, et faisait de son mieux pour étudier avec elle.

Rozrywka, choćby z psem, była tem niezbędniejszą dla Anielki, że dziewczynka, kto wie, czy nie najmocniej odczuwała grozę sytuacji. Serce jej na ciężkie wystawione było próby. Jaką to straszną rzeczą były dla niej owe szare obwódki około matczynych oczu. Jakim ciosem wykrzyknik: „Już skończyłam ostatnią puszkę ekstraktu słodowego i nie wiem, kiedy dostanę nową!"

Tak samo przeczuwała, co ukrywa się za pochmurnemi twarzami parobków i ich hardością, co znaczy oddalenie się Kiwalskiej. A już zupełnie zrozumiała zachwycone w przelocie zdanie jednego z fornali:

— Jak tu robić, kiedy my głodni, woły głodne i ziemia niesyta!...

Ludzie, woły, a nawet ziemia głodna!... Ludzie jeszcze odejdą, ale już woły chyba zdechną, a co będzie z ziemią?... Czyżby i ona umrzeć miała z głodu?... Czyżby przestała rodzić zboża i zioła, karmić drzewa i ptaki?...

Ich ziemia umrze!... jaka straszna myśl.

Gdy zapadł wieczór i na zachodzie rysował się blady rąbek światła, ach! taki blady jak jej strwożona dusza, wtuliła się w najciemniejszy kąt ogrodu pod starą lipę, na której jakiś ptaszek kwilił przez sen, i zalana łzami,

Cette distraction était d'autant plus nécessaire à Anielka que la fillette était peut-être la seule à comprendre combien la situation de sa famille était précaire. Son cœur était mis à forte épreuve. Quelle horrible chose, pour elle, de voir chaque jour les yeux de sa mère se cerner davantage ! Quel coup dut lui porter cette exclamation de la pauvre femme : « J'ai achevé ma dernière bouteille d'extrait de malt, et qui sait quand je pourrai m'en procurer une autre ! »

Elle devinait de même tout ce qui se cachait derrière les visages sombres et l'arrogance des domestiques, et ce que signifiait le départ de Kiwalska. Elle comprenait le sens d'une phrase dite par un valet de ferme, et entendue par hasard :

« Comment travailler, quand nous avons faim, que les bœufs ont faim, et que la terre n'est pas nourrie ? »

Les gens, les bœufs et même la terre avaient faim ! Les gens, au moins, pouvaient s'en aller : mais les bœufs ? Il ne leur resterait qu'à périr ! Et qu'adviendrait-il de la terre ?... Elle aussi aurait à périr de faim !... Est-ce qu'elle allait cesser tout à coup de faire germer du blé et des plantes, de nourrir les arbres et les oiseaux ?...

Leur terre périrait !... Quelle horrible pensée !...

À la tombée de la nuit, quand un pâle rayon lumineux se dessinait à l'occident, rayon aussi pâle que sa petite âme angoissée, Anielka se réfugiait dans le coin le plus sombre du jardin, sous un grand tilleul, dans les branches duquel un oiseau endormi poussait en rêve de petits cris aigus, et, là, elle versait de chaudes larmes.

modliła się do Boga o miłosierdzie nad rodzicami, Józiem, parobkami, wołami i ziemią. Niekiedy budziła się w niej nowa wątpliwość. A może w tej chwili Bóg odchodzi w jakie inne miejsce i nie słyszy jej łkań pokornych?...

Tymczasem godziny biegły, w dzień wschodziło i zachodziło słońce, w nocy z niezachwianą jednostajnością obracał się dokoła gwiazdy polarnej Wóz, niestrudzona skazówka na przedwiecznym zegarze. Szła, szła i szła wciąż naprzód, ciągnąc za sobą czas, spychający doby w bezpowrotną otchłań. Szła, szła i szła wciąż — zbliżając się do świtu owego dnia, który miał rozstrzygnąć los całej rodziny.

Wówczas pewnego razu ocknął się w panu Janie mąż i ojciec, i postanowił — napisać list do bogatej ciotki, prezesowej, która na nieszczęście bawiła obecnie zagranicą.

W liście tym wyznawał błędy swoje, mówił, że często nadużywał pomocy ciotki, lecz, że obecnie błaga ją po raz ostatni o pożyczenie piętnastu tysięcy rubli na spłatę najpilniejszych długów. Gdy to załatwi, zmieni całkiem tryb życia i zacznie pracować jak ekonom, pisarz, a następnie gumienny. Ograniczy wydatki i po kilku latach nietylko zwróci najukochańszej i najczcigodniejszej cioci pożyczkę, ale nadto zaniedbany majątek podniesie.

Niebardzo ufając skutkowi własnych zapewnień, prosił jeszcze żonę, aby i ona odmalowała ich stan krytyczny i błagała ciotkę o pomoc.

Elle demandait à Dieu d'avoir pitié de ses parents, de Joseph, des domestiques, des bœufs et de la terre. Parfois un nouveau doute s'élevait en elle. Peut-être, en ce moment, Dieu était-il ailleurs ?... Peut-être n'entendait-il pas ses sanglots ?...

Ainsi les jours s'écoulaient, le soleil se levait et se couchait. Elle avançait, avançait, avançait toujours, l'aiguille entraînant après elle le temps qui précipite les jours dans un abîme sans fond. Elle avançait, avançait, avançait toujours, s'approchant du jour où devait se décider enfin le sort de toute la famille.

Un matin, M. Jean, mari et père de deux enfants, s'éveilla avec la résolution bien arrêtée d'écrire à sa tante, la riche présidente, qui, malheureusement, se trouvait alors à l'étranger.

Il écrivit donc, avoua ses fautes, reconnut ses torts, s'excusa d'avoir trop abusé déjà des bontés de sa tante, mais la supplia de lui prêter pour la dernière fois les quinze mille roubles dont il avait besoin pour payer ses dettes les plus pressantes. Dès qu'il aurait réglé cette affaire, il changerait son genre de vie, se mettrait courageusement au travail, et serait tout à la fois son régisseur, son comptable et son grangier. Il réduirait ses dépenses ; et, avant deux ou trois ans, non seulement il rembourserait à sa tante l'argent emprunté, mais encore il doublerait le revenu de ses terres, qu'il reconnaissait avoir quelque peu négligées.

N'ayant qu'une médiocre confiance dans le succès de sa démarche, il pria sa femme d'écrire, de son côté, à leur parente, leur situation critique, et de la supplier de leur venir en aide.

Pani napisała list na dwu arkuszach. Było tam i o chorobie i o doktorze Chałubińskim, o którym od tylu lat marzy napróżno, i o Józiu, cierpiącym na osłabienie, o Raspailu, ekstrakcie słodowym, wyszłych z mody sukniach, odejściu Kiwalskiej, i o wszystkich a wszystkich rzeczach, mogących, wedle zdania pani, obudzić współczucie ciotki. Wkońcu, aby dać jej gwarancją zwrotu pożyczki, obiecała oprzeć ją na hipotece ostatniego folwarku, jaki jej pozostał z posagu. Folwark ten leżał o kilka mil od majątku głównego, posiadał chatę i sto morgów gruntu i znajdował się pod opieką bardzo uczciwego karbowego. Nie zadłużono go, ani sprzedano dotychczas, ponieważ na tę część dóbr nie można było znaleźć ochotnika.

Ale atak i z tej strony wydawał się dziedzicowi niedostatecznym. Zawołał więc Anielkę i kazał jej znowu list napisać do babki.

— Czy ja potrafię? — spytała zmieszana Anielka. — Nigdy nie widziałam babci i czegoś boję się jej...

Ojciec przypomniał sobie, że źródłem bojaźni są rozmowy, jakie prowadził z żoną o ciotce w obecności Anielki. Powód ten jednak nie wydawał mu się dość ważnym, odparł więc:

— Jakto, ty nie potrafiłabyś listu napisać?...

— Nie wiem o czem...

— No, o wszystkiem. Pisz o tem, że mama chora, że tatko smutny, że chciałabyś się uczyć, ale niema za co...

Anielka poczęła mrugać powiekami.

Madame écrivit une lettre de huit pages. Elle y parla de sa maladie, du docteur Chalubinski, qu'elle rêvait de consulter depuis tant d'années, de Joseph souffrant d'un affaiblissement chronique, de Raspail, de l'extrait de malt, de robes démodées, du départ de Kiwalska et de toutes les choses qui pouvaient, selon elle, éveiller la pitié de la vieille tante. Et enfin, comme garantie pour l'argent prêté, elle offrit d'hypothéquer la dernière ferme qui lui restât de sa dot. Cette ferme était située à quelques lieues de leur domaine, et se composait d'une chaumière et d'une centaine d'arpents de terre, le tout confié à la garde d'un surveillant. Cela n'avait été ni hypothéqué ni vendu jusqu'ici, pour la simple raison qu'aucun amateur ne s'était présenté.

Mais l'attaque ne sembla pas assez décisive encore au châtelain. Il fit venir Anielka dans son cabinet et lui enjoignit d'écrire, elle aussi, à sa tante.

— Comment le pourrais-je ? balbutia la fillette, tout interdite. Je n'ai jamais vu cette tante, et puis, je ne sais pourquoi, mais elle me fait peur !

Le père se rappela alors que la source de ces craintes n'était rien moins que ses propres conversations, tenues avec sa femme en présence d'Anielka : mais trouvant la chose de peu d'importance, il répliqua :

— Comment, tu ne peux pas écrire une lettre ?

— Ce n'est pas ça, je ne saurais qu'écrire !

— Parle de tout ! Parle de la maladie de maman, dis que papa est triste, que tu voudrais bien étudier, mais que nous n'avons pas les moyens de...

Anielka baissa les yeux.

— Kiedy ja... nie chciałabym się uczyć!... — szepnęła.

— Ja wolałabym, żeby te pieniądze, które bierze panna Walentyna, tatko na dom zostawił...

Mimo strapienia, ojciec wybuchnął śmiechem.

— Wyborna jesteś z twoją otwartością! — zawołał. — Jeżeli jednak nie chcesz się uczyć, aby nie obciążać rodziców, to tem bardziej proś babcię o fundusz na edukacją...

— Kiedy... nie mogę prosić...

Ojciec popatrzył na nią trochę niekontent i trochę zadowolony. Niekontent był z tego, że Anielka nie jest dość zręczna do usłużenia mu w obecnej chwili, cieszył się zaś, że jego nauki nie poszły w las. Ileż bo razy mówił jej, że ludzie ich stanowiska mogą rozkazywać lub żądać, i że — tylko biedacy proszą.

— Widzisz, moje dziecko — tłomaczył Anielce — my prosić babci możemy, bo naprzód — jest ona tak jakby moją matką, po wtóre — jest ona równa stanowiskiem, po trzecie — jest osobą w wieku, a po czwarte — że my jej zwrócimy pieniądze. Zresztą, majątek jej jest jakby nasz, i kiedyś będziemy go mieli.

Pomimo wiary w ojca, argumenta te nie trafiały jakoś do serca Anielce. Wierzyła, że muszą być rozumne i prawdziwe, niemniej jednak budziły one w niej wstręt, podobnie jak żaba, którą wprawdzie Pan Bóg stworzył, która jest użyteczna, ale pieścić się z nią jak ptakiem nie można.

— Mais c'est que... je voudrais bien... ne pas étudier, balbutia-t-elle. Je préférerais que l'argent donné à Mlle Valentine fût dépensé pour la maison...

Son père, malgré ses soucis, partit d'un éclat de rire.

— Tu es vraiment impayable de franchise ! s'écria-t-il. Si tu ne veux pas étudier pour ne pas me causer de dépenses inutiles, tu dois d'autant plus demander à ta tante l'argent nécessaire pour ton éducation.

— Mais je ne sais pas demander...

Son père la regarda, à moitié satisfait, à moitié mécontent ; mécontent de ce que sa fille ne fût pas assez adroite pour lui rendre service en pareil cas, satisfait de n'avoir pas prêché dans le désert. Car combien de fois n'avait-il pas répété à sa fille que les personnes de son rang pouvaient ou ordonner ou exiger, mais que les pauvres, seuls, devaient demander.

— Vois-tu, mon enfant, expliqua-t-il à Anielka, nous, nous pouvons demander à notre tante : premièrement, parce qu'elle est notre tante, presque une mère pour moi ; secondement, parce qu'elle est de notre rang ; troisièmement, c'est une vieille personne ; et, quatrièmement, nous lui rendrons cet argent. Au reste, sa fortune est comme si elle était à nous : car nous en hériterons un jour !

Malgré sa foi en son père, ces arguments ne convainquirent pas Anielka. Elle les croyait justes et raisonnables ; mais ils éveillaient cependant en elle la même répugnance qu'elle aurait éprouvée à la vue d'un crapaud, créature du bon Dieu, très utile même, mais qu'on ne saurait caresser comme on caresse un chien ou un oiseau.

— Więc napiszesz list do babci? — nalegał ojciec.

— O, mój tatku, jabym bardzo chciała, ale nie wiem, co pisać...

— Powiesz, że ją kochasz, że ją chcesz poznać... — ciągnął już zniecierpliwiony. — Zresztą mogę ci sam list podyktować.

Około drugiej, gdy już do stołu nakryto, a rodzice, Józio i Anielka siedzieli w szklanej altanie, przed dom zajechał wasążek, i wysiadła z niego niska, pulchna i żwawa kobiecina. Wnet potem służący zawiadomił państwa, że przybyła chce się z nimi widzieć.

— Co to za jedna? — spytał pan.

— Jakaś taka, z waszecia, niby klucznica.

— Czem przyjechała?

— Gajda ją przywiózł... Ją, kufer, pościel...

— Ten łotr?... — mruknął pan. — Powiedz jej, niech wejdzie...

Służący wyszedł. W sieni rozległ się dźwięczny głos kobiety, mówiącej prędko:

— Złóż tymczasem, mój przyjacielu, rzeczy w sieni na podłodze, a ja poproszę państwa, żeby ci dwadzieścia groszy wysłali, bo już sama nic nie mam. O, patrz! jaka pusta sakiewka. Wszystkie pieniądze wydałam w drodze do miasteczka....

Oboje państwo spojrzeli po sobie, jakby na znak, że głos ten nie jest im obcy. Pani trochę zarumieniła się, pan brwi zmarszczył.

— Alors, tu écriras à la tante, n'est-ce pas ? insista le père.

— Cher papa, je voudrais bien lui écrire, mais je ne sais vraiment que dire...

— Dis-lui que tu l'aimes, que tu voudrais la voir... fit le père impatienté. Au reste, je te dicterai la lettre...

Vers deux heures, le couvert était mis, et Joseph, Anielka, le père et la mère étaient assis sous la véranda, quand un chariot à banne s'arrêta devant le perron ; une petite femme vive, et douée d'un certain embonpoint, en descendit. Bientôt après le domestique vint annoncer que la visiteuse désirait voir monsieur et madame.

— Qu'est-ce que cette femme ? demanda madame.

— Une femme de charge, une parente de madame, à ce qu'elle dit !

— Qui l'a amenée ?

— C'est Gaïda qui l'a amenée... elle, ses malles et sa literie.

— En voilà un vaurien ! murmura M. Jean. Fais entrer ! reprit-il tout haut.

Le domestique sortit. On entendit, dans l'antichambre, une voix sonore qui disait, avec beaucoup de volubilité :

— En attendant, l'ami, dépose tous ces objets sur le plancher ; je vais demander qu'on t'envoie dix copecks, car je n'ai plus un liard. Regarde : tu vois que ma bourse est vide ! J'ai tout dépensé en chemin...

M. Jean et sa femme se regardèrent, comme pour se dire qu'ils connaissaient cette voix. Madame rougit légèrement, monsieur fronça les sourcils.

W tej chwili kobieta wbiegła do altany. Była ubrana po miejsku w burnus i kapelusz, wcale nie najświeższej mody, i już na progu rozkrzyżowała ręce, wołając:

— Jakże się miewacie!... jak się masz, Meciu!... A to wasze dziatki?... Chwała Bogu...

I posunęła się naprzód, chcąc rzucić się na szyję pani. Ale pan zabiegł jej drogę.

— Za pozwoleniem! — rzekł. — Z kim mamy przyjemność?...

Kobieta osłupiała.

— Jakto, nie poznajecie mnie, panie Janie?... Przecież ja jestem cioteczno-rodzona siostra Matyldy, Anna Stokowska... Prawda! — dodała po chwili z uśmiechem — już piętnaście lat, jakeśmy się nie widzieli... Od tego czasu zbiedniałam, zmizerowałam się w pracy, a pewnie i zestarzałam.

— To Andzia, Jasiu! — rzekła pani.

— Niechże pani spocznie... — odezwał się z bardzo wyraźnym tonem niezadowolenia i wskazał jej krzesło.

— Z największą chęcią! — odparła — ale pierwej muszę się przywitać... Meciu...

Pani, bardzo zakłopotana, wyciągnęła do niej lewą rękę.

— Chora jestem... Oto krzesło...

— A to twoja córeczka, ta śliczna dziewczynka?... Uściskajże mnie, dziecino, ja twoja ciotka...

Au même moment, la nouvelle venue se montra dans l'embrasure de la porte. Elle était vêtue, à la manière des gens de petite ville, d'un manteau de drap, et coiffée d'un chapeau passablement démodé. Elle s'arrêta sur le seuil, et s'écria :

— Comment vous portez-vous ? comment vas-tu, Mathilde ?... Ce sont là vos enfants ? Dieu soit loué !

Elle s'avança et fit mine de vouloir se jeter au cou de sa cousine. M. Jean s'avança à sa rencontre.

— Pardon, dit-il, à qui ai-je l'honneur ?...

La femme resta toute stupéfaite.

— Comment, vous ne me reconnaissez pas, monsieur Jean ? Je suis la cousine germaine de Mathilde, Anna Stokowlska... C'est vrai, ajouta-t-elle après un moment, nous ne nous sommes pas vues depuis quinze ans... J'ai changé, depuis ce temps-là ; j'ai perdu ce que j'avais, je me suis tuée à travailler, et j'ai, naturellement, vieilli.

— C'est Anna, Jean ! dit la châtelaine.

— Asseyez-vous, je vous en prie ! dit enfin M. Jean d'un ton très mécontent, en désignant une chaise à la visiteuse.

— Avec le plus grand plaisir... répondit-elle, mais avant, je dois t'embrasser, Mathilde...

Celle-ci, fort embarrassée, lui tendit la main gauche.

— Je suis malade... Voici une chaise...

— Et c'est ta fille, cette charmante enfant ?... Embrasse-moi, fillette, embrasse ta cousine !

Na Anielce miłe wrażenie zrobiła gadatliwa kobiecina. Wstała z krzesełka i pobiegła z uśmiechem, aby ją ucałować.

— Anielciu!... ukłoń się pani — rzekł surowo ojciec, zatrzymując ją w połowie drogi.

Anielka dygnęła, patrząc zdziwiona to na ojca, to na ciotkę, na której ruchliwej twarzy zarysowało się pomieszanie i zmartwienie.

— Widzę ja — rzekła ciotka — żem zrobiła państwu kłopot. Ale Bóg świadek, nie z mojej winy. Przyjechałam do miasteczka, dowiedziawszy się, że księdzu dziekanowi gospodyni umarła. Ja o tem tylko marzę, od czasu, jak straciłam majątek, żeby choć na stare lata nie ślipiać nad igłą. U jakiego poczciwego księdza (a dziekan podobno jest bardzo uczciwy) miałabym i wygody, i powietrze świeże, i pracę lekką. Kiedy usłyszałam, że jest miejsce (ale może ja państwa nudzę?...), wyprzedałam się z maszyny, z żelazka do prasowania i przyjechałam. Już w ganku na probostwie wydałam ostatni grosz Żydowi, który mnie przywiózł. Pytam służącej: „Jest ksiądz dziekan?" — Ona mówi: „Jest" — i pokazuje na siwego staruszka. Ja go cmok w rękę: „Dobrodzieju — mówię — weź mnie za gospodynią! Ja pochodzę z porządnej rodziny, pracować będę, nadużycia nie zrobię." — „Ach! moja imość — mówi ksiądz dziekan — wziąłbym cię, bo mi wyglądasz na dobrą kobietę. Ale nie mogę, bom już tydzień temu dał słowo kapłańskie jednej tu klucznicy, która upadła mi do nóg i mówiła, że jeżeli nie przyjmę jej, to zginie z głodu..."

Cette petite femme loquace plut tout de suite à Anielka. L'enfant se leva, et courut vers elle, le sourire aux lèvres.

— Anielka, salue madame ! dit le père d'un ton sévère, en l'arrêtant.

Anielka fit une révérence et, tout étonnée, elle regarda son père et sa cousine : sur le visage mobile de celle-ci on lisait la confusion et le chagrin.

— Je sais, reprit la cousine, que je vous cause de l'embarras... Mais Dieu m'est témoin que ce n'est pas ma faute. Je suis venue ici, ayant appris que la femme de charge du doyen était morte. Depuis que je suis restée sans fortune, je ne pense qu'à une place comme celle-là, ne serait-ce que pour ne pas me perdre les yeux avec mon aiguille. Chez un brave prêtre (et il paraît que le doyen est un si brave homme !) j'aurais, du moins, un peu de confort, de l'air frais et un travail facile. Aussi, quand j'ai entendu parler de cette place (mais je vous ennuie, peut-être ?) j'ai vendu ma machine à coudre, mon fer à repasser, et je suis accourue. En arrivant au presbytère, j'ai donné mon dernier copeck au juif qui m'y a amenée. J'ai demandé le doyen à une servante, qui m'a répondu : « Le voici », en me montrant un vieillard tout blanc. Vite j'ai couru lui baiser la main. « M. le Doyen, lui ai-je dit, prenez-moi comme ménagère ! Je suis de bonne famille, je travaillerai et ne ferai point de dépenses inutiles. » « Ah ! ma bonne femme, m'a répondu le doyen, je vous prendrais volontiers, car vous me paraissez honnête ; mais je ne le puis, j'ai donné ma parole de prêtre à une femme d'ici, qui s'est jetée à mes pieds en m'assurant que, si je ne la prenais pas à mon service, elle mourrait de faim... »

— Kiwalska! nasza klucznica — szepnęła pani.

— Łotr baba!... — mruknął dziedzic.

Oczy ciotki zajaśniały radością.

— A moi braterstwo kochani — zawołała — jeżeli klucznica od was odchodzi, to ja zostanę na jej miejscu. Będę wam służyła wiernie, nie jak krewna, ale jak pies, byle kąt i łyżkę strawy zapracować... Bo pocóż ja do miasta wrócę, nieszczęśliwa?... Ani ja mieszkania, ani maszyny, ani żelazka, no, słowem nic...

I złożyła ręce błagalnie, patrząc na dziedzica, który odparł cierpko:

— Klucznicy już trzymać nie będziemy; prosta baba nam wystarczy...

— A jaż nie jestem baba? — spytała ciotka. — O cóż wam chodzi?... Mogę zamiatać, łóżka słać, świniom jeść dawać.

— Wierzę w to wszystko, ale ja także mam kogo innego na myśli — przerwał dziedzic. Powiedział to stanowczym tonem i w taki sposób zaczesał ręką brodę, że ciotka nie śmiała już nalegać.

— Ha! wola boska — rzekła. — Zróbcież mi przynajmniej łaskę i odstawcie mnie do miasta, a także oddajcie gospodarzowi, który mnie przywiózł — dwadzieścia groszy, bo już nic nie mam...

— C'est Kiwalska, notre femme de charge, murmura la mère d'Anielka.

— Vaurienne de femme ! grogna M. Jean.

Les yeux de la cousine brillèrent.

— Alors, mes chers cousins, s'écria-t-elle, si votre femme de charge vous quitte, permettez-moi de la remplacer ! Je ne vous servirai pas comme une parente, mais comme un chien, pourvu que j'aie un coin et quelque chose à manger... Qu'irai-je faire en ville, malheureuse que je suis ? Je n'ai plus de logement, plus de machine à coudre, plus de fer à repasser ; en un mot, je n'ai plus rien !

Et elle joignit les mains et jeta un regard suppliant au châtelain, qui lui répondit d'un ton revêche :

— Nous n'aurons plus de femme de charge, une simple femme de journée nous suffira.

— Ne suis-je pas une femme ? répliqua la cousine. Que désirez-vous ?... Je puis balayer les chambres, faire les lits, donner à manger aux cochons...

— Je vous crois, mais j'ai quelqu'un d'autre en vue, interrompit M. Jean. Et il caressa sa barbe d'une telle manière que la cousine n'osa plus insister.

— Allons ! que la volonté de Dieu s'accomplisse ! dit-elle. Faites-moi au moins la grâce de me donner des chevaux pour m'en retourner, et de payer dix copecks à l'homme qui m'a amenée, car je n'ai rien...

Pan skrzywił się, dał pieniądze służącemu i obiecał, że ją dziś na noc odeszle.

— Obiad na stole! — zameldował służący.

— Powiedz guwernantce — rzekł pan.

— Mówiłem już, ale ona chce jeść u siebie.

— Prosimy do stołu — rzekł dziedzic, zwracając się do ciotki.

— Nie będę państwu robiła subjekcji — odparła nieśmiało — jeżeli więc pozwolicie, to zjem obiad z guwernantką, bo zdaje mi się, że panna Walentyna jest tutaj, a ją znam...

— Jak pani woli... Grzegorzu! — zwrócił się do służącego — zaprowadzisz panią do pokoju guwernantki.

Gdy ciotka wyszła, pani rzekła do męża:

— Czy nie zbyt cierpko, Jasiu, przyjęliśmy Andzię? To uczciwa kobieta...

Pan machnął ręką.

— A cóż mnie obchodzi jej uczciwość!... Ubodzy krewni, moja droga, są zawsze plagą w domu, a tem bardziej ta, która nas ciągle kompromituje...

— Czem?

Monsieur fit une grimace, donna les dix copecks au domestique pour Gaïda, et promit de la faire reconduire le soir même.

— Le dîner est servi, annonça le domestique.

— Préviens Mlle Valentine ! dit M. Jean.

— Je le lui ai déjà dit, mais elle veut qu'on la serve chez elle !

— Eh bien ! si vous voulez vous mettre à table ! fit M. Jean en s'adressant à la malencontreuse cousine.

— Je ne veux point vous causer d'embarras, répondit celle-ci, timidement, et, si vous le permettez, je dînerai avec l'institutrice, car il me semble que c'est Mlle Valentine qui est chez vous ! Elle est de notre ville, je la connais bien !

— Comme vous le désirez... Grégoire, dit-il au domestique, conduit madame chez Mlle Valentine !

Lorsque la cousine fut sortie, la mère d'Anielka se tourna vers son mari :

— Jean, est-ce que nous n'avons pas reçu Anna un peu trop brusquement ? C'est une si bonne personne !

Le mari fit un geste de la main.

— Qu'ai-je à faire de sa bonté ? Les parents pauvres, ma chère, sont toujours le fléau d'une maison ; et, à plus forte raison, cette cousine-ci, qui nous compromet affreusement.

— En quoi ?

— Wyborna jesteś!... Czy nie ona chciała zostać gospodynią dziekana? Czy nie ona, nie mając grosza, wynajęła sobie Gajdę, którego ja muszę teraz opłacać?... Czy sądzisz, że już cała wieś nie wie o tem, że ona jest naszą krewną, czem zapewne przed wszystkimi się chwaliła?

— A cóż nam to szkodzi?...

— Naturalnie, że szkodzi, i bardzo — mówił z uniesieniem. — Jej przyjazd może o naszym losie zdecydować. Gdyby tu przyjechała ciotka prezesowa, wuj jenerał, albo mój brat cioteczny, Alfons, karetami, elegancko, chłopi mówiliby: „Oto pan z panów, nie targujmy się z nim o serwituty, bo źle na tem wyjdziemy." Lecz, jeżeli ją zobaczą, obdartą, w gnojownicach, to cóż powiedzą. „On taki sam, jak i my, targujmy się więc, a ustąpi..."

— Egzagerujesz, Jasiu! — reflektowała go żona.

— Wcale nie! — zawołał niecierpliwie — i przekonasz się, że wizyta tej awanturnicy może nas dużo kosztować. Także wybrała sobie porę. Ubodzy krewni mojej żony odwiedzają mnie i nie płacą za furmanki w tej właśnie chwili, kiedy powinienem stać wobec chłopów jak rycerz: *sans peur et sans reproche*... Fatalność!

Po takiem przedstawieniu kwestji, państwo wraz z dziećmi udali się na obiad, który zeszedł dość smutno. Po obiedzie dopiero ojciec wypogodził się nieco,

— Comment, en quoi ? N'a-t-elle voulu entrer comme femme de charge chez le doyen ? A-t-elle hésité, n'ayant pas un copeck en poche, à prendre Gaïda, qu'il me faut payer, maintenant ? Crois-tu qu'en ce moment tout le village ne sait pas déjà qu'elle est notre parente ? Elle s'en est certainement vantée devant tous...

— Qu'est-ce que cela peut nous faire ?

— Cela fait beaucoup, répliqua-t-il d'une voix irritée. Son arrivée ici peut décider de notre sort. Si, par exemple, notre tante la présidente, notre oncle le général ou mon cousin Alphonse étaient arrivés en voiture de maître, les paysans se seraient dit : « C'est le seigneur des seigneurs ; ne marchandons plus avec lui, car l'affaire ne pourrait se terminer à notre désavantage ! » Mais quand ils la verront toute crottée, déguenillée, que diront-ils ? « Ils ne valent guère plus que nous ; marchandons, il cédera... »

— Tu exagères, Jean, fit la châtelaine.

— Non, pas le moins du monde, cria-t-il, agacé ; et tu acquerras bientôt la preuve que la visite de cette aventurière peut nous coûter cher ! Elle a bien choisi son moment ! Les parents pauvres de ma femme viennent me rendre visite, et ne paient pas leur voiturier, juste à l'heure où je dois me présenter devant les paysans comme un chevalier sans peur et sans reproche... C'est désespérant !...

Après cette explication, ils allèrent se mettre à table avec leurs enfants. Le dîner fut très triste. Quand on se leva, le père, pourtant, se raséréna légèrement ;

wziął Anielkę do swego gabinetu i powiedział, że podyktuje jej list do babki. Potem zapalił cygaro, rozłożył się wygodnie na szezlongu i utonął w marzeniach.

Przez pewien czas Anielka siedziała cicho. Nagle odezwała się:

— Tatku...

— Czego chcesz, moje dziecko?

— Dlaczego tatuś nie pozwolił mi pocałować cioci?...

Ojciec zamyślił się.

— Nigdy nie widziałaś jej, nie znasz się z nią...

I znowu marzył.

Anielka usiadła bliżej ojca i pytała dalej:

— Dlaczego tatko nie chce, ażeby ciocia została u nas?

— Nudzisz mnie, dziecko. Mój dom nie jest szpitalem, ażeby w nim osiadali ubodzy z całego świata.

Zmarszczył brwi, jakby usiłując przypomnieć sobie wątek przerwanych marzeń, a trafiwszy widać nań, skierował oczy ku sufitowi i palił cygaro, głęboko zamyślony.

— Mnie się zdaje — rzekła po upływie kilku minut Anielka — że ciocia musi być bardzo biedna...

il prit Anielka, et la conduisit dans son cabinet de travail pour lui dicter la lettre à la vieille tante. Là, il s'installa confortablement sur une chaise longue, alluma un cigare, et se laissa aller à la rêverie.

Anielka resta tranquillement assise, pendant un certain temps, puis elle appela :

— Papa !

— Que me veux-tu, mon enfant ?

— Pourquoi ne m'avez-vous pas permis d'embrasser notre cousine ?

Le père parut réfléchir.

— Tu ne l'as jamais vue... tu ne la connais pas...

Et il reprit sa rêverie.

Anielka vint s'asseoir plus près de lui.

— Pourquoi ne voulez-vous pas qu'elle demeure chez nous ? demanda-t-elle.

— Tu m'ennuies, mon enfant ! Ma maison n'est pas un hospice pour que les pauvres accourent s'y réfugier de toutes les parties du monde.

Et il fronça le sourcil, comme s'il essayait de ressaisir le mince fil de ses rêves interrompus ; puis, y étant parvenu, sans doute, il parut réfléchir profondément, les yeux au plafond, et tout en fumant un cigare.

— Il me semble, continua Anielka après quelques minutes, que la cousine doit être très pauvre !

Ojciec ruszył ramionami.

— Bieda nie upoważnia nikogo do napastowania innych — odparł sucho. — Niech pracuje...

Nagle zerwał się, jakby przebudzony. Siadł na kozetce, potarł czoło i bystro spojrzał córce w oczy.

I ona patrzyła na ojca, wzrokiem osoby dojrzałej, jak gdyby miała zamiar spytać go o wyjaśnienie ważnej kwestji.

— Czego znowu chcesz? — spytał ją.

— Mieliśmy list pisać do babci...

Ojciec niechętnie ruszył ręką.

— Idź sobie — rzekł. — Nie będziesz pisać listu...

I odwrócił od niej twarz, czując, że się wstydzi.. Szczególna rzecz! do tej pory nie zastanawiał się ani razu, że dzieci jego mogą kiedyś przestać być dziećmi i zacząć sądzić zdania i czyny ojca.

Do cierpień, dręczących go od kilku dni, przybyło nowe: co Anielka myśli o jego postępowaniu? — w tej chwili bowiem odgadł, że już myśli. O żonę nie dbał, przyzwyczaiwszy siebie do mistyfikowania jej, a ją do biernej uległości. Lecz dziś nagle wystąpiła osobistość nowa, kochająca i ukochana, której jasny i naiwny umysł wbrew woli domagał się odpowiedzi na pytanie:

Le père haussa les épaules.

— La pauvreté n'autorise personne à tomber sur le dos des autres ! répliqua-t-il sèchement. Qu'elle travaille...

Soudain, il sursauta comme quelqu'un qu'on éveille, s'assit sur le canapé, passa la main sur son front et jeta un regard pénétrant à sa fille.

Elle aussi fixa sur son père, non pas des yeux d'enfant, mais des yeux de personne mûre, comme si elle eût voulu lui demander quelque explication sur une chose très grave.

— Que veux-tu encore ? lui demanda-t-il.

— Nous devions écrire à ma tante !

Le père fit un geste de la main.

— Va, lui dit-il, tu n'écriras pas aujourd'hui !

Et il détourna son visage, sentant le rouge de la honte lui monter au front. Chose singulière, pas une seule fois jusqu'ici il ne s'était dit que ses enfants cesseraient un jour d'être enfants et jugeraient alors les actes et les opinions de leur père.

Et de nouvelles souffrances vinrent s'ajouter à celles qui le torturaient depuis quelques jours déjà. Que pensait Anielka de sa conduite ? — car il venait de deviner qu'elle pensait déjà. L'opinion de sa femme sur son compte lui importait peu : n'était-il habitué à la tromper et surtout à la voir toujours aveuglément soumise ? Mais, aujourd'hui, une nouvelle personne était en jeu : une personne aimante et aimée dont l'esprit clair et naïf demandait involontairement une réponse à cette question :

dlaczego ojciec posługuje się tak rozmaitemi zasadami w życiu? Dlaczego sam prosi o pomoc, a nie udziela jej innym? Dlaczego ubogim zaleca pracę, a pomimo to sam nie pracuje?...

W przypuszczeniach swoich mylił się trochę. Anielka nie rozumiała jeszcze, co to są zasady, i nie krytykowała sprzeczności, tkwiących w jej ojcu. Czuła tylko, że wobec niej wygląda on jak człowiek, który nosi dwie maski, lecz nie ukazuje właściwego oblicza. Ten ojciec, którego znała od pierwszego brzasku świadomości, nieomal do ostatniego dnia, to była pierwsza maska. Drugą zobaczyła dziś, i oczy otworzyły się jej na obie.

Gdzie jest ojciec? kim jest ojciec? Czy tym, który kocha ciotkę prezesowę, czy tym, który wypędza z domu ubogą krewną; czy tym, który brzydzi się niepłacącymi dwudziestu groszy za furmankę, czy tym, który wesoło zaciąga wielkie długi; czy tym, który gniewa się na Gajdę za to, że mu robi uszczerbek w polu, czy tym, u którego służba, woły i ziemia są głodni; czy tym, który całuje matkę, czy tym, przy którym Szmul odważa się mówić o jej śmierci?...

Któż więc jest jej ojcem, i który z tych dwu ludzi kocha ją i Józia? Czy ten, który codzień wysyła pół rubla na cygara dla siebie, czy też ten, który nie ma pieniędzy na ekstrakt słodowy dla matki?

Tymczasem ciotka Anna odświeżyła znajomość z Walentyną, zapomniała o chłodnem przyjęciu w domu krewnych i, ani myśląc o tem, że przyjazd

« Pourquoi son père avait-il tant de principe différents ? Pourquoi lui-même demandait-il du secours, alors qu'il ne voulait pas en accorder à autrui ? Pourquoi recommandait-il à une personne malheureuse de travailler, quand lui-même restait oisif ? »

Ces suppositions ne laissaient pas, toutefois, d'être un peu exagérées, car Anielka ne comprenait pas encore ce que c'est qu'un principe, et ne critiquait nullement les contradictions de son père. Elle sentait seulement que, pour elle, il ressemblait à un homme portant deux masques, mais ne montrant jamais son vrai visage. Le père qu'elle connaissait depuis l'instant où elle avait vu le jour, c'était le premier masque. Elle venait d'entrevoir l'autre le jour même, et ses yeux s'étaient ouverts.

Lequel était son père ? Qu'était son père ? Était-ce celui que aimait sa vieille tante, la présidente, ou bien celui qui chassait de sa maison une parente pauvre ? celui qui éprouvait de l'aversion pour une cousine ne pouvant payer dix copecks à un voiturier, ou bien celui qui contractait si gaiement de grosses dettes ? celui qui se fâchait contre Gaïda quand il lui causait des dommages dans ses champs, ou bien celui dont les serviteurs, la terre, et les bœufs avaient faim ?... celui qui embrassait sa mère... ou bien celui devant lequel Samuel osait parler de la mort de sa femme ?...

Qui était donc son père ? Lequel des deux l'aimait, elle, Anielka, et aimait Joseph ?

Pendant ce temps, la cousine Anna renouvelait connaissance avec Mlle Valentine. Oubliant l'accueil glacial qu'on lui avait fait, et ne songeant nullement que son arrivée

jej połączono z kwestją nieuregulowania serwitutów, rozmawiała wesoło. Smutek i zawiść nie leżały w naturze tej kobiety.

— Ach! pani — mówiła ciotka — trzeba wierzyć w przeczucia... Ja, naprzykład, w jednym tygodniu miałam dwa ostrzeżenia. Raz — śniło mi się, że mnie (z przeproszeniem pani) oblazło robactwo. Oho! myślę, to już wybije godzina mego losu (chociaż powiem pani, że w sny nie wierzę). Robactwo — znaczy pomyślność, a że ja zawsze modliłam się tylko o to, ażeby na stare lata zostać gospodynią u jakiego uczciwego proboszcza, więc zaraz zgadłam, że się w tych dniach taka posada dla mnie otworzy. Nawet, powiem pani, żem zaraz o tem wspomniała panu Saturninowi i już zaczęłam się starać o kupców na moją maszynę do szycia, stół, żelazko i takie tam graty...

— Ale nie wyśniło się pani, że to miejsce kto inny zabierze? — spytała z ironicznym uśmiechem nauczycielka.

— Zaraz dokończę!... Więc, jak powiedziałam panu Saturninowi, że lada dzień wyjadę na probostwo, bom miała sen, tak on (taki sam trochę niedowiarek jak pani) mówi do mnie na śmiech: „Sen może czasem zwieść, niech pani zatem poradzi się jeszcze kabały." A ja mu na to: „Niech pan żartuje, ale ja swoją drogą poradzę się kabały..." No i prosiłam jednej staruszki o kabałę; ona stawiała do trzech razy i, mówię pani, zawsze wypadało: pomyślna wiadomość od blondyna i — żeby się strzec brunetki!...

— Któż jest ten blondyn?...

pût avoir quelque rapport avec la question des « servitudes », elle causait gaiement. La tristesse ni l'envie n'avaient rien de commun avec le cœur ingénu de cette excellente femme.

— En vérité, disait-elle, il faut croire aux pressentiments... Moi, par exemple, j'ai reçu deux avertissements en une semaine. Une fois, j'ai rêvé — pardon — que j'étais couverte de vermine. Oh ! oh ! pensai-je, l'heure où mon sort va se décider a enfin sonné (quoique à vrai dire, je ne croie pas aux songes). La vermine signifie réussite, et comme j'ai toujours demandé à Dieu d'entrer comme femme de charge chez un bon prêtre, j'ai immédiatement deviné qu'un tel emploi se présenterait sous peu. Et je vous dirai même plus : aussitôt j'ai averti M. Saturnin, et résolu de vendre ma machine à coudre, ma table, mon fer à repasser et quelques vieilleries...

— Mais vous n'avez point rêvé qu'une autre prendrait cette place ? demanda l'institutrice avec un sourire ironique.

— Attendez... Donc, j'ai dit à M. Saturnin qu'un de ces beaux matins je m'en irais pour quelque presbytère, car j'avais eu un songe (lui-même n'y croit pas beaucoup) ; et il m'a répondu, en se moquant de moi : « Un songe peut tromper quelquefois ; consultez encore les cartes ! » Et moi de lui dire : « Moquez-vous si vous voulez, mais je consulterai les cartes... » Et j'ai prié une vieille de me faire le jeu... Elle l'a fait trois fois et chaque fois elle avait : bonne nouvelle d'un blond, et se garder d'une brune...

— Qui est ce blond ?

— Jużci, że poczciwy dziekan, biały jak mleko...

— A brunetka? — spytała panna Walentyna, wciąż śmiejąc się.

— Naturalnie, że ta niegodziwa klucznica od was! — odparła ciotka.

— Ona?... brunetka?... Ona jest prędzej kasztanowata!

Ciotka pokiwała głową.

— Oj! oj! jakieście się państwo dobrali z panem Saturninem, to tak, jakby z jednego łokcia wykrajani — rzekła.

— Jakże on miewa się? — spytała nauczycielka, rumieniąc się w sposób jej tylko właściwy.

— Zdrów, dobrze mu się powodzi i — zawsze panią wspomina.

— On? mnie?... — rzekła panna Walentyna, ruszając ramionami.

Ciotka zniżyła głos.

— O! tylko niech się pani nie droży znowu! Człowiek młody, przystojny, ma już czterysta rubli pensji... A jak go wszyscy ludzie szanują!... Bo to, powiem pani, genjusz!... Rozum jak u największego filozofa, przytem ślicznie tańczy... Kiedy raz, jakem z nim poszła walca...

— Pani jeszcze tańczy?

— Ja? — spytała ciotka, wskazując na siebie palcem — przecież ja jeszcze czterdziestu lat nie mam, i nie zmizerował mnie wiek, tylko praca. Ale gdybym kiedy pobyła u jakiego uczciwego proboszcza, choć...

— Sans doute ce bon doyen, il est blanc comme la neige.

— Et la brune ? poursuivit Mlle Valentine, en ricanant.

— C'est naturellement cette indigne femme de charge, la vôtre ! répondit la cousine.

— Elle ?... Une brune ?... Elle est plutôt châtain.

La cousine hocha la tête.

— Aïe, aïe, quel joli couple vous feriez avec M. Saturnin, vous êtes comme taillés sur le même patron !

— Comment se porte-t-il ? demanda l'institutrice en rougissant.

— Très bien ! Il a vraiment de la chance... et souvent, très souvent même, il me parle de vous.

— Lui ? de moi ? fit Mlle Valentine en haussant les épaules.

La cousine baissa la voix.

— Ne faites pas la renchérie, mon amie. Il est jeune, beau, il reçoit déjà quatre cent roubles d'appointements... et comme tout le monde le respecte !... Car je vous dirai que c'est un génie... Il a autant d'esprit que le plus grand philosophe, et puis il danse si bien... Une fois que je valsais avec lui...

— Vous dansez encore ?...

— Moi ! fit la cousine, en se touchant du doigt, mais je n'ai pas encore quarante ans. Ce n'est pas l'âge qui m'a vieillie, c'est le travail. Ah ! si je restais seulement quelque mois chez un brave prêtre, ne serait-ce que...

— Czy pan Saturnin zawsze tak dużo czytuje? — przerwała nauczycielka.

— Furami! powiem pani. On u mnie bardzo często bywa na herbacie i czyta głośno, ach! jak płynnie, z jakim akcentem!... Nieraz mówię mu: „Niech pan odpocznie, bo już panu gra w gardle." A on: „Naturalnie, żebym chciał odpocząć, ale... (i w tem miejscu niezmiernie wzdycha) niema tu osoby, któraby mnie wyręczała tak, jak dawniej panna Walentyna."

— Ach! niechże pani da spokój... Nie lubię komplimentów, a tem bardziej zaimprowizowanych napoczekaniu — oburzyła się nauczycielka.

Ciotka spojrzała na nią zgorszona.

— Słowo honoru daję! — rzekła, uderzając się w piersi — że nic nie komponuję. On o pani mówi, ile razy mnie spotka...

— Chyba zapomniał, że wcale nie jestem ładna...

— Naco pani piękność?... on pani rozum uwielbia. Ja pani nawet jeszcze powiem, że kiedy raz bardzo znudził mnie temi wspominkami, tak powiedziałam mu: „Ożeń się pan z nią raz do licha, zamiast nam psuć uszy czczem gadaniem!" A on na to: „Albo ona mnie zechce?" — i zrobił, powiem pani, taką żałosną minę, żem o mało nie zapłakała. W tej chwili zbudziło się w mojem sercu jakieś przeczucie, popatrzyłam mu w oczy tak, o — jak pani teraz, poklepałam go po ramieniu i mówię: „Kochanku! choć pan nie wierzysz w przeczucia, zapamiętaj sobie moje słowa: jeszcze ja doczekam, że znajdę miejsce u jakiego uczciwego proboszcza, a wy się pobierzecie!..." Tak mu powiedziałam, moja pani...

— Est-ce que M. Saturnin lit toujours beaucoup ? interrompit l'institutrice.

— Il lit des charretées de livres ! Il vient souvent prendre le thé chez moi, et alors il me fait la lecture à haute voix. Et comme il lit avec facilité ! et quel accent !... quelquefois je lui dis : « Reposez-vous, vous voilà tout enroué ! » Lui répond alors : « Certainement que je voudrais pouvoir me reposer, mais (et ici il soupire, invariablement) il n'y a personne pour me remplacer, comme le faisait autrefois Mlle Valentine... »

— Laissez-moi... Je n'aime pas les compliments, surtout ceux qui sont inventés de toutes pièces ! dit l'institutrice, indignée.

La cousine lui jeta un regard scandalisé.

— Je vous donne ma parole, fit-elle en se frappant la poitrine, que je n'invente rien. Il me parle de vous chaque fois que je le rencontre...

— Il a sans doute oublié que je suis loin d'être jolie.

— Qu'avez-vous à faire d'être jolie ? c'est votre esprit qu'il adore ! Je vous dirai même qu'un jour où il m'avait beaucoup ennuyée avec ses ressouvenirs je lui ai dit : « Épousez-la, que diable ? au lieu de me rabattre sans cesse les oreilles de vos paroles creuses ! » Et lui de répondre : « Est-ce qu'elle voudrait de moi ? » et il a fait une mine si malheureuse que j'en ai presque pleuré ; une vraie compassion s'est éveillée en moi, je l'ai regardé dans les yeux, je lui ai donné des tapes sur l'épaule et je lui ai dit : « Mon cher, quoique vous ne croyiez pas aux pressentiments, souvenez-vous de mes paroles : un jour viendra où je trouverai une place chez un prêtre, et où vous vous marierez. » Oui, je lui ai dit cela, ma chère...

— A on co na to? — spytała panna Walentyna.

— On?... Ot, taką miał minę, jak pani teraz...

Dano ciotce znać, że konie zaszły i rzeczy już są zapakowane.

— Gdzież państwo? — spytała. — Chciałabym się z nimi widzieć i podziękować za łaskę...

— Jaśnie pan śpi, a jaśnie pani chora — odparł służący.

Uboga krewna głęboko uczuła tę nową zniewagę. Usta jej zadrgały...

— Ślicznie panią przyjmuje familja! — odezwała się Walentyna.

— I i i... ja się o to nie gniewam! Oni panowie, ja szwaczka... Sami są teraz zgryzieni, w interesach, to i nie mają ani czasu, ani sposobu, ani nawet głowy radzić innym...

Ucałowała ceglastą pannę Walentynę i wymknęła się na dziedziniec przez boczne drzwi, idąc ku swej furmance. Wtem, z za węgła domu wybiegła naprzeciw niej Anielka. Schwyciła ją za ręce i serdecznie ucałowała, szepcząc:

— Ja zawsze będę ciocię kochać!...

Ciotka, nieprzygotowana na taką niespodziankę, zalała się łzami.

— Niech cię Bóg błogosławi, poczciwe dziecko! — rzekła. — Tyś prawdziwy aniołek...

— Et qu'a-t-il répondu ?

— Lui ?... Il avait le même air que vous avez maintenant...

On vint annoncer à la cousine que la voiture était avancée, et que ses effets y étaient déjà placés.

— Où sont monsieur et madame ? — demanda-t-elle. — Je voudrais les voir, et les remercier pour la grâce qu'ils me font.

— Madame est malade, et monsieur dort ! répondit le domestique.

La parente sentit vivement cette nouvelle offense. Ses lèvres tremblèrent.

— Votre famille vous fait un charmant accueil ! observa Mlle Valentine.

— Moi... oh ! moi... je ne m'en fâche pas ! Ce sont des seigneurs, et je suis une couturière. Et puis, eux aussi doivent être rongés de chagrins, maintenant, avec leurs affaires ; ils n'ont donc ni le temps, ni la possibilité de s'occuper d'autrui.

Elle embrassa Mlle Valentine et descendit, par l'escalier de service. Au moment où elle traversait la cour pour aller rejoindre la voiture, Anielka accourut au-devant d'elle, la saisit par le bras, et l'embrassa affectueusement, en murmurant :

— Je vous aimerai toujours, ma cousine !...

La cousine qui ne s'attendait nullement à cette surprise, fondit en larmes.

— Que Dieu te bénisse, ma bonne petite ! dit-elle. Tu es un ange...

Ale dziewczynka już uciekła, lękając się, aby jej kto nie spostrzegł.

Tegoż dnia, wieczorem, panna Walentyna pokruszyła wróblom na daszek podwójną porcją chleba. Potem rozparła się łokciami na krawędzi okna i widząc, że niema nikogo w bliskości, zanuciła fałszywie:

Kwiatki, powiedzcie jej
Cel duszy mej...

Śpiew ten, podobny raczej do kaszlu, niż do wylewu uczuć miłosnych, dziwnie odbijał od reszty otoczenia. Wesoły niegdyś pan domu był dziś smutny, najweselsza z wesołych, Anielka, także smutna, śpiewała zaś — osoba, z której ust nie słyszano dotychczas nic więcej oprócz gorzkich upomnień i wymówek.

Sądzićby można, że na tym świecie radość nie ginie nigdy. Tylko, gdy w jednem sercu zaćmiewa się, w innem zapala.

Mais la fillette avait déjà disparu, craignant d'être aperçue.

Ce soir-là, Mlle Valentine donna une double ration de pain aux moineaux du toit, puis elle s'accouda sur le rebord de la fenêtre et, voyant que personne ne pouvait l'entendre, elle fredonna :

Fleur, dites-lui
Le désir de mon cœur...

Le chant ressemblait plutôt à un accès de toux qu'à un aveu de tendres sentiments. Mais il n'en contrastait pas moins avec l'endroit où il se produisait. Le maître de maison, jadis très gai, était triste ; la plus gaie d'entre les gaies, Anielka, était triste aussi ; une seule personne chantait, et cette personne était celle dont la bouche ne s'était ouverte jusqu'ici que pour des reproches ou d'amères admonestations...

D'où l'on peut conclure que jamais la gaieté ne disparaîtra de ce monde. Quand elle s'éteint dans un cœur elle se rallume dans un autre.

Rozdział 6

Szmulowa karczma

Była niedziela. Nad gościńcem, zwykle dość pustym, kłębił się kurz, wzniesiony mnóstwem wozów i nóg pobożnych, którzy wracali z kościoła. Chwilami było widać tylko szare niebo i płowy tuman, ciągnący się jak dym pożaru; chwilami tuman zwracał się nagle w stronę miasteczka, odsłaniając długi szereg furmanek i pieszych.

Gdy wiatr powiał w tę stronę, od zbiegowiska dolatywał turkot kół, wołanie mężczyzn, pisk kobiet i rżenie koni.

Wszystko tłoczyło się około białej, obszernej budowli, której gonciany dach jedną krawędzią opierał się na czterech tęgich słupach, w górze i u dołu zwężających się, a w środku pękatych. Była to karczma, w której szynkował Szmul, gdzie orzeźwiali się ludzie, wracający z kościoła.

Przed karczmą między wozami było ciasno. Osie zawadzały jedna o drugą, dyszle przechodziły między drabinki.

Chapitre 6

Le cabaret de Samuel

C'était un dimanche. Au-dessus de la route, habituellement déserte, tourbillonnait la poussière soulevée par les roues des chariots ou les pieds des pieuses gens revenant de l'église. Tantôt, on ne distinguait que le ciel gris et un brouillard jaunâtre, montant dans l'air comme la fumée d'un incendie ; tantôt, le brouillard s'éloignait dans la direction de la ville, découvrant ainsi une longue file de voitures et de piétons.

Quand le vent soufflait de ce côté, il apportait le bruit des roues de voitures, les cris des hommes, ceux, plus perçants, des femmes, et les hennissements des chevaux.

Et toute cette procession aboutissait à une grande construction blanche, dont le toit de planches s'appuyait, aux quatre coins, sur quatre solides poteaux. C'était le cabaret de Samuel ; là venaient se réconforter et se distraire les paysans revenant de l'église.

On ne pouvait passer entre les voitures arrêtées devant le cabaret. Les moyeux s'emboîtaient l'un dans l'autre, les timons entraient dans les ridelles des charrettes.

Koń, któremu torbę z obrokiem zawieszono na głowie, napróżno usiłował schylić kark i chwycić trochę jadła. Trzymał tylko gębę w worku o kilka cali od paszy i ruszał niecierpliwie wargami, nie przestając być głodnym.

Inny, szczęśliwszy, zanurzył głowę w wozie, który stał przed nim, i z wielką uciechą wyjadał cudze siano. Jakiś łysy na grzbiecie gniadosz chciał naśladować ten przykład, i znęcony zapachem siana, nieustannie próbował zwrócić głowę do furmanki, stojącej obok. Lecz, ponieważ był ślepy na lewe oko, więc zamiast na siano, trafiał na pysk małej, złośliwej klaczki, która kwiczała, stulała uszy i płoszyła zębami kalekę.

Nadomiar niedoli, na zgłodniałe i zniecierpliwione zwierzęta spadł rój much. Z wielką zaciętością uprzykrzone owady rzucały się do oczu, pysków i nozdrzów, pobudzając wielkie, lecz spętane ofiary do podrzucania głowami, bicia kopytami w ziemię i machania ogonami, co się jednak nie na wiele przydało.

Tylko wysunięty naprzód konik siwy, któremu czas wyżłobił nad oczyma głębokie jamy, a praca starła boki i powykręcała nogi przednie, stał spokojnie, przymknąwszy oczy, jakby drzemał. Może śnił mu się żłób, pełen czystego owsa, albo te szczęśliwe, lecz krótkie dnie, kiedy jako źrebak biegał swobodny po bujnem pastwisku, zalecając się do młodych klaczek, które, niestety! w wieku dojrzałym miały mu całkiem zobojętnieć.

Un cheval, au cou duquel on avait suspendu un sac avec de l'avoine, essayait vainement de saisir un peu de sa nourriture ; il ne parvenait qu'à baisser la tête jusqu'à quelques pouces de l'avoine, et remuait impatiemment les lèvres sans cesser d'avoir faim.

Un autre, plus heureux, était parvenu à atteindre le chariot arrêté devant lui, et, à sa grande joie, se repaissait de foin volé. Un autre, sans crinière, voulait suivre son exemple et, alléché par l'odeur du foin, s'efforçait de tourner la tête vers le voiture voisine ; mais comme il était borgne de l'œil gauche, il rencontrait, au lieu de foin, le museau d'une méchante petite jument qui criait, serrait les oreilles et montrait les dents à l'infirme.

Pour comble de malheur, un essaim de mouches s'était abattu sur ces pauvres bêtes affamées et impatientées : elles s'opiniâtraient à vouloir leur entrer dans les yeux, dans les narines, dans la bouche, et forçaient leurs victimes impuissantes à agiter leur tête, à battre le sol de leurs sabots, à agiter leur queue, tout cela sans aucun profit...

Seul, un cheval placé en avant, — un cheval gris auquel l'âge avait creusé des fosses au-dessus des yeux, — restait calme, les yeux fermés, comme sommeillant. Peut-être rêvait-il à une mangeoire remplie de belle et bonne avoine, aux jours heureux mais trop courts, où, jeune poulain, il s'ébattait en liberté dans une prairie bien grasse, folâtrant autour des jeunes juments qui lui étaient devenues, hélas ! si indifférentes avec l'âge.

Sień i karczma pełne były ludu. Kilka dziewuch, wychyliwszy głowy z poza futryny, śmiały się i wdzięczyły do parobków, stojących za progiem, którzy chwytali je za ręce i usiłowali wyciągnąć z izby, z pod czujnego oka matek. Na prawo, obok komina i pieca, na ławie i około niej cisnęły się mężatki. Na lewo i wprost drzwi, za wielkiemi stołami na krzyżujących się nogach, były długie ławy zapełnione gospodarzami, między którymi, ku zgorszeniu niewiast, siedziała tylko jedna kobieta, żołnierka, rezolutna i krzykliwa.

Środek izby zajęty był przez stojących. W prawym zaś kącie, za barjerą, znajdował się szynkwas, a przy nim dziewka, chrześcijanka, która rozdawała wódkę, i ubrana w czarną atłasową, ale starą suknią, żona Szmula, prowadząca rachunki.

Mężczyźni odziani byli w dawne sukmany, spięte na haftki i opasane szerokim rzemieniem, albo w kapoty z rogowemi guzami bez pasa, a nawet granatowe kurtki i takież spodnie sukienne. Kobiety były w chustkach na głowie lub muślinowych czepkach, w sukmanach granatowych z mosiężnemi guziczkami, albo w mieszczańskich kaftanach, trzymały starodawnym obyczajem po wyjściu z kościoła trzewiki w ręku, albo już do samego domu nie zdejmowały ich z nóg.

W zgromadzeniu tem, syberynowe palto rządcy, ani burka ekonoma nie robiły żadnego wrażenia. O dworze mówiono mało, więcej o wójcie, sołtysach, albo o sobie samych.

Le vestibule et le cabaret regorgeaient de clients. Quelques filles, la tête hors de la fenêtre, riaient et faisaient les yeux doux à des valets de ferme debout sur le seuil ; ceux-ci leur prenaient les mains et voulaient les attirer dehors, loin du regard vigilant des mères. À droite, près du poêle, sur un banc et à côté de ce banc, se pressaient les femmes mariées. À gauche, en face de la porte, de chaque côté de longues tables aux pieds en croix, il y avait des bancs de bois où s'étaient assis tous les métayers, parmi lesquels se trouvait, au grand scandale du sexe féminin, une seule femme, véritable amazone résolue et criarde.

Quantité de clients se tenaient debout au milieu de la pièce. De l'autre côté du comptoir, dans le coin à droite, séparée de la salle par une balustrade, une servante chrétienne versait l'eau-de-vie et la femme de Samuel, vêtue d'une veille robe de satin noir, inscrivait les dépenses.

Les hommes étaient vêtus, à l'ancienne mode, d'habits de drap grossier retenus par des agrafes et ceints d'une large courroie de cuir, ou de capotes à boutons de corne et sous ceinture ; il y avait même des vestons bleus et des pantalons de drap. Les femmes étaient coiffées de mousseline ou de fichus ; les unes portaient le traditionnel vêtement de feutre grossier, orné de boutons de cuivre ; d'autres des jaquettes ou des paletots ; selon l'ancienne coutume, elles avaient ôté leurs chaussures à la sortie de l'église et les tenaient à main.

Ni le paletot de gros drap du régisseur, ni le manteau de l'économe, ne produisaient d'effet dans cette cohue. On parlait peu du château, beaucoup du maire, du juge de paix, ou de soi-même.

Można było przecie widzieć jeszcze kumów, całujących się ze łzami, które im wycisnęła fałszowana wódka, — gospodarza, który, wziąwszy się pod bok, wyśpiewywał przed kumą: Kaśka za piec, Maciek za nią... a nadewszystko i najczęściej — usłyszeć:

— Kumie, do was!...

— Pijta z Bogiem!

Z izby do sieni buchał mocny zapach tytuniu, potu i wódki, razem z nim kurz i hałas, przypominający brzęk pszczół w ulu, nad który od czasu do czasu wzbijał się okrzyk gromadzkiego pijaka, leżącego na oplutej podłodze, między ławą i szynkwasem.

Wtem na ławę, stojącą wprost drzwi, wlazł jeden z gospodarzy, a sąsiedzi jego poczęli wołać:

— Cichojta! słuchajta!...

— A co to?... Będzie drugie kazanie?... — odezwał się jeden z parobków.

— Grzyb chce nogi wyprostować, bo se zasiedział...

— Cicho tam chłopak! — wołali sąsiedzi Grzyba.

— Moi bracia! — zaczął Grzyb. — Jesteśmy tu swoi i nie swoi, ale to nie szkodzi. Swoi niech se przypomną, że na święty Jan mamy z dziedzicem podpisać układ o las. Więc względem tego podpisywania ludzie sobie rozmaicie myślą: jedni chcą, a drudzy nie. Zatem ja przemawiam do was, moi bracia, ażebyśmy se coś zgodnie postanowili, i ażeby między nami była jedność...

On pouvait voir des amis s'embrassant, les yeux pleins des larmes que faisait sourdre l'eau-de-vie falsifiée du cabaretier.

Ce qu'on entendait surtout et plus haut que tout, c'était :

— Compère, à votre santé !

— Que Dieu vous bénisse !

Une acre odeur de tabac, d'eau-de-vie et de sueur arrivait du cabaret jusque dans le vestibule, en même temps que de la poussière et un bruit rappelant le bourdonnement des abeilles dans une ruche ; ce bruit était dominé de temps à autre par les cris d'un ivrogne, étendu sur le plancher souillé, entre un banc et le comptoir.

Tout à coup un des métayers monta sur le banc placé près de la porte. Ses voisins crièrent aussitôt :

— Silence... attention...

— Qu'est-ce que c'est ? Un second sermon ? s'écria un des valets de ferme.

— Grzyb veut se dégourdir les jambes : il est resté assis trop longtemps...

— Tais-toi, garçon ! crièrent les voisins de Grzyb.

— Mes frères, — commença Grzyb, — nous sommes ici et entre nous et pas entre nous : mais c'est égal... Que les nôtres se rappellent qu'à la Saint-Jean nous devons signer le contrat, pour la forêt, avec le maître du château. Les métayers ont des opinions différentes, sur cette signature : les uns veulent, les autres ne veulent pas. Alors, mes frères, je m'adresse à vous afin que nous nous entendions tous ensemble, et qu'il y ait de l'accord entre nous !

— Nie podpisywać! nie podpisywać!... — wykrzyknął Maciek, którego żona gwałtem wyprowadzała za drzwi.

Śmiech rozległ się w izbie.

— Czego się śmiejeta?... — zapytał Maciek. — Przecie my, cośmy ino podpisywali, tośwa za wszystko płacili, a to na szkołę, a to na gminę...

— Gada, zwyczajnie jak pijany!... — odezwał się ktoś.

— Ja nie pijany! — oburzył się Maciej, potrącając żonę.

Grzyb ciągnął dalej:

— Kum Maciej gada, zwyczajnie jak taki, co se głowę zaćmił, ale powiedział mądre słowo. Ja też radzę wom nie podpisywać, ale czekać, nie śpieszyć się, bo kto czeka, ten bierze więcej. Pamiętacie, bracia, jakeśwa chcieli robić układ z dziedzicem pięć lat temu? Prosiliśwa wtedy o morgę na osadę, ale on nie dał. We dwa lata później dawał dwie morgi, a dziś trzy...

— Kto się tam zgodzi za trzy!... — odezwał się głos jeden.

— Niech da cztery, to ustąpimy...

— I pięć mało...

W drugim końcu izby kto inny zabrał głos.

— Słuchajta mnie, ludzie! — zawołała żona kołtuniastego — nie podpisujta!...

— O!... widzicie ją, babę!...

— Zamknij gębę, wiedźmo, nie twoja rzecz...

— Ne signons pas, ne signons pas ! cria un paysan, que sa femme poussa aussitôt violemment vers la porte.

Tous les assistants éclatèrent de rire.

— Qu'avez-vous à rire ? demanda le paysan. Si nous allions signer, alors nous paierions pour tout, et pour la commune, et pour l'école...

— Il parle comme un homme ivre ! fit quelqu'un.

— Je ne suis pas ivre ! s'écria le paysan en repoussant sa femme.

Grzyb reprit :

— L'ami Mathieu vient de parler comme quelqu'un qui a la tête un peu embrouillée, mais il y a du vrai dans ses paroles. Aussi je vous conseille de ne pas signer, mais d'attendre, sans vous presser : car celui qui sait attendre reçoit davantage. Souvenez-vous, frères, quel contrat M. Jean vous a offert, il y a cinq ans. Vous avez alors demandé un arpent par famille, et il a refusé. Deux ans après il a offert lui-même deux arpents, et aujourd'hui trois...

— Et qui donc se mettra d'accord pour trois ? fit une voix.

— Qu'il nous en donne cinq et nous céderons !...

— Cinq, c'est encore peu !

À l'autre coin de la pièce, une voix de femme s'éleva.

— Écoutez-moi, vous autres, ne signez pas !

— Voyez-vous celle-là... une femme...

—Ferme ta bouche, sorcière, ce n'est pas ton affaire !...

— Ino czyja?... — wrzasnęła.

— A cóżto twój już umarł, żebyś ty za niego pyskowała?...

— Co on tam wie! — odparła. — Mnie słuchajta, bo ja mam rozum lepszy niż wy wszyscy...

— Czekajta ino, kumo! spróbujeta się z moim Józikiem, jak ze szkoły wróci! — wołała z pod pieca baba, ubrana po mieszczańsku.

— Cicho tam, baby!... A to czysta cholera, jak języki rozpuszczą!

Na ławę wlazł łysy Wojciech.

— Gódźta się, póki czas! — wołał. — Każdy będzie miał swój kawałek ziemi, a tak co wam z tego, że wasze bydlę po cudzem harcuje?... Lepszy swój zagon...

— Ola Boga, Wojciechu! a dyć wy moje buty macie na nogach?... — odezwał się jeden z gromady.

— A to skąd? — zapytano.

— A dałem mu w zastaw za rubla, i on se teraz w nich chodzi!...

— To ci kutwa!...

— Bierze prowizją i jeszcze w cudzych butach chce mu się paradować!...

Skonfundowany Wojciech zlazł z ławy i wygrażając pięścią, wyszedł z izby. Wystąpił Gajda, chłop ogromny, który wszystkich o głowę przerastał.

— Et de qui est-ce l'affaire ? brailla-t-elle.

— Est-ce que ton homme est mort ? dois-tu parler pour lui ?...

— Qu'est-ce qu'il y connaît ? répliqua-t-elle. Ecoutez-moi tous, parce que j'ai plus de raison que vous tous.

—Attendez, compères... attendez que mon Joseph revienne de l'école ! cria d'auprès du poêle une femme habillée en bourgeoise,

— Taisez-vous, les femmes !... C'est une vraie peste, quand elles se mettent à déblatérer !

Laurent, un chauve, monta sur un banc.

— Accordez-vous pendant qu'il est encore temps ! Dit-il. Chacun de vous aura alors son coin de terre. Que gagnez-vous à ce que votre bétail mange l'herbe du voisin ? Il vaut toujours mieux avoir son champ...

— Grand Dieu ! Laurent, mais c'est mes bottes que vous portez ! fit une voix.

— Et depuis quand ?

— Je les lui ai données en gage parce qu'il m'a prêté un rouble, et voilà qu'il les porte, maintenant !...

— En voilà un ladre !...

— Il prend des intérêts, et il fait encore étalage avec les bottes des autres !

Laurent, tout confus, descendit du banc et sortit de la pièce en montrant les poings. Gaïda, une sorte de géant, le remplaça.

— Ja wam mówię: czekajta! — rzekł, uderzając w stół pięścią. — Wiemy, jak było z tem, żeśmy mieli prawo do lasu, ale nie wiemy, jak będzie, kiedy każdy dostanie parę mórg i już na pańskie nosa nie wścibi...

— Będziemy go wścibiali, choć podpiszemy — mówił stronnik układów — ale jak tu nastanie Niemiec ze swoją służbą, jak zaczną tabelę czytać, pilnować, każą tą drogą jeździć, a tamtą nie, to nam się wszystkim urwie...

— Damy sobie i z nim radę! — odparł Gajda.

— Oj nie dacie, nie! — odezwał się chłop z innej wsi. — Mamy my Niemca pod bokiem, co jak wziął grzebać się w papierach i omentrów zwozić, tośwa połowę bydła sprzedać musieli. A kiej Szymona, tego Mazurka, spotkał jego gajowy, też Niemiec, w lesie, i pospierały się z sobą, toci wziął i strzelił ci w chłopa jak w zająca, aż z niego później cały kwartał śrót wyłazł.

— Oj! układajta się lepiej ze swojakiem, żeby wam Szwaba na kark nie sprowadził!... — ostrzegał gospodarz z innej wsi.

— On sam jak Szwab, choć i dziedzic — odparł oburzony Gajda. — I nosi się nie po ludzku, ino biało albo kraciasto jakości, i jego baba ino po szwabsku szwargocze.

— Et moi je vous dis d'attendre ! fit-il en donnant un coup de pied sur la table. Nous savons ce qu'il en est quand nous avons droit à la forêt, mais nous ne savons pas ce qu'il en sera quand chacun de nous aura reçu deux ou trois arpents de terre : alors il ne faudra plus fourrer le nez dans...

— Nous fourrerons le nez où nous voudrons, même quand nous aurons signé, repartit un des partisans de l'accord ; mais quand un Allemand sera installé ici avec ses domestiques, quand il commencera à lire la morale, à tout surveiller, alors il nous ordonnera de passer par ce chemin-ci et non par un autre, et il nous en donnera...

— Nous viendrons bien à bout de lui ! observa Gaïda.

— Que non, vous n'en viendrez pas à bout ! dit à son tour un métayer d'un village voisin. Nous aussi, nous avons un Allemand chez nous ; et, dès qu'il a commencé à barbouiller du papier, à acheter des engrais, alors nous avons dû vendre la moitié de nos bestiaux. Et quand Simon, le Mazovien, a rencontré son garde dans la forêt, un Allemand aussi, et qu'ils se sont querellés, alors celui-ci a tiré sur lui comme sur un lièvre. Pendant trois mois, des grains de plomb lui sont sortis du corps.

— Oui, accordez-vous plutôt avec un des vôtres, pour qu'un Prussien ne vienne pas vous mener à la baguette ! opina un cultivateur d'un village voisin.

— M. Jean lui-même est tout comme un Prussien ! repartit Gaïda. Et il n'est pas habillé comme les gens ici... il est toujours habillé de blanc ou de carreaux ; et sa femme aussi jargonne toujours en prussien...

Tylo noma z nim, co i bez niego. U innych panów to choć człowiek lekarstwo dostanie, kiej chory, dziecku czasem książkę podaruje inny, a u tego heretyka nawet zarobku nie znajdzie. Mnie nie wołają do dworu, i lepiej mi z tem, bo jeżdżę furmanką i zarabiam, a tym, co ich woła, to nie płaci...

— I... i... nie najgorszy on jeszcze! — mruknął stronnik układów. — Nawet nic złego zrobić nie może, choćby chciał, bo go nigdy w domu niema...

— To łgarstwo! — przerwał zaperzony Gajda. — Mnie przecież świnię kazał zastrzelić, taką, żeby jej za trzydzieści rubli nie kupił... A jak, będzie temu z tydzień, jego dziewucha, ta Janielcia, wyszła do mojej przed chatę i dała jej niebieską wstążkę, to ci się tak na nią gniewał, jakby, o majątek chodziło... Oj! — zakończył ciszej, siadając. — Żeby mi nie tych jego dzieciaków było żal, a osobliwie dziewuchy, to jabym mu pokazał...

We drzwiach, obok szynkwasu, stanął Szmul uśmiechnięty, kłaniając się na wszystkie strony.

Grzyb zwrócił się do niego.

— A wy jak myślicie, Szmulu: podpisać układ z dziedzicem, czy nie?

— Jak gospodarze chcą... — odparł arendarz dyplomata.

— Ale kto ma racją, czy ja, co mówię — czekać, czy taki, co mówi — podpisywać?

Chez d'autres, on reçoit au moins des médicaments quand on tombe malade, ou bien on donne de temps à autre un livre à un enfant ; mais, chez cet hérétique, on ne trouve pas même à gagner sa vie. On ne m'appelle plus au château, maintenant ; cela vaut mieux pour moi, car je fais le métier de voiturier et je gagne davantage ; mais, ceux qu'on appelle, on ne les paie pas.

— Il n'est pas encore le plus mauvais de tous ! marmotta un des partisans du contrat. Et même s'il le voulait, il ne pourrait pas faire grand mal : car il n'est jamais là...

— C'est un mensonge ! interrompit Gaïda, rouge comme un coq. Il a fait tuer mon cochon à coups de fusil, et un tel cochon qu'on n'aurait pas son pareil pour trente roubles... Et quand, il y a une semaine de ça, sa fille, cette Anielka, s'est approchée de la mienne devant notre chaumière et lui a donné un ruban bleu, alors il s'est autant fâché que s'il avait été question d'une fortune... Ah ! conclut-il tout bas en s'asseyant, si je ne plaignais pas tant ses petits, et surtout la fille, je lui en ferais voir !

Samuel, souriant, se montra dans l'embrasure de la porte, près du comptoir ; il salua de tous les côtés.

Gaïda l'interpella :

— Et, que pensez-vous, vous, Samuel ? signer le contrat ou ne pas signer ?

— Comme vous voudrez, Messieurs ! répondit le cabaretier diplomate.

— Mais qui a raison ? est-ce moi, qui dis d'attendre, ou celui qui conseille de signer ?

Szmul pogładził brodę i patrząc w sufit, odpowiedział:

— Wy, Józefie, macie racją, i oni mają racją. Każdy chce tak, jak mu z interesów wypada.

— A wy podpisalibyśta?

— Wy, Józefie, myślicie, że dla mnie podpisywać nowina?... Aj! ile razy ja się na dzień podpisuję...

— To wiadomo, ale czybyśta się podpisali na to, żeby za trzy morgi...

— Jakie trzy?... cztery!... — przerwało kilka głosów.

— I cztery mało!... — dodali inni.

— Wam wydaje się za mało cztery morgi — rzekł Szmul — a dziedzicowi za wiele... Każdy tak chce, jak jemu z interesów wypada...

— Zatem podpisalibyśta? — pytał dalej nieubłagany Grzyb.

Ale Żyd i tym razem nie miał zamiaru dać odpowiedzi stanowczej. Postąpił parę kroków naprzód i włożywszy jedną rękę za pas, a drugą wybijając takt, mówił:

— Jaki wy jesteście człowiek zabawny, Józefie!... Każdy mnie się pyta: co jabym robił, jakbym tylko ja jeden na całym świecie miał rozum. Dziedzic pyta się swoją drogą, wy swoją drogą, a ja mam za wszystkich odpowiadać?... Żebym ja miał wasz grunt, to jabym sobie kalkulował: podpisać, czy nie podpisać za cztery morgi? A żebym ja miał dziedzica grunt, tobym sobie myślał: dać wam, czy nie dać cztery morgi? Potem zrobiłbym tak, jakby mi z interesu wypadło. I wy zróbcie tak samo!...

Samuel caressa sa barbe, regarda au plafond, et répondit :

— Vous, Joseph, vous avez raison, mais eux aussi ont raison. Chacun veut le mieux de ses intérêts.

— Et vous, vous auriez signé ?

— Est-ce que vous pensez, Joseph, que donner ma signature soit chose nouvelle pour moi ?... Combien de fois par jour je signe...

— Nous le savons, mais auriez-vous consenti pour trois arpents à...

— Comment ? pour trois ?... pour quatre... interrompirent quelques voix.

— Et quatre c'est encore trop peu... ajoutèrent d'autres.

— Vous croyez que quatre, c'est trop peu... fit Samuel, et Monsieur croit que c'est trop. Chacun veut le mieux de ses intérêts.

— Alors vous auriez signé ? reprit l'imperturbable Grzyb.

Mais cette fois encore, le juif se refusa à donner une réponse catégorique. Il fit quelques pas en avant, mit une main dans sa ceinture et, battant la mesure, de l'autre, il déclara :

— Que vous êtes amusant, Joseph !... Chacun me demande ce que je ferais, comme si moi seul j'avais de la raison pour le monde entier. Monsieur me questionne d'un côté, vous d'un autre; dois-je répondre pour tous ?... Si j'avais vos terres, je calculerais ; signer ou ne pas signer pour quatre arpents ? Et si j'avais des terres de monsieur, je me demanderais : donner ou ne pas donner les quatre arpents ? Et puis j'agirais comme mon intérêt me le commanderait. Eh bien ! vous, faites de même !

Grzyb znowu wlazł na ławę.

— Moi bracia! — rzekł. — Dla świętej zgody i żeby była jedność między nami, podpiszwa układ, ale za... pięć morgów...

— Dobrze! dobrze!

— Mój nie podpisze! — wrzasnęła żona kołtuniastego.

— A dajtaże jej w łeb, Janie? Co ona za was ma gadać?

— On?... mnie... w łeb?... — krzyczała energiczna kobieta. — A masz!... a masz!... a wynoś się od tych pijaków!...

I wołając tak, biła męża po karku, aż wkońcu wyciągnęła go za kołtuny do sieni.

Ale nikt jej nie słuchał. Gospodarze, głodni czy znudzeni, tłumem poczęli wychodzić z karczmy, poprawiać uprząż na koniach, odstawiać wozy i wyjeżdżać. W kwadrans później, w obszernej izbie został tylko Maciej z żoną, oboje mocno podchmieleni, pijak śpiący pod ławą, dziewka, która uprzątała kieliszki, i w czarnej atłasowej sukni Szmulowa, która pisała, wciąż pisała.

Szmul poszedł do alkowy, nakreślił ołówkiem na kartce: „Chcą pięć morgów..." — i posłał ją przez chłopaka do dworu. Sam zaś począł wybierać się w podróż.

— Gdzie jedziesz? — spytała go żona po żydowsku.

Grzyb remonta sur le banc.

— Mes frères, dit-il, pour que la concorde et l'entente règnent parmi nous, signons le contrat : mais... à cinq arpents...

— Très bien... très bien...

— Mon homme ne signera pas ! déclara la femme qui avait parlé la première.

— Donnez-lui un coup de poing sur la tête, Jean ! Qu'est-ce qu'elle a toujours à parler pour vous ?

— Lui ?... à moi ?... sur la tête ?... se défendit énergiquement la femme. Tiens, voilà, et voilà encore, et va-t'en chez ces ivrognes...

Et, tout en criant, ses poings s'abattaient sur son mari.

La séance était finie. Les cultivateurs, ennuyés ou affamés, quittaient le cabaret en masse. Ils arrangeaient les harnais de leurs chevaux, faisaient avancer ou reculer leurs charrettes, et partaient. Un quart d'heure plus tard, il ne restait plus dans la vaste pièce que Mathieu et sa femme, tous les deux à demi ivres, un ivrogne endormi sous le banc, la servante, occupée à ranger les verres, et Mme Samuel, en robe de satin noir, écrivant toujours.

Samuel alla vers l'alcôve, prit un morceau de papier, et écrivit au crayon : « Ils veulent cinq arpents. » Puis il remit cette carte à un garçon avec ordre de la porter au château. Lui-même se prépara à partir.

— Où vas-tu ? lui demanda sa femme, en jargon juif.

— Pojadę do Niemca. On już pewnie kupi wieś. Jak mi się z nim uda, to będę miał młyn.

— Jeżeli tamten nie zbudował, to Niemiec nie zbuduje. Nic z tego nie będzie — odparła Szmulowa.

— To może wcale nie jechać?

— Zawsze spróbuj — rzekła.

— Je vais chez l'Allemand. Il a sans doute déjà acheté les terres, et, si je réussis à m'entendre avec lui, nous aurons le moulin.

— Si l'autre n'en a pas construit, celui-ci n'en construira pas non plus ! Ces démarches n'aboutiront à rien ! observa Mme Samuel.

— Alors, peut-être est-ce inutile de se déranger.

— Essaie toujours ! fit-elle.

Rozdział 7

Pan Jan jest rozmarzony,
a Gajda zdumiony

Pan Jan, odebrawszy kartkę Szmula z napisem: „Chcą pięć morgów..." — natychmiast zrozumiał o co chodzi i uczuł, że stoi nad jamą, o której parę dni temu nie chciał myśleć. Gorąco go oblało, na mgnienie oka dech w nim zaparło, ale wnet przekonał się ze zdziwieniem, że utrata wszelkich złudzeń nie jest jeszcze nieszczęściem największem.

Przedewszystkiem uczuł on do Szmula coś jakby żal za złą wiadomość, ale zarazem przekonał się, że Żyd jest mu zawsze wierny. Potem pomyślał o swej służbie i postanowił, że ją spłaci resztką pieniędzy, jaka mu pozostać ma ze sprzedaży majątku. Krzywdzenie służby nigdy nie leżało w jego usposobieniu, ani rachunkach.

Przypomniał sobie Anielkę i pominął ją. Potem żonę i Józia... Byle tylko wróciła... Przyszedł mu na myśl dom,

Chapitre 7

Monsieur Jean est plongé dans la rêverie, et Gaïda dans l'étonnement

Au reçu de la carte de Samuel contenant ces mots : « *Ils veulent cinq arpents* », M. Jean comprit immédiatement de quoi il était question, et se sentit enfin au-dessus du précipice auquel il refusait de penser depuis quelques jours. Le sang lui monta au cerveau ; pendant quelques instants la respiration lui manqua, mais il se convainquit bientôt, à son grand étonnement, que la perte de toutes nos illusions n'est pas le plus grand des maux.

Au premier moment, il en voulut un peu à Samuel pour sa mauvaise nouvelle ; mais il ne tarda pas à se persuader que le juif était toujours dévoué. Puis il pensa à ses domestiques, et résolut de les payer avec l'argent qui lui resterait après la propriété vendue. Il n'entrait point dans ses vues, pas plus que dans sa nature, de causer le moindre préjudice à ses gens.

Il se rappela Anielka, mais chassa bien vite ce souvenir, puis il pensa à Joseph, à sa femme... Il se ressouvint du château,

świeżo wewnątrz wyrestaurowany, w którym tak hucznie gości niegdyś przyjmował... lasy, w których polował... cały obszar ziemi, który nadawał mu tytuł dziedzica... upadek stanowiska między ludźmi... Zresztą, dobra te były posagiem żony i majątkiem dzieci!... Ciotka, ciotka wyratuje nas... Ona wszystko odrobi... A i chłopom trzeba dać nowego dziedzica, tym głupim, chciwym, przewrotnym, nie mającym poczucia sprawiedliwości. Niech poznają, kogo stracili i co zrobili swym uporem!

Chęć zemsty i nadzieja na ciotkę były uczuciami o tyle silnemi, że zdołały odciągnąć uwagę pana od myśli o stracie majątku i położeniu rodziny.

Pozostała jednak Anielka, to dziecko tak dobre i dojrzałe. Co ona zrobi bez majątku, bez nauki? co sobie pomyśli o ojcu?... Ona tak lubiła ogród, swój pokój... Tak wierzyła...

— Zatrzymam dla niej guwernantkę — szepnął pan i ucieszył się, jakby najlepszym wynalazkiem. Guwernantka była dla niego pancerzem przeciw Anielce.

O rozchwianych widokach i konieczności sprzedania majątku nie wspomniał nikomu, owszem — przy kolacji był weselszy niż zwykle, choć unikał spojrzeń Anielki. Ale noc przepędził źle; może nawet miał gorączkę. Zapewne skutkiem rozdrażnienia nerwów, zdawało mu się pół we śnie, pół na jawie, że spada z niezmiernej wysokości. Miał przytem ruchy swobodne, nie doświadczał zawrotu, tylko czuł, że nie ma na czem stopy oprzeć.

nouvellement restauré, où il aimait à recevoir grandement jadis... des forêts où il chassait... de toute la vaste étendue de terrain qui lui donnait le titre de châtelain... de sa déchéance sociale... Et puis ces biens n'étaient-ils pas la dot de sa femme... la fortune de ses enfants ?... « Ma tante ! ma tante ! sauvez-nous ! » Oui, elle arrangerait tout... Il fallait aussi donner un nouveau maître aux paysans ; il fallait leur en donner un avare, sot, pervers et n'ayant aucune notion de justice ! Qu'ils sachent enfin ce qu'ils ont perdu, et ce que leur sot entêtement leur a valu !

Le désir de se venger et l'espoir en l'aide de sa tante étaient devenus des sentiments si forts qu'ils parvinrent à chasser de l'esprit du châtelain la pensée de la fortune dissipée et de la situation précaire de sa famille.

Mais Anielka, cette enfant si bonne, si précoce... Que deviendrait-elle, sans fortune, sans instruction ?... Que penserait-elle de son père ?... Elle qui aimait tant leur jardin, sa chambre... Elle qui était si confiante...

— Je lui garderai son institutrice ! se dit-il en lui-même ; et il se réjouit de cette idée comme d'une précieuse trouvaille. L'institutrice était comme un bouclier garantissant Anielka.

Il ne parla à personne de ses espérances déçues, ni de la nécessité de vendre le domaine. Au contraire, à souper, il fut plus gai que de coutume, tout en évitant le regard de sa fille. Il dormit mal et eut même un peu de fièvre. Ses nerfs étaient sans doute très surexcités, car il lui sembla qu'il était dans un état de demi-sommeil, et tombait d'une hauteur considérable. Ses mouvements restaient libres, il n'éprouvait aucun vertige, mais il sentait que le sol croulait sous ses pas.

Z rana był blady i znużony. Przy śniadaniu powiedziano mu, że jeden z fornali zajął konie Gajdy w szkodzie. To go nieco orzeźwiło, i począł szeroko rozprawiać o braku poczucia sprawiedliwości u chłopów.

W parę godzin później doniesiono mu, że przybył Gajda. Dziedzic wyszedł na ganek i zastał tam Anielkę, z obawą i ciekawością przypatrującą się olbrzymiemu wieśniakowi, którego twarz była raczej zakłopotaną, niż groźną.

— Cóż? — zaczął pan Jan. — Znowu twoim koniom podobała się moja pszenica?...

— Zara, jaśnie panie, ja powiem od początku prawdę — rzekł chłop, pochylając się ku ziemi. — Jak słonko weszło, kazałem mojej dziewusze popaść koniska nade drogą, tu gdzie ugór. A te hycle wzięły, zawróciły i poszły w pszenicę. Może nie uszczypały jednej trawki, kiej przyszedł fornal i zajął ich. Tak było, żebym skonania nie doczekał!

Chłop stał, trzymając czapkę w obu rękach, ale śmiało patrząc w oczy dziedzicowi, który uśmiechał się drwiąco.

— No — rzekł dziedzic — słyszałem, że już nie będziecie układać się o zniesienie serwitutów.

Gajda podrapał się za ucho.

— Gospodarze mówią, że za taką rzecz warcibyśmy od jaśnie dziedzica chociaż po pięć morgi na osadę — odparł.

— Ja myślę, żebyście i wszystko wzięli, gdyby wam tak dać?...

Le matin, il était pâle et las. On vint lui dire qu'un des charretiers avait pris en flagrant délit un cheval à Gaïda. Cela le ranima un peu et il se mit à raisonner sur l'absence de tout sentiment de justice parmi les paysans.

Deux heures après, quand on vint lui annoncer que Gaïda lui-même était là, il sortit sur le perron, et y trouva Anielka examinant, avec une crainte mêlée de curiosité, le géant, dont le visage était d'ailleurs plus embarrassé que menaçant.

— Eh bien ! qu'y a-t-il ? demanda M. Jean. Il paraît que mon blé a de nouveau plu à ton cheval...

— Tout de suite, monsieur, je vous dirai ce qui en est ! répondit le paysan en s'inclinant jusqu'à terre. Quand le soleil a été levé, j'ai commandé à ma fille d'aller faire paître le cheval le long du chemin, là où il y a une jachère. Mais cette rosse s'est sauvée et est entrée dans le blé. Elle n'avait peut-être pas encore mangé deux brins d'herbe, quand le charretier est arrivé et l'a saisie par la corde. Si ce n'est pas comme ça, que je meure à l'instant !

Le paysan restait là, tournait sa casquette entre ses doigts, mais regardant hardiment le châtelain, qui souriait en silence.

— J'ai entendu dire, dit enfin M. Jean, que vous ne voulez plus vous arranger, pour ces « servitudes » ?

Gaïda se gratta l'oreille :

— Les autres disent que nous valons bien cinq arpents par feu, répondit-il.

— Et moi je pense que vous prendriez volontiers le tout, si on vous le donnait...

— Jakby jaśnie dziedzic zechciał dać, tobyśwa wzięli.

— No, ja będę lepszy i nie chcę od ciebie wszystkiego... Dasz tylko trzy ruble fornalowi, który konie zajął...

— O, la Boga! aż trzy ruble?... — krzyknął chłop. — Ady ja tego przez cały tydzień nie zarobię, a tu jaśnie dziedzic za jaki może kwadransik każą se tyle płacić?...

— Więc idź do sądu! — rzekł dziedzic.

— Panie! a jakże mi iść do sądu, kiej mnie Żydy zgodziły do miasta, żebym zara jechał. Niech się pan zmiłuje i opuści!

— Słuchaj-no, a czy ty, co chcesz pięć morgów za serwituty, opuściłbyś mi co?...

Chłop milczał.

— No, powiedzże, zmiłowałbyś się i opuściłbyś?...

— Ja tam nie chcę nic, ino żeby tak było, jak jest.

— Więc tobie lepiej z tem, jak jest?

— Juźci lepiej. Niewiele nam z tego przychodzi, ale zawdy i opału trochę jest, i bydlę przeżyje latem. No, a przecie nic się z tego nikomu nie płaci, a ze swego, to imby więcej było, tem więcej szłoby pieniędzy do gminy.

— Si Monsieur voulait le donner, sûrement que nous le prendrions !

— Eh bien ! je serai meilleur et je ne veux pas tout te prendre... Tu donneras seulement trois roubles au domestique qui a attrapé ton cheval...

— Mon Dieu ! trois roubles !... s'exclama le paysan, mais je ne les gagne pas en une semaine ; et Monsieur m'ordonne de les payer séance tenante !...

— Si tu préfères le tribunal...

— Monsieur, comment irais-je au tribunal quand les Juifs m'ont loué pour aller en ville tout de suite ?... Que Monsieur ait pitié, qu'il me pardonne !...

— Écoute un peu, toi qui veux cinq arpents pour ta part, me ferais-tu grâce de quelque chose ?

Le paysan se tut.

— Réponds donc ! Me pardonnerais-tu et me ferais-tu grâce de quelque chose ?

— Mais je ne veux rien ! Je veux seulement que tout reste comme c'est !

— Alors, tu préfères l'état actuel ?

— Naturellement ! Nous n'avons pas beaucoup de gain, mais il y a toujours un peu de chauffage, et le bétail vit tant bien que mal. Et puis nous ne payons rien à personne pour ça, et si tout nous appartenait, plus nous en aurions, plus il en irait à la commune !

— Widzisz, jak ty dobrze rozumiesz swoje interesa! Pozwól mi więc, abym i ja swoje rozumiał, i daj dla fornala trzy ruble, jeżeli ci koni potrzeba.

— To już takie pańskie ostatnie słowo? — pytał Gajda.

— Ostatnie. Kto wie, czy od dziś za rok nie będzie tu gospodarował jaki Niemiec, który was za szkody sfantuje do ostatniej koszuli.

Gajda sięgnął za pazuchę i drżącemi rękoma wydobył skórzany woreczek.

— Ha! niech se tam będzie i Niemiec. Już mnie i jaśnie dziedzic do ostatniej koszuli rozebrał... Ma pan! — dodał, kładąc trzy ruble na ławce. — Przynajmniej zato mojej dziewusze kości porachuję, żeby pamiętała...

— Oj, to to!... rachuj a dobrze, żeby wiedziała, jak cudze szanować trzeba — rzekł dziedzic, śmiejąc się. Potem zawołał fornala, który konie zajął, oddał mu trzy ruble, kazał konie wypuścić, a sam wrócił do pokoju.

Kiedy znikł we drzwiach, Gajda pogroził za nim pięścią. Teraz, patrząca ciągle Anielka zobaczyła, iż człowiek ten ma twarz straszną.

„Porachuję kości mojej dziewusze!..." — powtórzyła Anielka, i dreszcz ją przebiegł. Biedna Magda!...

Myśląc o losie Magdy, nie mogła się uspokoić. Chciała ją ratować, ale jak?...

— Voilà comme tu comprends bien tes intérêts ! Permets-moi donc de comprendre aussi les miens, et donne trois roubles à ce garçon si ton cheval t'est nécessaire !

— C'est le dernier mot de Monsieur ? demanda Gaïda.

— Le dernier. Qui sait si d'ici à un an vous n'aurez pas comme propriétaire quelque Allemand qui vous enlèvera, avec ses amendes, jusqu'à votre dernière chemise ?

Gaïda tira d'une main tremblante un petit sac suspendu sur sa poitrine.

— Que ce soit donc un Allemand, peu importe ! Monsieur m'a enlevé lui-même jusqu'à ma dernière chemise. Voici ! poursuivit-il en posant trois roubles sur le banc. Maintenant je vais caresser les côtes de ma fille pour lui apprendre...

— C'est très bien, administre-lui une bonne correction, et qu'elle sache enfin qu'il faut respecter le bien d'autrui ! repartit le propriétaire en riant.

Il appela l'homme qui avait pris le cheval, lui remit les trois roubles et donna l'ordre de laisser emmener l'animal ; puis il rentra dans les appartements.

Lorsque la porte se fut refermée sur lui, Gaïda le menaça du poing ; et Anielka, qui contemplait toujours la scène, vit que cet homme avait alors un visage effrayant.

« Je vais caresser les côtes de ma fille, »... se répétait Anielka, et un frisson la secoua toute. Pauvre Magda !...

Elle aurait tant voulu sauver la petite fille, mais comment ?...

Pomoc matki nie na wiele się przyda, bo matka w tej chwili nie miała trzech rubli, któreby należało zwrócić Gajdzie w celu ułagodzenia go. Możeby pójść do ojca?... Przypomniała sobie przyjęcie ciotki, tudzież ostatnie słowa ojca, który zachęcał Gajdę do bicia dziewczyny, i przestała myśleć o tym środku. Instynkt ostrzegał ją, że ojciec śmiać się tylko będzie z jej współczucia.

Na prawo od ganku, za inspektami, leżały budowle gospodarskie: stodoły, obory i stajnie. Tam poszedł Gajda z fornalem po swoje konie. Za parę minut wróci do domu i zacznie bić Magdę.

Co ona myśli w tej chwili? Anielka okrążyła dwór, skręciła na lewo za inspekta i pobiegła do płotu, ciągnącego się naprzeciw stajni aż do gościńca. Tu zatrzymała się, czekając na Gajdę, równie zatrwożona mającą nastąpić z nim rozmową, jak losem Magdy, jak wreszcie i tem, ażeby jej samej nie spostrzegł ojciec.

Usłyszała powolny tętent kopyt i ciężkie kroki chłopa. I w tej części płotu jedna ze sztachet była złamana. Anielka odsunęła ją, przeszła rów pełen pokrzyw, które jej ręce i nogi poparzyły, i zabiegła drogę Gajdzie. Urodzona do rozkazywania, szła prosić.

Chłop, ujrzawszy ją, zatrzymał się i patrzył ponuro na zbladłą twarz i bojaźliwe szafirowe oczy pańskiego dziecka.

— Gospodarzu!... — rzekła Anielka ledwie dosłyszalnym głosem.

Sa mère ne pouvait lui être d'aucun secours, ne possédant pas elle-même les trois roubles qu'il aurait fallu rendre à Gaïda pour l'apaiser. S'adresser à son père ?... Elle se rappela l'accueil fait à leur cousine, les dernières paroles de son père, encourageant Gaïda à battre sa fille, et elle comprit qu'il n'y avait aucun espoir de ce côté. Son instinct lui disait que son père ne ferait que rire de sa compassion.

À droite du perron, derrière les serres, s'élevaient les dépendances de la ferme : les granges, les écuries, les étables. Gaïda s'était dirigé de ce côté pour y chercher son cheval. Dans quelques minutes, il retournerait chez lui et battrait Magda !

Anielka fit le tour du château, tourna à gauche, derrière les serres, et courut vers la palissade allant des écuries au chemin vicinal. Là, elle s'arrêta, attendit Gaïda, tout effrayée à la pensée de causer avec lui, inquiète sur le sort de Magda, et en même temps redoutant d'être aperçue par son père à elle.

Tout à coup, elle entendit le bruit des sabots d'un cheval et de lourds pas d'homme. Un des barreaux de la clôture était détaché juste à l'endroit où elle se tenait ; Anielka l'écarta, passa de l'autre côté, remonta le fossé couvert d'orties, auxquelles elle se piqua les jambes et les mains, et courut à la rencontre de Gaïda. Née pour commander, elle allait prier.

À sa vue, le paysan s'arrêta et regarda d'un air morne le visage pâle et les yeux bleus tout craintifs de la fille de ses maîtres.

— Métayer ! appela Anielka d'une voix à peine perceptible.

— Czego? — spytał krótko.

— Gospodarzu, prawda, że wy nie będziecie bili Magdy?...

Chłop aż się cofnął.

— Posłuchajcie mnie, proszę was!... Ona taka mała, czy mogła zatrzymać takie wielkie konie?...

Na twarzy chłopa malowało się zdziwienie, graniczące z przestrachem. Z oczu, głosu, każdego ruchu Anielki biła taka potęga uczucia, że groźny olbrzym widział się wobec niej małym.

— O, nie bijcie jej! — mówiła Anielka, składając ręce. — Wy jesteście tacy silni, a ona taka słaba... Gdybyście ją mocniej schwycili, moglibyście udusić...

— Anielko! Anielko!... — odezwał się z ogrodu wątły głos panny Walentyny.

Anielka na chwilę umilkła. Z rozpaczą nieomal obejrzała się dokoła, a potem, jakby szczęśliwą myślą natchniona, szybkim ruchem wydobyła z poza gorsu złoty medaljonik i zdjęła go z szyi.

— Patrzcie, Gajdo... Ta Matka Boska jest złota i poświęcona w Rzymie. Dostałam ją od mamy... Kosztuje bardzo dużo, więcej niż trzy ruble... Dała mi ją mama i kazała przez całe życie nosić... Ale macie ją, byleście nic złego nie robili Magdzie!...

Dziewczynka, trzymająca taką świętość w ręku, wzrosła w oczach chłopa do znaczenia księdza trzymającego Hostją. Zdjął czapkę i bardzo wzruszony przemówił:

— Que me voulez-vous ? demanda-t-il brièvement.

— Métayer, est-ce vrai que vous allez battre Magda ?

Le paysan s'éloigna de quelques pas.

— Écoutez-moi, je vous en prie... Elle est si petite... Comment aurait-elle pu retenir un si grand cheval ?...

Un étonnement profond se peignait sur le visage du paysan. Les yeux, la voix et chaque mouvement d'Anielka exprimaient une telle force de persuasion qu'il se sentit tout petit devant elle.

— Ne la battez pas ! suppliait Anielka, les mains jointes. Vous êtes si fort et elle est si faible !... Si vous la serriez trop violemment, vous pourriez l'étouffer...

— Anielka ! Anielka ! appela du jardin la voix grêle de Mlle Valentine.

Anielka se tut un instant. Elle jeta un regard désespéré autour d'elle et puis, comme tout heureuse d'une inspiration subite, elle tira d'un mouvement rapide un petit médaillon suspendu à son cou.

— Voyez-vous, Gaïda, ce médaillon... Cette Notre Dame est en or et a été bénie à Rome... C'est maman qui me l'a donnée... Elle coûte très cher, beaucoup plus que vos trois roubles... Maman me l'a donnée en me recommandant de la porter toute ma vie !... Mais prenez-la, si vous consentez à ne pas faire de mal à Magda !

La fillette, tenant en main une chose si sainte, prit aux yeux du paysan l'importance d'un prêtre élevant l'hostie. Il se découvrit et balbutia d'une voix émue :

— Schowaj se panienka ten obrazik przenajświętszy. Ja tam nie Żyd, żebym takiemi rzeczami handlował.

— Anielko! Anielko!... — wołała panna Walentyna.

— A będziecie bili Magdę?...

— Nie.

— Z pewnością nie?...

— Niech mnie Bóg broni!... — rzekł, uderzając się w piersi.

— Anielko! Anielko!...

— No, to bądźcie zdrowi!... Dziękuję wam!...

I, cofając się do płotu, przesłała mu pocałunek ręką.

Chłop stał, patrzył za nią i słuchał ostatniego szelestu. Potem przeżegnał się i zaczął pacierz mówić. Chwila ta cofnęła go we wspomnieniach aż do pierwszej spowiedzi. Serce mu prędko biło. Gdyby widział cud, nie byłby więcej zmieszany.

Potem zaczął iść wolno ze spuszczoną głową i zniknął na zakręcie, trzymając wciąż czapkę w ręku. Dusza ludu jest jak ogień pod granitem.

— Que Mademoiselle garde cette image sainte ; je ne suis pas un Juif pour faire commerce de tels objets !

— Anielka ! Anielka ! appelait toujours Mlle Valentine.

— Mais vous ne battrez pas Magda ?

— Non, je ne la battrai pas !

— Vraiment non ?

— Que Dieu m'en préserve ! dit-il en se frappant la poitrine.

— Anielka ! Anielka !...

La fillette courut vers la palissade.

Le paysan resta à la regarder, jusqu'à ce que le dernier bruissement de sa robe se fût tu, puis il fit le signe de la croix et murmura une prière. Le cœur lui battait à se rompre ; il n'aurait guère été plus troublé si quelque miracle s'était opéré à ses yeux.

Enfin il se remit en marche lentement, la tête penchée, et disparut au tournant de la route, tenant toujours sa casquette en main.

Rozdział 8

Dwie ucieczki

Jak wiadomo, serce panny Walentyny, choć nieco wyschnięte, nie było zupełnie martwe. Zawsze pielęgnowała ona ideał poważnie myślącego człowieka, który kiedyś miał cieplejszem uczuciem wynagrodzić dotychczasowe gorycze w jej życiu.

Piękne te jednak, choć wątłe objawy uczuć zasypane nieomal były mnóstwem zasad a raczej formuł, dotyczących posłuszeństwa, przyzwoitości, gramatyki, jeografji, pogardy dla arystokracji, pełnienia obowiązków i innych tym podobnych rzeczy. Wypadki jednak, któreby potrafiły dość głęboko wkopać się w stos umysłowego nawozu, mogły przynajmniej na chwilę wywołać rewolucją w psychicznej istocie panny Walentyny. Właściwie mówiąc, nie byłby to przewrót, głębsza zmiana charakteru, ale pewien rodzaj maceracji, uprzyjemniającej życie.

Wypadki takie nadeszły. Pierwszym było lato, które rozmarza, rozleniwia i czyni skłonnemi do platonicznej miłości osoby pracujące umysłowo. Drugim był powrót dziedzica,

Chapitre 8

Deux évasions

Comme on le sait, le cœur de Mlle Valentine, quoiqu'un peu desséché, n'était pas complètement mort. Elle caressait toujours le rêve d'un homme sérieux venant enfin la dédommager, par une chaude affection, des amertumes de sa vie.

Mais ce beau sentiment était presque étouffé par quantité de principes, ou plutôt de formules, sur l'obéissance, les bienséances, la politesse, la grammaire, la géographie, le devoir à remplir, et autres choses semblables. Seuls, des incidents qui seraient parvenus à pénétrer très profondément sous cet amas de connaissances intellectuelles auraient pu amener, momentanément au moins, une révolution dans la nature psychique de Mlle Valentine.

Or, de tels incidents venaient de se présenter. Le premier, c'était l'été, l'été qui alanguit, porte à la rêverie, et rend susceptibles d'amour même les personnes travaillant du cerveau. Le second était le retour du châtelain,

który, będąc mężczyzną pięknym i sławnym bałamutem, przedstawiał się pannie Walentynie jako demon, czyhający na jej niewinność. Ostatnią okoliczność, podniecającą najsilniej, stanowiła rozmowa ciotki Anny o panu Saturninie. Nauczycielka znała go oddawna, lecz między tłumem mężczyzn niedość zwracała na niego uwagę. Obecnie jednak w osamotnieniu i rozdrażnieniu wydał się on jej wcielonym ideałem.

Dzięki zbiegowi przyczyn, jak: obawa uwodziciela, miłość oddalonego mężczyzny i — lato, serce panny Walentyny poczęło fermentować.

Od kilku dni nużyło ją czytanie i ciężyły obowiązki. Wolała karmić ptaki lub bez celu błądzić oczyma po ogrodzie, aniżeli wypowiadać Anielce nauki z zakresu obyczajności i filozofji. Niemałą też podnietę stanowiła kwestja: co z nią będzie za parę tygodni? przeczuwała bowiem, że interesa majątkowe dziedzica znajdują się w przededniu katastrofy. Chciała gdzieś wyjechać, uciec przed czemś, czy też zbliżyć się do czegoś. W każdym razie doświadczyć rzeczy niezwykłych.

W mikroskopijnym chaosie wyblakłych marzeń i ślamazarnych popędów, skromny, powiatowy urzędnik, pan Saturnin, stał się punktem środkowym. Panna Walentyna była mu wdzięczna za to, że o niej pamiętał, żałowała go — bo podobno cierpiał, poważała za wierność i gotowa była posunąć się do pokochania go — za to, że był mężczyzną, naturalnie — takim, który lubił czytać. Gotując się do przyszłych ofiar, poczęła częściej spoglądać w lustro i ozdobiła szyję czarną aksamitką. Przyzwyczajała się też do lekkości,

qui, en sa qualité de bel homme et de célèbre séducteur, revêtait aux yeux de Mlle Valentine les formes d'un démon voulant attenter à son innocence. Le dernier enfin, et de beaucoup le plus excitant, était la conversation avec la cousine Anna à propos de M. Saturnin.

Grâce à la solitude qui l'entourait, et à son exaltation poétique, M. Saturnin semblait enfin à Mlle Valentine l'idéal rêvé. Et le cœur de l'austère vierge se mit à fermenter.

Depuis quelques jours la lecture l'ennuyait ; ses devoirs d'institutrice lui pesaient. Elle préférait jeter des graines aux oiseaux, ou laisser ses regards errer sur les arbres du jardin. Et puis une grave question se posait à son esprit : Que deviendrait-elle dans une quinzaine de jours ? Car elle pressentait que les affaires pécuniaires du maître étaient à la veille d'une catastrophe. Elle eût voulu partir, fuir quelqu'un, se rapprocher de quelque chose, ou éprouver du moins des émotions inconnues.

Et M. Saturnin, le modeste employé de district, devint l'objet de ses rêves, le but de ses aspirations. Elle lui était reconnaissante de s'être souvenu d'elle, elle le plaignait, car il paraissait souffrir, elle l'estimait pour sa fidélité et était même prête à lui donner son amour. Elle se regarda plus souvent dans son miroir, et se noua même au cou un étroit ruban de velours noir. Elle s'habitua aussi à la frivolité,

tak słodkiej dla mężczyzny i śpiewała, a nawet, idąc ścieżyną ogrodową, próbowała biegać za motylkiem i trzepotać rączkami nad kwiatkiem, rozumie się wówczas, gdy nikt na nią nie patrzył.

Z natury wcale odważna, usiłowała lękać się — przedewszystkiem szkaradnego uwodziciela pana Jana. Pragnęła otoczyć serce swoje moralną palisadą, a nawet w armaty uzbroić, zostawiając między fortyfikacyjnemi przyborami jedne tylko drzwiczki, przez które miał wejść — czuły, wierny i lubiący książki Saturnin.

Pod wpływem tych marzeń panna Walentyna dokazywała dziwnych rzeczy. Czasami nie przychodziła na obiad. Innego dnia, przy kolacji, uparcie kryła wdzięki swoje za dużym, mosiężnym samowarem. Niekiedy przez całą noc paliła w swym pokoju światło, albo poważnie zastanawiała się nad tem, czy nie należy wołać o pomoc?... Wszystko robiła w dobrej wierze, sądząc, że chłód i milczenie dziedzica pokrywają jakieś niecne względem niej zamiary, i usiłując zapomocą swej anemicznej wyobraźni przewidzieć możliwe skutki napaści.

W napaść wierzyła tak silnie, jak ubogi szewc wierzy w główną wygranę, sfantawawszy się na kupno loteryjnego biletu.

— Bo i dlaczegóż nie miało być napaści? — pytała.

Pan Jan tymczasem, zrozumiawszy, że majątek wyślizguje mu się z ręki, postanowił bądźcobądź zatrzymać pannę Walentynę przy Anielce. Trzeba tylko wytłomaczyć jej, że pensją za upłyniony kwartał odbierze, że na przyszłość odbierać ją będzie regularnie,

si chère aux hommes, chanta le long des allées du parc, courut après les papillons, naturellement quand personne ne pouvait la voir.

Mais, par-dessus tout, elle s'entraîna à redouter ce vilain séducteur, M. Jean. Elle eût voulu entourer son cœur d'une palissade morale, elle eût voulu le cuirasser, le fortifier, et ne laisser dans les fortifications qu'une petite porte, par laquelle pourrait entrer le tendre, le fidèle Saturnin.

Sous l'influence de telles rêveries, Mlle Valentine se conduisait étrangement. Un jour elle refusait de descendre à dîner ; un autre jour, pendant le souper, elle dérobait obstinément ses charmes derrière un grand samovar de cuivre. Parfois sa chambre était éclairée toute la nuit, parfois elle se demandait anxieusement si elle ne devait pas appeler au secours !... Et elle était de bonne foi en agissant ainsi : car elle supposait que l'indifférence de M. Jean déguisait quelque projet déshonnête, et elle essayait, à l'aide de son anémique imagination, de prévoir les suites possibles de chaque attaque.

Elle croyait aussi fermement à l'attaque qu'un pauvre savetier, qui a tout mis en gage pour se procurer un billet de loterie, croit à sa chance de gagner le gros lot.

— Et pourquoi ces attaques n'auraient-elles pas lieu ? se demandait-elle.

Mais pendant ce temps M. Jean, comprenant enfin que la fortune lui glissait des mains, s'était juré de garder à Anielka son institutrice, n'importe à quel prix. Il suffirait sans doute d'expliquer à Mlle Valentine que, désormais, elle serait payée très régulièrement,

i prosić, aby, bez względu na wszelkie zmiany położenia, a nawet chwilowe przykrości, nie opuszczała Anielki.

W chwili, gdy Anielka wybiegła za ogród do Gajdy, panna Walentyna umyśliła zadać jej jakąś nową lekcją i poszła jej szukać. Okrążyła sadzawkę, zajrzała pod kasztan i wkońcu zaczęła wołać:

— Anielko! Anielko!

Anielka nie znalazła się, lecz natomiast zdumionemu oku guwernantki ukazał się pan Jan. Szedł on ku niej krokiem pełnym wdzięku, ozdobiwszy usta uśmiechem łagodnym i smutnym, który zwykle poprzedza wiadomość o niezwróceniu pożyczki dawnej, lub prośbę o nową.

Ale panna Walentyna inaczej to zrozumiała i przelękła się naprawdę. Obejrzała się. Byli sami, w części ogrodu dzikiej, gęstwiną zarosłej, tuż nad brzegiem sadzawki.

Zaczęła się trząść. Na twarzy wyraźniej niż kiedykolwiek zarysowały się wydatne kości policzkowe. Była zdecydowana umrzeć, gdyby się na nią rzucił, nie wiedziała jednak: co pocznie, gdyby jej do nóg upadł?

— Panno Walentyno — zaczął melodyjnym głosem pan Jan — od kilku dni szukam sposobności pomówienia z panią...

— Wiem o tem!... — odparła mocno i chrapliwie, druzgocząc go wzrokiem.

— Wie pani? — spytał, przyczem rzucił na nią spojrzenie, od którego krew krzepła i — postąpił krok naprzód.

et de la prier de ne pas abandonner la fillette quoi qu'il survienne, et même quoi qu'il faille supporter.

Au moment où Anielka courait après Gaïda, Mlle Valentine se mit à la recherche de la fillette. Elle fit le tour de l'étang, regarda sous le châtaignier, et enfin appela :

— Anielka !... Anielka !...

Anielka ne vint pas à l'appel ; mais M. Jean apparut aux regards étonnés de l'institutrice. Il s'avançait vers elle de son pas souple, ayant sur les lèvres un sourire triste et doux, signe précurseur d'un nouvel emprunt ou d'une demande de délai pour rembourser l'argent emprunté.

Mlle Valentine lui donna une autre signification, et eut vraiment peur. Elle regarda autour d'elle. Ils étaient seuls dans la partie la plus inculte du jardin, entourés de taillis épais, au bord d'un étang.

Elle se mit à trembler ; ses pommettes semblèrent vouloir percer la peau jaunie. Elle était résolue à mourir s'il se jetait sur elle, mais elle se demandait ce qu'elle ferait s'il tombait à ses pieds.

— Mlle Valentine, commença M. Jean de sa voix mélodieuse, depuis quelque jours je cherche un moment favorable pour vous entretenir.

— Je le sais, répliqua-t-elle d'une voix forte et enrouée, en l'écrasant du regard.

— Vous le savez ? et il lui lança un regard qui glaça son sang dans ses veines ; puis il fit un pas en avant.

— Nie zbliżaj się pan!... zabraniam panu!...

— Dlaczego?... — rzekł przeciągle.

— Nie zbliżaj się, gdyż jestem zdecydowana na wszystko!...

I spojrzała w błotnistą sadzawkę, do której z wielkim hałasem wskakiwały spłoszone żaby.

— Co się z panią dzieje, panno Walentyno?... Ja pani nie rozumiem... — spytał bardzo zdziwiony.

Panna Walentyna przeczuła w pytaniu tem swój triumf, który wydał jej się zbyt prędkim i mało kosztownym. Krew zaszumiała jej w głowie, była natchnioną i poczęła mówić, jakby przypuszczając, że słucha ją ukryty za wierzbą Saturnin.

— Pan śmiesz pytać: co mi jest?... Pan nie rozumiesz?... Nie rozumiesz tego, co dla kobiety uczciwej znaczy jej honor? Nie rozumiesz mnie po tylu dowodach wstrętu, jaki okazywałam panu?...

— Ależ pani... zastanów się...

— Zastanawiałam się! — przerwała mu z wybuchem. — Pan sądzisz, że spełnienie obowiązku nawet dla takich dusz, jak moja, przychodzi bez walki?... O, mylisz się!... mówię to panu tem śmielej, że walka zahartowała moje siły. Rozum i poczucie powinności stłumiły głos krwi i nerwów, tak, jak w panu...

— Panno Walentyno, pani się mylisz!...

— Co do pańskich zamiarów?... O, nie...

— Ależ ja chcę...

— Ne m'approchez pas, je vous le défends !...

— Pourquoi ? demanda-t-il.

— Ne m'approchez pas, car je suis résolue à tout...

Et elle tourna ses regards vers l'étang fangeux où se réfugiaient, en coassant, les grenouilles effrayées.

— Qu'avez-vous, Mademoiselle ? Je ne vous comprends pas... fit-il étonné.

Mlle Valentine sentit que cette question était un triomphe, un triomphe trop rapide à la vérité et surtout trop facile. Le sang lui battit aux tempes ; puis comme mue par une inspiration, et supposant que M. Saturnin l'écoutait, caché derrière un saule, elle dit :

— Vous osez me demander ce que j'ai ?... Vous ne me comprenez pas ?... Vous ne me comprenez pas après tant de preuves d'aversion de ma part ?

— Mais, Mademoiselle, réfléchissez un peu...

— J'ai réfléchi, interrompit-elle. Vous supposez que les personnes telles que moi accomplissent leurs devoirs sans avoir à lutter ?... Vous vous trompez... et je vous le dis d'autant plus ouvertement que maintenant je suis aguerrie à la lutte... La raison et le sentiment du devoir ont éteint en moi la voix des sens, tandis qu'en vous...

— Mademoiselle ! mais vous vous méprenez...

— Sur vos intentions ?... Certes non... !

— Mais je veux...

— Nic mnie nie obchodzą pańskie chęci! Jestem kobietą wolną, która ceni swój...

— Pozwólże mi pani przyjść do słowa... Błagam panią...

— Znam i ten podstęp! Używacie go zawsze tam, gdzie was mija łatwe zwycięstwo...

— Co pani myślisz, u licha?...

— Myślę, że przyszedłeś pan do mnie z niegodziwemi propozycjami, które wygnały stąd biedną Zofją...

— Ależ, moja pani! — przerwał już zniecierpliwiony — Zofja, której los tak cię wzburzył, była przedewszystkiem młodszą...

— Cha! cha! — zaśmiała się tragicznie. — W oczach ludzi pańskiej sfery guwernantka mało co więcej znaczy niż młodsza. Wy na wszystkie patrzycie...

Pan Jan zakipiał z gniewu.

— Za pozwoleniem! — rzekł. — Mówię, że Zofja była młodszą, to jest młodą i — ładną, z panią zaś nie miałem bynajmniej zamiaru konferować ani o młodości, ani o piękności, lecz — o mojej córce.

Panna Walentyna chwyciła się obu rękoma za głowę i zachwiała, jak pijana. Po chwili, rzuciwszy na dziedzica spojrzenie ranionej jaszczurki, syknęła:

— Proszę o konie!... Wyjeżdżam natychmiast z tego domu...

— A jedźże sobie pani na koniec świata!... — krzyknął pan Jan, którego jedną z ostatnich nadziei obalono w tak szczególnie śmieszny sposób.

— Peu m'importe ce que vous pouvez vouloir ! Je suis une femme indépendante qui estime son...

— Laissez-moi parler, enfin, je vous en supplie !

— Je connais aussi ce moyen... Vous l'employez habituellement quand la victoire est difficile !

— Que pensez-vous donc... que diantre ?

— Je pense que vous êtes venu me faire les mêmes propositions déshonnêtes qui ont chassé d'ici la pauvre Sophie...

— Mais, ma chère demoiselle, interrompit-il, irrité, la Sophie dont le sort paraît vous indigner était toute jeune... et jolie...

— Oh ! la beauté vous importe peu...

M. Jean se fâcha sérieusement.

— Pardon, fit-il, je vous ai dit que Mlle Sophie était jeune et belle, mais je n'avais nullement l'intention d'avoir une conférence avec vous sur la beauté ou la jeunesse, je voulais seulement vous parler de ma fille...

Mlle Valentine se prit la tête dans ses deux mains, puis, jetant un regard de lézard blessé sur le châtelain, elle déclara :

— Je vous prie de faire atteler... Je quitte immédiatement cette maison !

— Hé, allez-vous-en à l'autre bout du monde ! cria M. Jean, dont la dernière espérance venait de s'évanouir d'une manière si grotesque.

Panna Walentyna biegła przez ogród tak szybko, że o jeden z krzaków rozdarła sobie falbankę u sukni. Wpadła do swego pokoju na górę i oparłszy twarz na rękach, zaniosła się od płaczu. Umyła sobie twarz, przyczesała włosy, skropiła się wodą kolońską i całą siłą woli powściągając dreszcze wewnętrzne, poszła do pani Janowej.

Chora dama, spokojniejsza dziś niż zwykle, czytała jakiś romans. Obok niej siedział na wysokim stołku Józio, bawiąc się pudełkiem od pigułek.

Panna Walentyna oparła się ręką o stół i spuściwszy oczy, rzekła.

— Przyszłam panią pożegnać... Dziś, natychmiast, opuszczam dom państwa.

Chora otworzyła usta, patrząc na nią ze zdumieniem. Potem włożyła w książkę zakładkę, a nareszcie zdjęła z rąk jedną z rękawiczek, w których miała zwyczaj siedzieć.

— *Que dites-vous, mademoiselle?* — spytała pani głosem zmienionym.

— Dziś wyjeżdżam od państwa...

— Co to jest?... co się stało?... Pani mnie przeraża... Czy odebrała pani wiadomość o chorobie, albo śmierci czyjej?... Może pani kto ze służących uchybił?...

W tej chwili weszła Anielka.

— Angelique! *as-tu offensé mademoiselle Valentine?* — spytała ją matka.

Mlle Valentine traversa le jardin en courant et déchira même le volant de sa robe à un des buissons. Elle se précipita dans sa chambre, elle se baigna le visage dans de l'eau froide, se coiffa, arrosa ses vêtements d'eau de Cologne et, dominant de toute sa maîtrise d'elle-même la fièvre intérieure qui la brûlait, elle descendit chez Mme Jean.

La malade, plus calme ce jour-là que de coutume, lisait un roman ; Joseph était assis sur une haute chaise près d'elle et jouait avec une boîte de pilules.

Mlle Valentine posa la main sur la table et, les yeux baissés, elle annonça :

— Je suis venue prendre congé de vous, Madame... Je quitte votre maison aujourd'hui même... à l'instant.

La malade resta bouche bée, les yeux écarquillés d'étonnement. Puis elle plaça un signet dans son livre et ôta un des gants qu'elle portait toujours.

— *Que dites-vous, Mademoiselle !* demanda-t-elle d'une voix toute changée.

— Je vous quitte aujourd'hui même.

— Qu'y a-t-il ? qu'est-il arrivé ?... Vous m'étonnez... Avez-vous reçu la nouvelle de la maladie ou de la mort de quelqu'un ?... Peut-être un de nos domestiques a-t-il été grossier ?...

Anielka entra en cet instant.

— Anielka, *as-tu offensé Mlle Valentine ?* questionna la mère.

— Ja, proszę mamy, zaraz przyszłam, jak tylko zawołała mnie pani... — odparła zakłopotana Anielka.

— O niegrzeczne dziecko! — wybuchnęła matka. — *Demande pardon à mademoiselle Valentine.*

— Ona nic nie winna! — odezwała się nauczycielka. — Kto inny wypędził mnie z domu...

— Mój mąż?... Jaś?...

— Pani! — zawołała Walentyna z uniesieniem — nie pytaj mnie o nic, błagam cię!... Ostatnią łaskę, jaką mi wyświadczyć możesz, jest ta, abyś kazała jak najprędzej po mnie zajechać. Żegnam panią...

I wyszła, a za nią Anielka.

— Jakto, więc pani chce odjechać? — spytała zdziwiona Anielka, zabiegając jej drogę.

Panna Walentyna stanęła.

— Moje biedne dziecko — rzekła po namyśle — czuję, że nie wypełniałam względem ciebie wszystkich obowiązków, ale... nie z własnej winy!... Jestem niespokojna o twoją przyszłość... Zresztą — chcę ci zostawić pamiątkę po sobie. Na odjezdnem dam ci małą książeczkę, w której wynotowałam najgłówniejsze zasady życia... Przyrzeknij mi, że jej nie pokażesz nikomu...

— Przyrzekam...

— Jak matkę twoją kochasz, jak pragniesz jej zdrowia?...

— Tak.

— Więc pójdź za mną.

— Moi, maman ?... Je suis venue aussitôt que j'ai entendu la voix de Mademoiselle ! répondit Anielka, embarrassée.

— Petite impolie !... s'écria la mère, *demande pardon à Mlle Valentine !*

— Elle n'est pas coupable, prononça l'institutrice. C'est une autre personne qui me chasse de votre maison.

— Mon mari ?... Jean ?...

— Madame, s'écria Mlle Valentine d'un ton pathétique, ne me demandez rien, je vous en supplie !... La dernière grâce que vous pouvez me faire est de faire atteler immédiatement. Adieu, Madame...

Et elle sortit, suivie d'Anielka.

— Comment ? vous voulez partir ? demanda Anielka, étonnée, en lui barrant le chemin.

Mlle Valentine s'arrêta.

— Ma pauvre enfant, dit-elle, après une minute de réflexion, je sens que je ne remplis pas le devoir qui m'incombait ; — mais... ce n'est pas ma faute ! Je suis très inquiète pour ton avenir... Au reste, je veux te laisser un souvenir... En partant, je te donnerai un petit livre où j'ai noté les plus importants principes par lesquels nous devons nous guider dans la vie. Jure-moi que tu ne le montreras à personne !

— Je vous le jure !

— Sur la santé de ta mère, sur ton affection pour elle ?

— Oui.

— Suis-moi donc !

Poszły na górę. Tam panna Walentyna wydobyła ze swej tualetki ponsowy, dość brudny kajecik i oddała go Anielce.

— Ucz się... czytaj to... pamiętaj o moich ptaszkach, które tu przychodzą do okna, a nadewszystko... ucz się...

Tak mówiąc, całowała jej usta i czoło.

— Niekiedy robiłaś mi przykrości, ale mniejsze, niż inne dzieci, o! bez porównania mniejsze... Lubiłam cię, choć wychowanie twoje jest bardzo zaniedbane... No — bądź zdrowa i idź już sobie!... Książeczki mojej nie czytaj po zabawie, gdy będziesz wesoła, ale tylko wówczas, gdy cię smutek przytłoczy... I ucz się!...

Anielka wyszła, przyciskając do piersi książeczkę jak talizman. Każde słowo wyjeżdżającej nauczycielki miało dla niej znaczenie religijnego przepisu. Nie łkała, nie szlochała, tylko z oczu płynęły jej ciche łzy. Serce jej ścisnęły żelazne kleszcze smutku.

Chcąc schować książeczkę w najbezpieczniejszem miejscu, wydobyła ze stolika przy łóżku białe tekturowe pudełko, w którem leżał już srebrny galon z trumny babki, piórko kanarka, którego kot zjadł, i kilka zeschłych liści, niewiadomo skąd wziętych. Tam postanowiła schronić pamiątkę po pannie Walentynie.

Machinalnie podniosła okładkę obdartego kajecika i zaraz na stronie odwrotnej znalazła zapisane ołówkiem, już wyblakłe następne słowa:

Elles montèrent au premier étage. Mlle Valentine entra dans sa chambre, prit dans la toilette un petit cahier rouge et le présenta à Anielka.

— Étudie... lis ce livre... n'oublie pas mes oiseaux, ceux qui tiennent à cette fenêtre, et surtout... étudie !...

Elle l'embrassa au front et sur les joues.

— Tu m'as fait parfois de la peine, mais moins que d'autres enfants, en somme ; oui, infiniment moins... Je me suis attachée à toi, quoique ton éducation soit très négligée... Maintenant, au revoir... porte-toi bien... Va... ne lis jamais ce livre après avoir joué et quand tu seras gaie, mais quand la tristesse pèsera sur toi. Et surtout... étudie !...

Anielka sortit, serrant le livre-talisman sur sa poitrine. Chacune des paroles de son institutrice avait à ses yeux l'importance d'une chose sacrée. Elle ne sanglotait pas, mais de grosses larmes silencieuses roulaient sur ses joues, et son cœur était serré de tristesse.

Voulant garder le livre en lieu sûr, elle tira d'une table placée près de son lit une boîte de carton où se trouvaient déjà un bout de galon arraché au cercueil de sa grand'mère, une plume d'un serin étranglé jadis par un chat, et quelques feuilles sèches prises elle ne savait plus où. C'était dans cette boîte qu'elle avait résolu de serrer le cadeau de Mlle Valentine.

Elle tourna machinalement un des feuillets du cahier déchiré, et lut les mots suivants, écrits au crayon et quelque peu effacés déjà :

„Zawsze myśl pierwej o spełnieniu obowiązków, a później o własnych wygodach."

Nieco zaś niżej:

„We środę dałam do prania:
Koszul dziennych 4,
„ nocnych 2,
....
I tak dalej."

W godzinę później panny Walentyny już w domu nie było. Wyjechała ze wszystkiemi rzeczami i kwitem na rubli pięćdziesiąt, które jej pan Jan miał wypłacić w ciągu tygodnia.

Matka Anielki rozchorowała się i leżała w łóżku. Ojciec nie jadł obiadu i kazał Jędrzejowi do powozika założyć konie.

Około czwartej wszedł do pokoju matki i zawiadomił ją, że musi koniecznie wyjechać do miasta.

— Miejże litość, Jasiu — rzekła pani słabym głosem. — Jakże można odjeżdżać nas w takiej chwili?... W całym domu nie będę miała ust do kogo otworzyć... Służba jest jakaś dziwna, i chciałam cię właśnie prosić, abyś innych ludzi przyjął od świętego Jana.

— Zrobi się to — odparł mąż, patrząc w ziemię.

— No dobrze, ale tymczasem zostawiasz mnie samą. Trzebaby ugodzić jaką pannę służącą, osobę starszą i uczciwą... O guwernantce dla Anielki nie wspominam nawet, gdyż zapewne przywieziesz ją...

« Pense toujours d'abord au devoir à accomplir, et ensuite à tes aises ! »

Un peu plus bas :

« Mercredi j'ai donné à la blanchisseuse :
Chemises de jour : 4.
id. de nuits : 2.
Et ainsi de suite. »

Une heure plus tard, Mlle Valentine avait quitté la maison. Elle emportait, outre ses effets, un billet à ordre de cinquante roubles que M. Jean devait lui payer dans le courant de la semaine.

La mère d'Anielka dut se mettre au lit ; le père refusa de dîner et donna l'ordre d'atteler.

Vers quatre heures, il entra chez sa femme et lui annonça qu'il devait aller en ville immédiatement.

— Aie un peu de pitié, Jean !... Comment peux-tu nous quitter en un tel moment ?... Je n'aurai pas même à qui dire une parole... Nos gens ont un air singulier, et je voulais justement te prier de les congédier à la SaintJean.

— Cela peut se faire, répondit le père, en fixant le tapis.

— C'est très bien ; mais, en attendant, tu me quittes ! Il me faudrait une femme de chambre, honnête, d'un certain âge... Je ne parle point d'une institutrice pour Anielka, tu t'en procureras une, sans doute...

— Dobrze! dobrze! — mówił pan, kręcąc się niespokojnie.

— *Malheureuse que je suis!*... Nie pojmuję, jakie interesa tak często wyganiają cię z domu, i jeszcze w tej chwili?... Już mi łez nie staje... Przywieźże mi dla Józia pudełko pigułek, a dla mnie ekstraktu słodowego... Radabym też dowiedzieć się, czy mam liczyć co na Chałubińskiego, który, czuję to...

— Dowidzenia, Meciu! — przerwał mąż. — Przedewszystkiem muszę załatwić najpilniejsze interesa, a później — pogadamy o wyjeździe do Warszawy.

Wyszedł do swego gabinetu, zamknął drzwi na klucz i począł z biurka wydobywać różne papiery. Był tak zdenerwowany, że lękał się najmniejszego hałasu.

Mówił sobie wprawdzie, że jeszcze wróci do domu, ale inny głos, cichszy i głębiej ukryty, aniżeli sama myśl, szeptał mu, że wyjeżdża stąd na zawsze. Tłomaczył sobie, że wywołują go interesa, ale ucho wewnętrzne twierdziło, iż ucieka przed piorunem, który ściągnął na głowę rodziny. Pocieszał się, że oszczędzi żonie przykrości, nie mówiąc jej o natychmiastowej sprzedaży majątku, lecz sumienie ostrzegało, że ją zwodzi.

Szmul wiedział na pewno, cała służba domyślała się, włościanie przewidywali, że pan Jan musi pozbyć się majątku. Sama tylko żona, której dobra te były własnością, nawet nie przeczuwała katastrofy.

— Très bien, très bien, fit Monsieur.

— *Malheureuse que je suis !* Je ne comprends vraiment pas quelles affaires te retiennent hors de la maison, et dans un tel moment, encore !... Je n'ai plus de larmes... Apporte une boîte de pilules, pour Joseph, et de l'extrait de malt pour moi ! Je serai heureuse aussi de savoir enfin si je puis compter sur Chalubinski, car, je le sens...

— Au revoir, Mathilde ! interrompit le mari. Avant tout je dois arranger les affaires les plus pressées, et puis nous parlerons de Varsovie.

Il sortit, entra dans son cabinet, ferma la porte à clef derrière lui, et chercha des papiers dans un des tiroirs du bureau. Il était tellement énervé que le moindre bruit le faisait sursauter.

Il se disait bien qu'il reviendrait encore chez lui : mais une autre voix, une voix faible et cachée plus profondément que sa pensée même, lui murmurait qu'il quittait cette maison pour toujours. Il se donnait pour excuse que ses affaires l'appelaient, mais l'écho intérieur affirmait sa fuite devant l'orage qu'il avait attiré sur toute sa famille. Il essayait de se consoler par l'idée qu'il épargnerait des soucis à sa femme en ne lui parlant pas de la vente forcée de leur propriété : mais sa conscience lui soufflait qu'il était un menteur.

Samuel n'ignorait rien, sans doute ; toute la domesticité se doutait de quelque chose, les paysans prévoyaient qu'il lui faudrait enfin vendre cette propriété; et sa femme seule, sa femme, à qui ce domaine appartenait, ne soupçonnait même pas la catastrophe qui les menaçait.

Był to rezultat nieograniczonej plenipotencji, jaką dała mu w dzień ślubu. Kobiecie jej stanowiska, wieku i piękności nie wypadało zajmować się interesami, nawet znać się na nich! A cóż dopiero podejrzewać męża o to, że kiedyś strwoni wszystko...

Pan Jan, mimo wszelkich towarzyskich zalet, modnych ubiorów, elegancji, łatwości w prowadzeniu rozmowy, dowcipu, taktu i tysiąca innych przymiotów, był jak dziecko. Igrał z ogniem, nie myśląc o niebezpieczeństwie, a gdy podpalił dom — uciekał.

Uciekał nie dlatego, aby opuścić dzieci, żonę wepchnąć w rozpacz, a wszystkich zostawić bez chleba, ale — aby uniknąć przykrego dla siebie położenia. Pocieszać i uspakajać rodzinę, wytrzymywać spojrzenia służby, towarzyszyć nowonabywcy przy obejmowaniu majątku, a wszystko w roli bankruta, były to rzeczy, budzące w nim niesmak.

— Na miejscu nic im nie pomogę — myślał — a sam stracę zimną krew, której mi dziś najbardziej potrzeba. Czy nie lepiej, unikając scen, załatwić interes poza domem, obmyśleć żonie pomieszczenie i o wszystkiem zawiadomić ją listownie? Tym sposobem wiadomość zła zejdzie się z dobrą, i biedna kobieta nie będzie potrzebowała truć się pytaniem: gdzie pójdzie, gdy dwór zajmie kto inny?

Bez względu na całą praktyczność tych poglądów, pan Jan był rozdrażniony. Jednakże w całej sprawie jest jakiś fałszywy ton?... Możeby wypadało zostać przy żonie i dzieciach, gdyż samej kobiecie, i do tego chorej, trudno będzie obejść się bez rady i pomocy?... A co powie Anielka?...

C'était là le résultat des pleins pouvoirs sans limites qu'elle lui avait donnés le jour de leur mariage : car il ne convenait pas à une jeune et jolie femme de son rang et de son âge de s'occuper de ses affaires. Comment soupçonner son mari ?... Comment supposer qu'un jour viendrait où il aurait tout perdu ?

Malgré ses brillantes qualités mondaines, ses vêtements à la mode, son élégance, ses reparties faciles, son esprit, son tact, et quantité d'autres choses encore, M. Jean était un enfant. Il avait joué avec le feu sans penser au danger ; et, maintenant que la maison brûlait, il s'enfuyait.

Il s'enfuyait non pour abandonner ses enfants, réduire sa femme au désespoir, les laisser tous sans pain, mais pour fuir un moment désagréable. L'idée de consoler et de rassurer sa famille, de soutenir les regards des domestiques, d'accompagner les nouveaux propriétaires quand ils viendraient prendre possession du domaine, lui causait une répugnance insurmontable.

— Ici, je ne peux leur être d'aucune aide, pensait-il, et puis j'y perdrais le sang-froid qui m'est plus nécessaire que jamais. N'est-il donc pas préférable, pour éviter des scènes, d'arranger mes affaires loin de la maison, de chercher un asile pour ma femme, et de tout lui expliquer dans une lettre ? La nouvelle lui sera moins terrible, et la pauvre femme ne devra pas se torturer l'esprit en se demandant : « Où irons-nous quand d'autres viendront occuper le château ? »

Malgré ces résolutions, très pratiques selon lui, M. Jean était excessivement surexcité... Peut-être ferait-il mieux de rester auprès de sa femme et de ses enfants... de ses enfants !... Et que dirait Anielka ?...

Zresztą — ten własny kąt jest taki miły, taki pewny, tak przypada do smaku!... Ileż razy, przed piętnastoma laty, w gabinecie tym przepędzał całe godziny z żoną. Ta lipa za oknem była wówczas cieńsza i mniej gałęzista. Błyszczącą powierzchnią sadzawki, którą dziś krzaki zasłoniły, widać było z okna. Tam, pod kasztanem, mniej niż dziś spróchniałym, bawiła się codzień Anielka, na rękach niańki. Była mała jak lalka, ubrana w długą suknią szafirową, biały śliniaczek i czepek. Nieraz, gdy ojciec stanął w oknie, wyciągała do niego rączki...

Ach! jak tu dobrze, tu, gdzie każda piędź ziemi jest księgą wspomnień, zmartwychwstających na jej widok. I on stąd wyjeżdża na zawsze!... Odtąd miłe duchy, błąkające się po domu i po ogrodzie, staną się upiorami, straszącemi ludzi obcych.

Turkot powozika otrzeźwił pana Jana. Dziedzic schwycił walizkę z papierami i wyszedł machinalnie, nie patrząc za siebie.

Na ganku spotkał Anielkę.

— Tatko wyjeżdża?...

— Na kil... na kilkanaście godzin — rzekł, całując ją.

Siadł do powozu. Zdawało mu się, że za chwilę runie dom i pozostałych w nim zagrzebie.

— Jedź!...

— Do widzenia, tatku!

— Andrzej... jedź!...

Et puis, ce coin lui était si cher ! Combien de fois n'était-il pas resté là, dans ce cabinet, quinze ans auparavant, à causer tendrement avec sa jeune femme ? Ce tilleul, qui se dressait là, devant la fenêtre, était alors un petit arbre, très élancé et bien moins branchu... Et la surface brillante de l'étang, que dérobaient maintenant de hauts buissons,... on l'entrevoyait aussi, de cette même fenêtre... Anielka avait joué avec sa bonne sous ce châtaignier... Elle ressemblait alors à une poupée, avec sa longue robe bleue, son bavoir et son bonnet blanc... Que de fois, apercevant son père à cette fenêtre, n'avait-elle pas tendu vers lui ses petits bras caressants !...

Qu'il faisait donc bon ici ! ici où chaque objet rappelait tant et tant d'agréables souvenirs !... Et il lui fallait partir... Il devait quitter cette maison pour n'y jamais rentrer !...

Le grincement des roues d'une voiture tira M. Jean de sa torpeur. Il prit une valise bourrée de papiers, et sortit machinalement, sans se retourner.

Sa fille l'attendait sur le perron.

— Vous partez, papa ?

— Je reviendrai dans quel... quelques heures, répondit-il en l'embrassant.

Il monta en voiture. Alors il lui sembla que, dans un instant, la maison allait s'écrouler, ensevelissant ceux qu'il y laissait.

— Partons !

— Au revoir, papa !

— André, va donc !

Konie ruszyły, aż dziedzic uderzył głową o tył powozu. Dwór znikł. Już mijają budynki. Już są w alejach. Oto jego pola, chude i nieobsiane. Znowu ogród, dach dworu i okno na facjatce, w którem stoi teraz Anielka...

Już wszystko minęli. Pan Jan odetchnął.

— Mój kochany — rzekł do furmana — zdzieraj lepiej cugle, ażeby konie tak łbów nie zwieszały. Wyglądają jak fornalskie!...

Potem zapalił cygaro i — uczuł się zupełnie zadowolonym. Żona, Anielka i duchy domowe zostały tam... tam już daleko. O!... tylko nie odwracajmy głowy w ich stronę...

Przechodnie kłaniali mu się. Przed chatą, obok drogi stojącą, jakaś matka bawiła drobnego syna. Ujrzawszy powóz, posadziła dziecko na kolanie jak na koniku i przytupując, mówiła:

— Jak pan jedzie, po obiedzie, sługa za nim ze śniadaniem... Tak chłop! tak chłop!

Na widok zabawy rodzinnej pan Jan uśmiechnął się szczerze, z głębi piersi. Nad nim świeciło słońce i trzepotał się skowronek; wkoło pola dyszały życiem. Tylko tam daleko, za wzgórzem, za ogrodem, został dom bez opieki, a w oknie facjatki Anielka, wpatrująca się w ojcowski powóz, który wydawał się w tej chwili nie większym od chrabąszcza.

Les chevaux firent un mouvement si brusque que la tête du châtelain alla heurter la capote. La maison disparut. Bientôt ils eurent dépassé les bâtiments de la ferme, et se trouvèrent dans l'avenue. Voici maintenant les maigres champs, les jachères, puis de nouveau le jardin, le toit de la maison...

Enfin, ils ont tout dépassé. M. Jean respire profondément.

— Mon cher, dit-il au cocher, tiens mieux les rênes, tes chevaux baissent la tête comme des bêtes de labour !

Puis il allume un cigare et se sent entièrement satisfait. Sa femme, Anielka, les esprits de la maison sont restés là-bas... loin... bien loin déjà. Seulement... il ne faut pas tourner la tête de ce côté !

Les passants le saluaient. Devant une chaumière, située près de la route, une mère amusait son petit enfant ; en apercevant la voiture du châtelain, elle assit le petit sur ses genoux et se mit à chanter, en battant la mesure avec son pied !

À la vue de ce tableau de famille, M. Jean sourit. Le soleil brillait, une alouette gazouillait très haut ; tout autour, les champs respiraient la vie ; mais, là-bas, par delà la colline, par delà le jardin, une maison restait sans maître. D'une des fenêtres de cette maison, Anielka suivait toujours des yeux la voiture de son père, qui maintenant ne lui paraissait guère plus grosse qu'un scarabée...

Rozdział 9

Trwoga we wsi,
skutkiem czego Gajda płoszy wróble

Na drugi dzień po wyjeździe pana Jana, gospodarz Józef Grzyb wstąpił do karczmy po wódkę. Zastał Szmulową, bardziej niż kiedy zamyśloną, i Szmula, który ze złości krzyczał na dziewkę za to, że kieliszek w zeszłym tygodniu stłukli goście.

Ledwie Grzyb stanął w izbie, odezwał się do niego Szmul z ironicznym uśmiechem:

— No, cieszta się, gospodarze! będzie nowy dziedzic...

— Może i tak? — odparł Grzyb i zadumał się.

— Będziecie mieli we wsi gorzelnią, młyn...

— Nam z tego nic, ale wy, Szmulu, wygracie, bo ten młyn, któregoście tak pożądali, weźmiecie w arendę...

Żyd wybuchnął.

Chapitre 9

Alarme au village,
Gaïda effarouche les moineaux

Le lendemain du départ de M. Jean, le métayer Joseph Grzyb entra au cabaret pour y faire provision d'eau-devie. Il y trouva Mme Samuel, plus absorbée que jamais, et Samuel lui-même, grondant sa servante parce que les consommateurs avaient brisé un verre la semaine d'avant.

À peine Gryzb fut-il entré que Samuel l'interpella, un sourire ironique aux lèvres.

— Eh bien ! vous vous réjouissez, les métayers ?... vous avez un nouveau maître !

— Peut-être que oui, répondit Grzyb, qui parut réfléchir.

— Vous aurez une distillerie, un moulin...

— Cela nous importe peu. Mais vous, Samuel, vous y gagnerez, car ce moulin, que vous désirez tant, vous pourrez le prendre à ferme, n'est-ce pas ?

Le Juif ne se contint plus.

— Taki to będzie mój młyn, jaki wasz las ! — zawołał. — Aj! głupie ludzie, co wyśta sobie narobili...

— Abo co? — spytał zaniepokojony Grzyb.

— Jakto co? Pan dobra sprzedaje Niemcowi, a on zapowiedział, że mnie wygna zaraz z pachtu, a za rok z karczmy...

— No to was, a nom co do tego?...

— To do tego, że Niemiec już się dowiedział, jako wy i połowy tego nie mata prawa użytkować, z czego użytkujecie...

— Ale!

— Jakie ale?... Tu niema żadnego ale, tu są tabele... Dziedzic was rozpuścił, bo mu brakło pieniędzy na gajowych i polowych. Robiliście, co wam się ino podobało i hcieliście jeszcze po pięć mórg. A teraz — niech ja djabła zjem, jeżeli wy choć po dwa dostaniecie.

— To się zobaczy! — mruknął Grzyb. — Jak nas Szwab zacznie krzywdzić, to się nie damy.

— Kiej on was nie skrzywdzi, ino wy krzywdziliście starego dziedzica. Nowy weźmie tylko swoje, sprowadzi komisarza, naczelnika, a jak który z was złamie mu jedną gałązkę nadto — wpakuje go do kryminału. Aleśta sami tego chcieli — kończył Żyd.

— Bo to prawda?

— Oui, il en sera de mon moulin comme de votre forêt ! s'écria-t-il. Imbéciles, qu'avez-vous fait ?

— Et qu'y a-t-il donc ?... demanda Grzyb, inquiet.

— Comment ? ce qu'il y a ? Monsieur vend le château et les terres à un Prussien, et celui-ci a déclaré qu'il me chasserait immédiatement de la ferme et, l'an prochain, du cabaret.

— Ça, c'est pour vous ; mais en quoi est-ce que ça nous regarde ?

— Ça vous regarde parce que le Prussien s'est déjà informé de tout, et qu'il a découvert que vous n'aviez pas le droit de jouir de la moitié de ce dont vous jouissez !

— Mais...

— Quel *mais* ? Il n'y a pas de mais ici, il y a des règles. Monsieur vous permettait tout par ce qu'il ne pouvait payer ni garde champêtre, ni garde forestier ; et vous faisiez tout ce qui vous plaisait, et vous vouliez encore cinq arpents de terre. Et maintenant, que le diable m'emporte si vous en recevez deux !

— C'est ce que nous verrons ! répliqua Grzyb. Si le Prussien veut nous faire du tort, nous ne le permettrons pas.

— Il ne vous causera aucun tort : c'est vous, au contraire, qui en avez fait à M. Jean. Le nouveau ne prendra que ce qui lui appartient : il fera venir le commissaire, le chef du district, et si l'un de vous lui casse une branche en trop, il vous enverra devant les tribunaux. Mais c'est vous qui l'aurez voulu ! conclut le Juif.

— Est-ce que tout ça est vrai ?

— Co ma być nieprawda? Przecie w tę niedzielę wyśta najwięcej gadali, żeby się nie godzić, albo godzić się na pięć morgów, choć was mitygował Olejarz. Aj! to chłop mądry, ale wy nic a nic rozumu nie mata...

Grzybowi zrobiło się niedobrze. Miał kupić cztery flasze wódki, ale po tych wiadomościach wziął tylko trzy, a wróciwszy do domu, począł chodzić od chaty do chaty i powtarzać, oo słyszał.

Inni gospodarze martwili się, klęli lub odgrażali. Byli jednak i tacy, którzy w wieści tej widzieli intrygę Szmula, wymyśloną w celu skłonienia ich do łatwiejszej zgody z dziedzicem. Ale już nazajutrz najwytrwalsi optymiści stracili nadzieję. Od samego bowiem rana przyjechało z miasta gubernjalnego aż trzech Niemców i ci zaczęli wieś oglądać. Do dworu nie wstępowali, natomiast obeszli las, rzeczkę i pola chłopskie.

Gdy ich we wsi ujrzano, cały tłum gospodarzy, kobiet i dzieci począł za nimi chodzić. Oni nawet nie zważali na to. Takie postępowanie zatrwożyło gospodarzy.

— Oj, coś idzie na złe — mówił jeden. — Nasz dziedzic, jakeśwa mu drogę zachodzili, to się czasem złościł, a te pludrzyska chichoczą ino między sobą. Widać kpią se z nas...

— Et pourquoi ne le serait-ce pas ? N'est-ce pas toimême qui, dimanche dernier encore, as le plus parlé, qui as dit de ne pas s'arranger, ou de s'arranger pour cinq arpents ?

Grzyb éprouvait un certain malaise. Il comptait acheter quatre bouteilles d'eau-de-vie, il n'en prit que trois ; et, revenu à la maison, il alla de chaumière en chaumière, répétant ce qu'on venait de lui dire.

Quelques métayers se désolèrent, tempêtèrent, menacèrent même ; d'autres, au contraire, ne virent là qu'une intrigue de Samuel ayant pour but de les décider à être plus accommodants. Mais, le lendemain, les optimistes les plus endurcis perdirent tout espoir : car, de grand matin, trois Allemands, venus du chef-lieu du gouvernement, visitèrent la propriété. Ils n'entrèrent point au château, mais ils parcoururent la forêt, les champs des paysans, et descendirent même jusqu'à la petite rivière.

Dès qu'on les eut aperçus dans le village, des métayers, des femmes et des enfants les suivirent. Les visiteurs firent semblant de ne rien remarquer. Cette indifférence ne laissa pas d'alarmer les métayers.

— Il va nous en cuire ! dit l'un d'eux. Notre monsieur, quand on se mettait sur sa route, se fâchait au moins quelquefois, tandis que ces « porteurs de culotte » bougonnent entre eux, rien de plus. Il faut croire qu'ils se moquent de nous !...

Gdy Niemcy odjechali, nie wstępując nawet do karczmy, gromada po krótkiej naradzie postanowiła wysłać deputacją do dworu. Wybrano trzech najzacniejszych: Grzyba, który w niedzielę odradzał układy, a dziś się nawrócił, Szymona Olejarza, który od początku radził zgodę ze dworem, i Jana Samca, owego kołtuniastego, co nad nim żona przewodziła, ale który miał we wsi najwięcej gruntu.

Grzyb i Olejarz byli na miejscu, ale Samiec siedział w chałupie i kołysał dziecko, wedle rozkazu żony. Poszli więc do niego dwaj deputaci i jeszcze kilku, a za nimi sporo bab.

Olejarz opowiedział kołtuniastemu, że idą do dworu godzić się, że gromada i jego, niby Samca, także wybrała na ten cel, jako człeka statecznego. Skończywszy mowę swoją, Olejarz spytał:

— Cóż, pójdzieta, kumie?

Samiec wstał od kołyski, poszedł do komory i wyciągnął stamtąd nowiusieńką sukmanę. Ledwie ją wciągnął na jeden rękaw, a żona w krzyk:

— Co ty kaprawcze jakiś (Samca oczy wciąż bolały), będziesz się tu wybierał?... Ja ci dam podpisy! Ja ci dam zgody!... Siadaj zara i kołysz Zośkę...

Les Allemands quittèrent le village sans même entrer au cabaret. Dès qu'ils furent partis, les métayers se réunirent et, après une courte délibération, ils décidèrent d'envoyer une députation au château. On choisit donc trois des plus honorables : Grzyb, qui, le dimanche précédent encore, conseillait de ne pas céder, mais avait changé d'avis depuis ; Simon Olejarz, qui avait toujours été pour l'entente ; et Jean Samiec, le paysan que sa femme battait, mais qui était le plus riche du village.

Grzyb et Olejarz étaient présents, mais Samiec était à la maison, occupé, selon l'ordre de sa femme, à bercer leur enfant. Les deux députés et quelques métayers, suivis d'une foule de femmes, se rendirent donc chez lui.

Olejarz annonça alors au paysan qu'ils allaient au château proposer un arrangement et que les métayers réunis l'avaient choisi aussi, lui, Samiec, pour député, parce qu'on le regardait comme un homme posé. Après avoir achevé son discours, Olejarz lui demanda :

— Eh bien ! compère, venez-vous ?

Samiec se leva, alla au garde-manger, et en rapporta un vêtement tout neuf. Il avait à peine passé une manche quand sa femme accourut en criant :

— Où veux-tu aller, chassieux ?... Je t'en donnerai, moi, des arrangements... Assieds-toi, tout de suite, et berce Sophie !...

Gromada milczała, a baby ciekawie zaglądały przez okna i drzwi. I Samiec jakoś stał, nie mogąc zdecydować się ani na wciągnięcie drugiego rękawa, ani zdjęcie sukmany. I znowu go, to zprzodu, to ztyłu, aż mu kołtuny zasłoniły twarz i czerwone oczy. Chłop w milczeniu sukmanę na drugą rękę wciągnął, kołtuny odgarnął i — jak plunie w garść, jak złapie babę za łeb, jak zacznie obracać!... Chryste ratuj!... Chustka z niej poszła w kąt, kijanka na półkę, aż dwa garnki spadły na ziemię.

— Dajcież spokój, Janie! — wołały baby.

— Walcie, kumie, póki nie zacznie prosić — radzili chłopi.

Ale Samiec niczyjej rady nie słuchał, tylko wedle własnego rozumienia rzeczy, wyturbowawszy kobiecinę, kopnął ją w udo i cisnął pod żarna. Potem zapiął się, pasem opasał, włożył nowy kapelusz na głowę i rzekł bez śladu gniewu:

— Idźwa do dworu, kumowie, jeżeli taka wola wasza.

Chłopi kręcili głowami i szeptali między sobą:

— Chwat stary!...

— Jaki to u niego obrót w garści!...

— Onby jeszcze korzec pszenicy pod pachę wziął.

Ponieważ było po drodze, trzej więc deputaci wstąpili do Gajdy, który niedawno z furmanką wrócił, i znowu opowiedzieli mu rzecz całą, od początku do końca.

Les métayers se turent ; et les femmes, dont la curiosité était excitée, regardèrent par les fenêtres et par la porte. Samiec restait indécis, ne sachant s'il devait ôter son vêtement ou passer l'autre manche. Enfin, il endossa silencieusement son vêtement, écarta les cheveux qui lui couvraient le visage, cracha dans ses mains, saisit sa femme par la nuque et lui administra une volée de coups de poing. Le fichu vola dans un coin, atteignit deux pots de terre qui vinrent se briser sur le sol.

— Laissez-la, Jean, criaient les femmes.

— Rossez, rossez, jusqu'à ce qu'elle demande grâce ! encourageaient les hommes.

Mais Samiec n'écoutait rien que son instinct ; après avoir bien corrigé la pauvre femme, il lui envoya un dernier coup de pied qui la fit rouler jusque sous le moulin à bras. Puis il se boutonna, se ceignit d'une large courroie, mit un chapeau neuf, et, sans aucune trace de colère dans la voix :

— Allons au château, compères, si telle est votre volonté !

Les paysans hochèrent la tête et murmurèrent tout bas :

— C'est un gaillard, ce vieux !...

— Quelle force dans les poings !

— Il pourrait encore charger un hectolitre de blé !....

Comme la chaumière de Gaïda se trouvait sur leur chemin, les trois délégués s'y arrêtèrent ; ils y trouvèrent le paysan qui venait de rentrer, et ils lui racontèrent la nouvelle, du commencement jusqu'à la fin.

Gajda przeraził się, aż w ręce uderzył.

— O, psia wiara!... O, heretyk!... — zawołał. — Dwa dni temu zdarł ze mnie trzy ruble, tak, żem nie miał za co dziecku chleba kupić, i siedziało o zimnych kartoflach. A dziś na całą wieś takie nieszczęście sprowadza.

— Komu, jak komu — wtrącił Olejarz — ale wam, kumie, to się urwie.

Gajda sposępniał.

— Ja tam z moich koni żyję, a nie z jego szkody! — mruknął.

— Może się to na dobre obróci — rzekł Grzyb. — Poprosimy dziedziczki, żeby po swego posłała i podpiszemy układ. Jużci lepiej choćby i trzy morgi, aniżeli nic — i jeszcze prześladowanie.

— Co prawda, to prawda! — dorzucił Gajda. — Mam pięć morgów, jakby mi trzy dołożył, miałbym osiem, i jużby człowieka nie tak w szkodę ciągnęło.

— A co, nie gadałem woma w niedzielę, żeby podpisać?... Potrzebny to nam dziś strach i bałamuctwo?... Aleśta wszyscy woleli ciągnąć, aż się urwało — mówił Olejarz.

Gajda wpadł w gniew.

— Urwało się nam, urwie się i jemu, bo jak sprzeda, to nie będzie miał nic! — zawołał. — Wy, Szymonie,

Gaïda en fut tout interloqué.

— Maudite bête !... Hérétique !... s'écria-t-il. Il y a deux jours qu'il m'a encore rançonné trois roubles, les trois derniers, et comme je n'avais plus de quoi acheter du pain à mon enfant, elle a dû manger des pommes de terre froides toute la journée... Et, aujourd'hui, un tel malheur nous frappe tous, par sa faute !

— Pas tous ! repartit Olejarz. Mais vous, père, comment vous en tirerez-vous ?

Gaïda s'assombrit.

— Je vis de mes chevaux, et non de ses prés à lui, grommela-t-il.

— Peut-être sera-ce maintenant pour le mieux, reprit Grzyb, Nous prierons Madame de l'envoyer chercher, et nous signerons l'arrangement. Il vaut mieux avoir trois arpents que rien du tout et des vexations !

— Ce qui est vrai est vrai, fit Gaïda. J'ai déjà cinq arpents, et si l'on m'en ajoute encore trois, ça fera huit. Un homme qui possède huit arpents n'a pas toujours envie de marauder.

— Ne vous l'avais-je pas dit, dimanche encore, qu'il fallait signer ? Avions-nous besoin de cette peur et de cette perte de temps ?... Mais vous avez préféré attendre jusqu'à ce que ça craque ! dit Olejarz.

La colère s'empara de Gaïda.

— Si ça a craqué pour nous, ça craquera aussi pour lui : car, quand il vendra, il ne touchera rien, cria-t-il. Vous, Simon,

gadacie ino, że myśmy ciągnęli. A on to nie ciągnął?... Rozmówił on się kiedy z człowiekiem po bożemu?... Wytłomaczył nam kiedy, zapytał o co?... Nie!... Ino się rozpierał, kpinkował, a teraz, ni z tego ni z owego, poleciał do miasta i biedę nam na kark zwozi. Przeklętnik!...

Gospodarze pożegnali Gajdę i pociągnęli zwolna ku dworowi. Chłop stał w sieni, zwyczajem swoim trzymając ręce za pazuchą, i patrzył to na ogród, to na długi szereg budowli dworskich, ciągnących się z prawej strony.

— No! — mruknął — będzie nam, będzie i tobie, kiedyś taki pogan.

Niedługo potem Anielka dała znać matce, że trzej chłopi chcą się z nią rozmówić. Matka z trudnością podniosła się z fotelu i wyszła na ganek.

Przybysze ukłonili się do ziemi, ucałowali pani ręce, a Olejarz przemówił:

— Nie róbcież nam państwo takiej suplikacji, wielmożna dziedziczko, i nie sprzedawajcie Niemcowi waszego i naszego mienia. Przecie my od zgody nie dalecy i za cztery morgi na osadę podpiszemy układ...

— Co wy mówicie? — spytała zdziwiona pani.

— Jużci to, co cała wieś gada i własnemi oczami widziała. Były tu dzisiaj jakieś trzy pludry, objeżdżały pola...

— Chyba wam się śniło?...

vous dites que nous avons lanterné... Et lui, ne nous a-t-il pas lanternés ?... Nous a-t-il jamais parlé comme un chrétien à un autre chrétien ?... Nous at-il expliqué quelque chose ?... Non... Il s'est pavané, il s'est moqué de nous, et maintenant, sans rime ni raison, il s'est enfui en ville et il nous a envoyé la misère. Maudit !...

Les métayers prirent congé de Gaïda et se dirigèrent lentement vers le château. Le paysan resta dans le corridor, les bras croisés sur sa poitrine, et, regardant tantôt le jardin, tantôt la longue rangée de bâtiments de la ferme :

— Nous en aurons, mais tu en auras aussi, païen que tu es !

Bientôt après, Anielka prévint sa mère que trois métayers désiraient lui parler. La mère se leva avec peine de son fauteuil et se dirigea vers le perron.

Les villageois la saluèrent en s'inclinant jusqu'à terre et lui baisèrent la main ; puis Olejarz prit la parole :

— Ne nous faites pas d'ennuis, Monsieur et Madame, et ne vendez pas votre bien et le nôtre à un Prussien ! Nous ne sommes pas loin de nous arranger, et nous signerons si l'on nous donne quatre arpents...

— Que dites-vous ? demanda Madame, étonnée.

— Mais tout le village le dit et nous l'avons vu de nos propres yeux ! Il y a eu aujourd'hui trois porteurs de culotte qui ont parcouru les champs...

— Vous l'avez rêvé, sans doute !...

— Ale!... — mówił dalej Olejarz. — Widzieliśmy ich wszyscy, jak szwargotały...

— To może jacy przejezdni?

— Bogać tam przejezdni! Oglądały wszystko, las i rzekę, i miały ze sobą jeszcze takie patrzydła do patrzenia, co aż nas mrowie przechodziło...

Ochłonąwszy nieco ze zdziwienia, pani zamyśliła się.

— Ja nic o sprzedaży nie wiem — rzekła. — Wróci tu jednak za parę dni mąż, to z nim rozmówicie się. Szkoda jednak, żeście się tak ociągali z podpisaniem układów...

— My sami mówimy, że szkoda — odezwał się Grzyb — ale cóż, kiej z nami dziedzic nic nie gadał, nawet pary nie puścił. My, dla świętej zgody, jużbyśmy i półczwartej morgi wzięli...

— I... i... nawet trzy! — wtrącił milczący dotąd Samiec, który wstydził się swoich kołtunów i krył je za słupem.

— Zatem, wielmożna dziedziczko, wstawicie się za nami do dziedzica? — spytał Olejarz.

— Ale owszem! Jak tylko wróci, rozmówię się z nim i powiem, że już chcecie podpisać układy...

— Chcemy! chcemy! — zawołali chórem, a Samiec dodał:

— Mais non, continua Simon, nous les avons vus tous les trois, et comme ils jargonnaient...

— Ce sont des passants, peut-être !

— Quels passants ? Ils ont tout visité : les champs, les rivières, les forêts ; et ils avaient encore avec eux trois machines pour voir, si grosses que, rien qu'à les regarder, on avait la chair de poule.

Madame, un peu revenue de son étonnement, se mit à réfléchir.

— Je ne sais rien de la vente, reprit-elle, un instant après. Mon mari reviendra dans deux ou trois jours : causez avec lui alors. C'est dommage, toutefois, que vous ayez tant tardé à signer l'arrangement !

— Nous le disons nous-mêmes, que c'est dommage, répliqua Grzyb ; mais que faire, quand Monsieur ne voulait pas nous parler, n'a même jamais voulu ouvrir la bouche ? Nous aurions consenti même, pour nous arranger, à ne recevoir que trois arpents et demi...

— Et... et... même trois seulement, ajouta Samiec qui jusque là s'était tu et s'était dérobé derrière une colonne.

— Alors, Madame, vous parlerez pour nous à Monsieur ? demanda Simon.

— Volontiers. Dès qu'il sera de retour, je lui annoncerai que vous consentez à signer !

— Nous consentons, nous consentons ! s'écrièrent-ils en chœur ; et Samiec ajouta :

— Na grób to im damy ziemi, pludrzyskom, nawet darmo... Ale poco ony mają tu, między nas, włazić... ze swojem szwabskiem gospodarstwem!...

Delegaci znowu ukłonili się i ucałowali ręce pani. Po drodze powtórnie wstąpili do Gajdy, i tym razem Samiec pierwszy zabrał głos, mówiąc:

— Widzi mi się, moi ludzie, że dziedzic coś kręci, kiej nawet żonie nie powiedział nic o tem, że grunta sprzedaje. A to przecie jej wiano i, jak najstarsi ludzie mogą zapamiętać, nie jego ale onej ojcowie tu siedzieli...

— Na złe idzie! — mruknął Olejarz.

— Jużci, że tak — ciągnął Samiec. — Jeżeli on rodzonej żonie nic nie gada, tyło ze Szwabami rajcuje, to już źle. Szwabska go okpią, i choćby chciał się zrzucić ze sprzedaży, to mu nie dadzą.

— Cholera!... — zaklął Gajda.

— Ażebyśwa tak sami do niego pojechali? — spytał Grzyb.

— Nanic! — przerwał popędliwie Gajda. — Już on jak se postanowił sprzedać, to sprzeda, a nie sprzedałby ino wtedy, żeby same Niemce kupić nie chciały. Ja go znam! On mnie przecie dwanaście lat do roboty nie wołał, choć nieraz i jak było pilno!...

Odeszli zafrasowani gospodarze, a Gajda wystawał przed chatą. Potem, gdy już znikli we wsi, powlókł się ku budynkom dworskim.

— Nous leur donnerons de la terre pour leur tombe gratis, à ces hérétiques, mais qu'ils ne viennent pas se fourrer chez nous... avec leur ménage prussien !...

Les délégués s'inclinèrent de nouveau jusqu'à terre et baisèrent la main de la dame. Ils entrèrent une seconde fois chez Gaïda, et, cette fois, ce fut Samiec qui dit, le premier :

— Il me semble, mes gens, que Monsieur mijote quelque chose, puisqu'il n'a rien dit à sa femme, n'a pas même parlé de la vente. Et, cependant, c'est un douaire à elle : et aussi loin que remontent les vieux, ils ne se souviennent pas d'avoir vu sa famille, à lui, ici : toujours ç'a été celle de Madame.

— Ça a l'air de mal tourner, marmotta Olejarz.

— Sans doute que ça tournera mal, dit Samiec, car s'il ne dit rien à sa propre femme et s'entend avec des Prussiens, c'est déjà mal. Ces Allemands vont l'entortiller : et, plus tard même, s'il ne veut plus consentir à vendre, ils ne laisseront pas l'affaire ainsi.

— La peste soit !... s'exclama Gaïda.

— Mais si vous alliez le trouver ! insinua Grzyb.

— Ce serait inutile ! répliqua vivement Gaïda. S'il a décidé de vendre, il vendra ; et s'il ne vend pas, c'est que les Allemands eux-mêmes n'en voudront plus. Je le connais. Pendant douze ans, il ne m'a pas occupé une seule fois ; et, pourtant, l'ouvrage pressait quelquefois...

Les métayers se levèrent ; Gaïda les accompagna jusque devant sa chaumière. Quand ils furent rentrés dans le village, il se dirigea vers les annexes de la ferme.

Za płotem ogrodowym, naprzeciw tych budynków, na krzakach, aż szaro było od wróbli. Gajda obejrzał się, a widząc, że nikt nie patrzy, rzucił w krzaki kawał drewna.

Chmura wróbli zerwała się z wielkim szelestem, przeleciała mu nad głową i usiadła na dachach stodoły, stajni lub obory.

Chłop roześmiał się głucho. Podszedł kilkanaście kroków naprzód i znowu spłoszył ptaki. Te równie, jak pierwsze, całym rojem poleciały na budynki.

— Nie sprzedasz ty! — mruknął Gajda, wygrażając pięścią ku dworowi.

Przeszedł wzdłuż całego ogrodu, wszędzie rzucając na wróble; a ile razy widział, że lecą ku budynkom, śmiał się, wyszczerzał zęby i mruczał:

— Oj, nie sprzedasz ty, nie!...

Wróciwszy do chaty, wyszukał w komorze spory kawał hubki i położył ją na ciepłym piecu, aby przeschła.

En face de ces constructions il y avait une palissade et des buissons, couverts en ce moment d'une nuée de moineaux. Gaïda jeta un regard furtif autour de lui et, voyant qu'on ne pouvait le remarquer, il lança un morceau de bois dans les buissons.

Les oiseaux s'envolèrent avec un grand bruit d'ailes, passèrent au-dessus de la tête du paysan, et allèrent se poser sur les granges, sur les étables et sur les écuries.

Le paysan ricana, il fit encore quelques pas et effaroucha d'autres moineaux. Ceux-ci aussi s'envolèrent et allèrent rejoindre les premiers.

— Tu ne le vendras pas ! grommela Gaïda entre ses dents, menaçant le château du poing.

Il longea tout le jardin, effrayant partout les oiseaux ; et chaque fois qu'il les voyait s'envoler sur les constructions, un horrible ricanement découvrait toutes ses dents.

— Tu ne le vendras pas, non, tu ne le vendras pas !...

Revenu dans sa chaumière, il chercha dans le garde-manger un assez gros morceau d'amadou, et le mit sécher sur le poêle.

Rozdział 10
Domysły matki. Znowu wróble

Od wyjazdu ojca i guwernantki, dwór jeszcze bardziej sposępniał. Ekonom, człowiek nieżonaty, zabrał w nocy swój tłomoczek i umknął, nawet nie pożegnawszy się z nikim. Lokaj, który już dawniej podziękował za służbę, zaczął przesiadywać w szynku i pił za zastawione rzeczy. Parobcy po całych dniach nie robili nic, tylko utyskiwali nad tem, że pan nie zaspokoił ich za ostatni kwartał. Ledwie który, litościwszy, rzucił niemym bydlętom garstkę sieczki i do studni je wygnał; inaczej pozdychałyby z głodu i pragnienia.

Parę razy na dzień wchodziła do pokojów dziewucha kredensowa, zamiotła komnatę pani, przyniosła obiad, samowar, wody do mycia i tyle ją widziano. Ani Anielka, ani matka nie śmiały upominać się o lepszą usługę, czując, że ludzie niepłaceni i źle karmieni pracować nie mogą.

CHAPITRE 10

LES CONJECTURES D'UNE MÈRE. ENCORE LES MOINEAUX

Après le départ du maître et de l'institutrice, la maison parut encore plus morne. L'économe, un célibataire, avait fait sa valise et était parti, la nuit, sans même prendre congé de personne. Le valet de chambre, ayant demandé son congé depuis longtemps, passait des journées entières au cabaret et mettait des objets en gage pour avoir de quoi boire. Les domestiques de la ferme restaient oisifs du matin au soir, répétant sans cesse que « Monsieur » ne leur avait pas payé les gages des trois derniers mois. À peine s'en trouvait-il un, plus compatissant, pour jeter une poignée de foin aux bestiaux et les conduire à l'abreuvoir ; les autres les auraient volontiers laissés périr de faim et de soif.

Deux ou trois fois par jour, la fille de cuisine entrait dans les appartements, balayait la chambre de Madame, apportait le dîner, le samovar, de l'eau pour la toilette, puis elle disparaissait. Ni Anielka, ni sa mère n'osaient exiger un service plus attentif, comprenant toutes deux que des gens mal nourris et mal payés ne pouvaient pas travailler.

Anielka prawie po całych dniach pilnowała matki i Józia, nawet sypiała w ich pokoju.

Matka leżąc w łóżku, albo siedząc w fotelu, czytała najczęściej książkę, a małomówny i nieruchawy Józio bawił się tem, co znalazł na stoliku. Wówczas Anielka przypominała sobie radę guwernantki: „Ucz się!... ucz się!..." — i pilnując się dawnego rozkładu, sama zadawała sobie lekcje: „Stąd — dotąd," wyuczała się ich napamięć i wydawała przed krzesełkiem guwernantki. To historją powszechną, to jeografją, to znowu jaką gramatykę przechodziła w ten sposób. Ale nauki bez upomnień, pochwał i stopni w dzienniczku straciły dla niej znaczenie.

W czasie podobnych zajęć Anielki, nieraz w drugim pokoju rozlegał się głos dzwonka. Dziewczynka wybiegała, mówiąc:

— Jestem! słucham mamy!...

— Ja na lokaja dzwoniłam, ma chère, żeby mleka przyniósł...

— Lokaja, proszę mamy, niema...

— Ach, prawda. Podobno siedzi w karczmie!

— I mleka niema, bo krowy dziś nie dały.

Pani zalewała się łzami.

— Boże! Boże! co ten Jasieczek zrobił ze mną... Jak on miał serce wyjechać w takiej chwili... Służba rozpuszczona, w domu głód, i gdyby gospodyni z litości nie ugotowała nam obiadu, pomarlibyśmy wszyscy...

Anielka ne quittait ni sa mère, ni Joseph, un seul instant. Elle partageait même leur chambre, la nuit.

Le plus souvent, sa mère, assise dans un fauteuil ou étendue sur un canapé, lisait un roman ; Joseph, toujours taciturne et lent, jouait avec ce qu'il trouvait sur la table ; Anielka se rappelait alors les conseils de son institutrice : « Étudie, étudie »... et, s'en tenant à l'ancien programme d'études, elle s'imposait elle-même des leçons : « D'ici, jusqu'ici. » Elle les apprenait par cœur et les récitait devant la chaise de son institutrice. Elle étudiait tantôt l'histoire universelle, tantôt la géographie, tantôt la grammaire. Mais ces leçons sans remontrances, sans éloges et sans notes perdirent peu à peu de leur importance à ses yeux.

Pendant qu'elle était ainsi occupée, il arrivait parfois que sa mère sonnât. Anielka accourait aussitôt :

— Je suis ici, maman, que désirez-vous ?

— Mais j'ai sonné le domestique, ma chère, pour qu'il m'apporte une tasse de lait...

— Le domestique est sorti, maman...

— Ah ! c'est vrai, il est au cabaret !...

— Et il n'y a pas de lait, les vaches n'en ont pas donné aujourd'hui.

Madame fondait en larmes.

— Mon Dieu ! mon Dieu ! qu'est-ce que ce Jean a fait de moi ?... Et dire qu'il a eu le cœur de partir en un tel moment !... La domesticité fait ce qu'elle veut, il n'y a pas de pain à la maison, et, si la femme de charge ne nous préparait pas à dîner, nous mourrions tous de faim...

I znowu zatopiła się w czytaniu, a Anielka wracała do nauki. Ale w kwadrans później dzwonek dźwięczał, dziewczynka wbiegała do pokoju matki i musiała wysłuchać takiej samej jak poprzednio sceny z małemi odmianami.

Najmilszą jej rozrywką było karmić wróble, albo bawić się z Karaskiem.

Do okna, na facjatce, ptaki przylatywały trzy razy na dzień całą gromadą. Już daszek był im za mały, więc śmielszy ptak wpadał do izdebki, złośliwszy kąsał sąsiada, mocniejszy spychał słabszego. A co tam było pisku, świergotu!... jak prędko wydziobywały jedzenie, jak kręciły główkami, skakały, trzepotały się...

Karasia znowu uczyła Anielka służyć. Stawiała go pod ścianą z kijem pod pachą. Pies z początku wyprężał się, ale później podwijał zad pod siebie i zwolna zsuwał się po ścianie na ziemię. Co go Anielka nie naprosiła, ażeby wstał!... Gdzie tam! Podnosił do góry wszystkie cztery łapy i leżał, jak kłoda. Nieraz gniewała się, ale spojrzawszy w jego poczciwy pysk i figlarne oczy, nie mogła powstrzymać się od śmiechu.

Wkońcu Karusek począł zaniedbywać się w nauce i wybiegać na długie wędrówki. Jednego dnia wrócił ze skaleczonem uchem, z najeżoną sierścią, kulawy i bardzo piszczał. Anielka wykąpała go w sadzawce, owinęła w płachtę i położyła w szklanej altance. Pies spał całą noc jak martwy. Rano zjadł misę barszczu z zimnemi kartoflami, zakąsił herbatą ze śmietanką, potem dostał sucharek, dwie suszone śliwki i znowu na cały dzień poleciał. Anielka ze smutkiem myślała, że już i pies nie dba o nich, kiedy są w kłopocie!

Et elle s'absorbait de nouveau dans sa lecture, et Anielka retournait à ses études ; mais, un quart d'heure après, à un appel de la sonnette, elle accourait de nouveau, et assistait à une scène semblable avec de légères variantes.

Ses seules distractions étaient de donner à manger aux moineaux et de jouer avec Karo.

Les oiseaux accouraient trois fois par jour à la fenêtre de la mansarde. L'abat-vent était devenu trop étroit, et les plus hardis entraient dans la chambre. Que de piaillements ! que de cris !... que de pépiements !... comme ils attrapaient vite les miettes, comme ils se trémoussaient !

Karo apprenait à se tenir sur ses pattes de derrière. Anielka le mettait contre un mur, un bâton entre les pattes. Tout d'abord le chien s'était refusé à rester dans cette position incommode, s'était laissé glisser. Que de prières pour qu'il se tînt debout !... Mais il se couchait sur le dos, levait les quatre pattes en l'air, et restait là connue une bûche. Parfois Anielka se fâchait ; mais, en regardant ses yeux malicieux, son bon museau, elle ne pouvait s'empêcher de rire.

Quelque temps après, Karo négligea cette science et fit de grandes excursions. Un jour il revint l'oreille fendue, le poil hérissé, tout boiteux. Anielka le baigna dans l'étang, l'enveloppa dans une toile et le coucha sous la véranda. Le chien dormit comme un mort toute la nuit. Le matin, il mangea de la soupe aux betteraves, des pommes de terre froides arrosées de thé à la crème ; puis il reçut deux pruneaux, deux biscuits, et disparut de nouveau pour toute la journée. Anielka se dit, le cœur gros, que son chien aussi les négligeait, maintenant qu'ils étaient tous dans la peine.

Po wizycie owych wiejskich delegatów stał się fakt dziwny. Matka, zamiast zmartwić się tak stanowczą wiadomością o sprzedaży majątku, nabrała przeciwnie doskonałego humoru.

— Wiesz co? ojciec na wyborny wziął się sposób — mówiła do Anielki. — Ja już byłam pewna, że on nigdy nie skończy z serwitutami i nie wyjdzie z długów. Ale dziś widzę, że to człowiek dzielny i praktyczny. Cóżto za pomysły w tej głowie!...

— Co się stało, proszę mamy? — zapytała Anielka, której na myśl o sprzedaży dworu w głowie się kręciło.

— Więc ty się niczego nie domyślasz?... Prawda, jesteś zbyt młoda i nie rozumiesz interesów. Cóżto za polityk!... Jaki genjalny plan ułożył!... Wyobraź sobie, że ojciec, aby chłopów zachęcić do układów, ogłosił, widać przez Szmula, że sprzedaje majątek Niemcom. Chłopi zlękli się i dziś już godzą się na wszystko.

— Czy mamie tatko mówił o tem?

— Wcale nie. Ani on, ani Szmul, ale ja się domyślam wszystkiego. Jacy oni paradni obaj!... O, powinszuję Jasiowi szczęśliwego pomysłu.

Anielce, niewiadomo dlaczego, było przykro. Gdyby teraz przyszli chłopi, zapewniłaby ich najuroczyściej, że tatko nie sprzedaje majątku i tylko zażartował sobie z nich. W każdym razie nie śmiałaby spojrzeć im w oczy. Zwyczajnie jak dziecko, które nie zna się na robieniu interesów.

Matka tymczasem marzyła głośno:

Après la visite des délégués, un fait étrange se passa. La mère, au lieu d'être affligée par la nouvelle décisive de la vente de leur domaine, devint subitement très gaie.

— Ton père a vraiment choisi un excellent moyen, ditelle à Anielka Moi-même j'étais sûre que jamais il n'en finirait avec cette question des « servitudes », ni ne pourrait régler ses créanciers. Je vois maintenant que c'est un homme pratique, un homme d'affaires.

— Qu'est-il arrivé, maman ? dit Anielka, qui ne faisait que soupçonner la vente du château.

— Comment, tu ne devines rien ?... Il est vrai que tu es encore trop jeune et ne comprends rien aux affaires. Quel politique !... Quel plan génial il a conçu !... Figure-toi que ton père, afin de décider les paysans à l'entente, a fait répandre le bruit par Samuel qu'il vendait notre propriété à des Allemands ; les paysans se sont effrayés, et ils sont prêts à tout, maintenant.

— Est-ce que papa vous en a parlé ?

— Pas du tout. Ni lui, ni Samuel ne m'ont soufflé mot ; mais je devine tout. Comme ils sont fins tous les deux ! Je féliciterai Jean pour son heureuse idée...

Anielka, sans qu'elle pût définir pourquoi, se sentit vivement peinée. Si les paysans s'étaient présentés en ce moment même, elle leur aurait assuré solennellement que jamais son père ne vendrait leur domaine familial et qu'il s'était moqué d'eux ; mais elle n'aurait cependant pas osé les regarder dans les yeux.

La mère continuait de rêver tout haut :

— Już wiem, jaką nam ojciec zrobi niespodziankę. Odbierze dziesięć tysięcy rubli za ten las, a może i drugi sprzeda?... Przywiezie mnie pokojówkę, a tobie guwernantkę. Tamta, panna Walentyna, była może mądra, ale nieznośna. Dlaczego ona, naprzykład, wyjechała od nas?... doprawdy, że nie rozumiem!...

Matka mówiła to z uśmiechem, patrząc gdzieś daleko, zapewne w stronę Warszawy. Potem opuściła głowę na piersi i, szepcząc:

— *Mon cher Jean!*... Ja wszystko odgadłam, mnie nigdy przeczucie nie myli!... — usnęła jak dziecko.

O ile matka była zachwycona i szczęśliwa ze swych marzeń, o tyle Anielka cierpiała.

— Co będzie — myślała sobie — jeżeli ojciec, który tak zażartował z chłopów, zażartuje z mamy? Chłopi są pewni, że tatko sprzedaje majątek, a mama śmieje się z nich... Mama jest pewna, że tatko pojedzie z nią do Chałubińskiego, a tatko?...

Nieograniczona wiara w ojca była już w niej bardzo zachwiana.

— Anielciu! — rzekła, ocknąwszy się, matka — czy nie jedzie ojciec?... Zdaje mi się, że słyszałam turkot?...

— Nie.

— Je sais très bien quelle surprise ton père nous prépare. Il touchera dix mille roubles après la vente de cette forêt-ci, et peut-être même vendra-t-il l'autre aussi... Il ramènera une femme de chambre pour moi et une institutrice pour toi... L'autre, Mlle Valentine, était très instruite, peut-être, mais insupportable. Pourquoi s'en estelle allée, par exemple ?... Je n'y comprends vraiment rien...

La mère disait tout cela un sourire aux lèvres, le regard au loin, du côté de Varsovie sans doute. Enfin, elle pencha la tête et murmura :

— *Mon cher Jean !...* J'ai tout deviné... jamais encore mes pressentiments ne m'ont trompée...

Et elle s'endormit, d'un paisible sommeil d'enfant. Mais, tandis que la mère était enchantée et heureuse de ses rêves, Anielka souffrait.

— Qu'adviendra-t-il de nous, pensait-elle, si papa, qui s'est moqué des paysans, se moque aussi de maman ? Ceux-ci sont persuadés que papa vend tout et maman ne fait qu'en rire... Elle est certaine aussi que papa la mènera chez Chalubinski, et papa...

Sa confiance en son père était de plus en plus ébranlée.

— Anielka ! appela la mère en rouvrant les yeux. Estce que ton père n'est pas encore arrivé ? Il m'a semblé entendre le roulement d'une voiture...

— Non, maman.

— Gdybym wiedziała, że jest w domu krochmal i mydło, kazałabym bieliznę poprać... Nie należy ani jednego dnia zwłóczyć z wyjazdem do Warszawy, bo ja czuję się coraz słabszą... Czego ty tak na mnie patrzysz, Angélique? Szczęście wróci mi prędko siły, i jeszcze zobaczysz, jak mama twoja będzie tańczyć w karnawale... cha! cha! cha!... Ja tańczyć!...

Anielka z trudnością hamowała łzy. Matka, płacząca, znękana, skarżąca się, była dla niej osobą zwyczajną, odpowiadającą temu, co się około nich działo. Ale matka uśmiechnięta i pełna nadziei, w tych pustkach, w nędzy, wśród takich pogłosek, zrobiła na niej wrażenie straszne. Chciała biec, wołać kogoś... Żeby choć Karusek przyszedł...

Nikt nie przyjdzie.

Zwolna i cicho zsunęła się noc na ziemię. Dziewucha posłała łóżka w pokojach, zamknęła okiennice i zostawiła troje sierot na bożej łasce.

Na drugi dzień, rano, matka była jeszcze weselsza, niż wczoraj.

— Wyobraź sobie — mówiła do Anielki — śnił mi się dziś Chałubiński, jak żywy. Proszę cię, zapamiętaj wszystko, bo ja mu dzisiejszy sen opowiem, ażeby wiedział, że mnie przeczucia nigdy nie mylą. Ach! jaki to piękny człowiek. Czarna, długa broda, czarne oczy... skoro tylko spojrzał na mnie, uczułam, że mi jest lepiej. Potem zapisał mi jeden proszek, zdaje mi się, że receptę pamiętam nawet i — tem uleczył mnie doreszty. O! ja muszę do niego pojechać...

— Si j'étais sûre qu'il y eût de l'amidon et du savon à la maison, je ferais savonner un peu de linge. Il ne faudrait pas trop remettre notre départ pour Varsovie, car je me sens de plus en plus faible... Pourquoi me regardes-tu ainsi, Anielka ? Le bonheur me rendra des forces et tu me verras encore danser pour le carnaval... Moi, danser !...

Anielka avait peine à refouler ses larmes. Sa mère pleurante, abattue, se répandant en doléances, était pour elle une personne normale. Mais sa mère souriante et pleine d'espoir, dans ces appartements déserts, dans cette maison, parmi ces bruits alarmants, lui faisait une horrible impression. Elle eût voulu s'enfuir, appeler au secours... Si Karo, au moins, venait...

Mais personne ne devait venir.

La nuit abaissa lentement ses voiles sur la terre. La fille de cuisine vint préparer les chambres, puis, après avoir fermé les volets, elle s'en alla, laissant les trois malheureux abandonnés à la garde de Dieu.

Le lendemain matin, la mère était encore plus gaie que la veille.

— Figure-toi, dit-elle à Anielka, que j'ai rêvé de Chalubinski cette nuit : je l'ai vu devant moi. Souviens-toi de tout cela, je t'en prie, car je lui conterai mon rêve pour qu'il voie lui-même comme mes pressentiments ne me trompent jamais. Quel bel homme ! Il porte une longue barbe noire... il a de beaux yeux noirs, et, dès qu'il m'a regardée, je me suis sentie immédiatement mieux. Puis il m'a prescrit des poudres, il me semble même me souvenir de son ordonnance, — et il m'a complètement guérie avec ces seuls remèdes. Oui, je dois absolument, mais absolument, aller le consulter !

— I ja — wtrącił Józio monotonnym głosem — bo ja jestem osłabiony...

— *Naturellement, mon fils!*... Anielciu, wyjrzyj, czy ojciec nie wraca. Nie uspokoję się aż do jego przyjazdu.

Anielka, wziąwszy ze sobą kilka kawałków chleba, pobiegła na facjatkę.

Spojrzała — na gościńcu nie było nikogo.

Natomiast zleciały się wróble pod okno, ze zwykłym hałasem. Było między niemi parę młodych, które dopiero próbowały skrzydeł, i jeden starszy, bez ogona.

— Pewnie mu kot ogon urwał! — pomyślała Anielka.

Zdziwiła się jednak, zobaczywszy, że wróbel ma ogon upalony.

— Czyby wpadł w ogień, czy może niegodziwi chłopcy męczyli go w taki sposób?

Nie miała jednak czasu zastanawiać się nad tem, lecz wróciła do matki z wiadomością, że ojciec jeszcze nie wraca.

Po obiedzie, gdy matka zdrzemnęła się na fotelu, Anielka wybiegła z Karasiem na ogród. Zdawało jej się, że drzewa urosły i przybyło więcej kwiatów. Było jej tu swobodniej, niż w pokoju. Wesoły pies skakał jej do ust i szczekał. Pobudzona przez niego, zaczęła biegać, aż jej rumieńce na twarz wystąpiły.

— Et moi aussi, fit Joseph d'une voix monotone, car je suis très faible...

— Naturellement, mon fils... Anielka, va voir si ton père ne revient pas ! Je ne me tranquilliserai que quand il sera de retour.

Anielka prit quelques tranches de pain et monta dans la mansarde.

Elle interrogea la route, — personne.

Mais, en l'entendant, les oiseaux accoururent avec leur tapage habituel. Parmi eux, il y en avait deux tout jeunes, qui essayaient leurs ailes, et un tout vieux, sans queue.

— Un chat lui aura sans doute arraché la queue ! pensa Anielka.

Mais son étonnement redoubla quand elle vit que le moineau avait la queue brûlée.

— Est-ce qu'il serait tombé par une cheminée, ou est-ce que ces méchants paysans l'auraient ainsi torturé ?

Elle ne prit toutefois pas le temps de trop réfléchir à cet incident, et redescendit vite annoncer à sa mère que son père ne revenait pas encore.

Après le dîner, pendant que sa mère somnolait dans un fauteuil, Anielka courut au jardin en compagnie de Karo. Les arbres lui parurent plus grands, les fleurs plus jolies. Comme elle respirait mieux ici que dans les appartements ! Le chien, tout joyeux, gambadait autour d'elle. Elle aussi se mit à courir, et de fraîches couleurs rosirent ses joues.

Wtem między krzakami, około płotu, usłyszała niespokojne świergotanie wróbli. Zajrzawszy tam, zobaczyła kilka cegieł, ułożonych w formie zamkniętego pudła. Z pod powierzchni cegły wysuwało się drżące skrzydełko ptaka. Anielka wydobyła go szybko. Uwolniony wróbel uszczypał ją w palec i skoczył na gałązkę, powłócząc skrzydłem, zwichniętem czy złamanem. Potem dziewczynka obejrzała cegły. Było ich pięć, a między niemi przestrzeń pusta, czworoboczna, w której znajdowało się trochę kaszy i dwa patyczki.

„Widocznie ktoś łapie wróble — pomyślała Anielka. — Może parobcy jedzą z głodu?"

Na dalszym krzaku wisiała pętelka z włosienia, a jeszcze na innym znowu podobna pętla, obie puste.

„Biedne wróble!" — pomyślała dziewczynka. — W tej chwili postanowiła codzień przeglądać krzaki i uwalniać małych więźniów, gdyby kto na nie znowu sidła zastawiał.

Tout à coup, elle entendit des cris inquiets d'oiseaux dans les buissons croissant le long de la palissade. Elle fit quelques pas de ce côté et vit des briques, posées en forme de boîte. Une aile d'oiseau passait entre les interstices. Anielka s'empressa au secours de la tremblante petite bête. L'oiseau, libéré, la pinça au doigt et alla se percher sur une branche, traînant après soi son aile brisée. La fillette examina les briques. Il y en avait cinq formant un carré vide et fermé, et où l'on avait jeté un peu de gruau et deux allumettes.

— Quelqu'un attrape les moineaux, sans doute, se dit la fillette ; peut-être les charretiers les mangent-ils, quand ils ont faim ?...

Un nœud coulant, fait d'un crin de cheval, pendait à une des branches d'un buisson ; deux autres nœuds étaient suspendus à un autre buisson.

— Pauvres moineaux ! soupira Anielka ; et elle se promit de venir visiter les buissons chaque jour, afin de libérer les prisonniers, si on leur tendait de nouveaux lacets.

Rozdział 11

W jaki sposób Bóg czuwa nad sierotami

Skwarny dzień zeszedł bez osobliwych przygód. Szmul rankiem wyjechał do pana Jana, a wiejscy ludzie gromadzili się między chatami, niespokojnie dowiadując się o nowiny z miasta.

— Będą, czy nie będą układy z dziedzicem? Sprzeda, czy nie sprzeda majątku? — tak mówiono.

Niektóre kobiety litowały się nad dziedziczką.

— Biedna ona, choć bogata! — mówiła jakaś starsza. — Mąż wyjechał, słudzy ją ponoć odbieżali, i siedzi se sama, jak ten bocian na gnieździe, co mu samicę tamtego tygodnia zabili.

— Możebyśwa poszli do niej na pocieszenie? — spytała inna ze śmiechem.

— Czego kpita? — dorzuciła trzecia. — Przecie sam Pan Bóg nakazuje smutnego pocieszyć, nagiego przyodziać i umarłego pogrzebać...

Chapitre 11
Dieu veille sur les orphelins

La journée, d'une chaleur suffocante, passa sans nouveaux incidents. Le matin, Samuel était parti pour la ville afin de parler à M. Jean, et les gens du village, rassemblés entre les chaumières, attendaient anxieusement les nouvelles qu'il devait leur rapporter.

— Y aura-t-il un arrangement ou n'y en aura-t-il pas ? Viendra-t-il ou ne viendra-t-il pas ? se demandait-on.

Quelques femmes s'attendrissaient sur le sort de la châtelaine.

— Elle est bien pauvre, malgré sa richesse, disait une vieille, son mari est parti, les domestiques se sont enfuis, et elle est là toute seule, comme la cigogne dont on a tué le mâle la semaine dernière.

— Peut-être voudriez-vous aller la consoler ? questionna une autre avec un sourire ironique.

— Qu'avez-vous à vous moquer ? fit une troisième. N'est-ce pas Dieu lui-même qui ordonne de consoler les affligés, de vêtir les nus, et d'ensevelir les morts ?

— Widzita, kumy! — odezwała się poprzednia niemniej wesoło. — Ostaszeskiej wydaje się, że do dziedziczki to można tak chodzić, jak do położnicy... Przecie to pani całą gębą, co wy se myślita? Jakby do was zaczęła gadać po francusku, tobyście ino oczy wytrzeszczyły...

— Ej!... w takiej samotności i opuszczeniu, toby se przypomniała po polsku. A zawdy co pociecha, to pociecha.

— A jakżebysta ją cieszyły? — mówiła śmieszka. — Ona bawi się inaczej i smuci inaczej, niż my, ludzie proste. U nich jest myślenie nawet inaksze. To też jak z tobą zacznie która gadać nie o gospodarstwie, nic jej nie rozumiesz, ani ona ciebie. Rychtyczek, jakby się świnia z pastuchem rozmawiały. Jabym ta do niej pójść nie śmiała!

Około dziesiątej w nocy, kiedy rosa spadła na ziemię, ponad wołanie żab wybił się jakiś odległy łoskot. Anielka wbiegła na facjatkę i stanęła w oknie. Rzeczywiście, ktoś jechał gościńcem, ale nie do nich. Oparła się na oknie i zalała łzami.

— Boże! Boże! sprowadź też ojca do nas — szeptała.

Gdyby cud skrócił odległość między nią i ojcem, może zobaczyłaby go w towarzystwie ludzi wesołych, pijącego na próbę nowo wynaleziony trunek, który składał się z porteru i szampana.

— Voyez-vous, commère, repartit l'autre d'un ton moins gai, il semble à Ostoszeska qu'on peut aller chez Madame comme chez une accouchée... C'est une véritable dame, cependant... que pouvez-vous donc ? Si elle commençait à vous parler français, vous en feriez, des yeux...

— Hé ! dans un tel abandon et si seule, elle se rappellerait bien le polonais ! Et puis, une consolation, c'est toujours une consolation.

— Et comment la consoleriez-vous ? demanda la rieuse. Elle s'amuse autrement et s'attriste autrement que nous autres, simples gens. Elle pense même autrement. Et si elle allait te parler d'autre chose que du ménage, tu ne la comprendrais pas et elle ne te comprendrait pas. Ce serait tout à fait comme si le porcher parlait avec ses cochons. Moi, je n'oserais pas aller chez elle.

Vers dix heures du soir, alors que la rosée rafraîchissait la terre, un bruit de roues parut dominer le coassement des grenouilles. Anielka monta vite dans la mansarde et ouvrit la fenêtre. Effectivement c'était une voiture ; mais elle ne venait pas chez eux. Elle s'appuya à la fenêtre et fondit en larmes.

— Mon Dieu ! mon Dieu ! ramène aussi mon père vers nous ! murmura-t-elle.

Mais si un miracle lui avait fait franchir la distance la séparant de son père, elle l'aurait vu en société de joyeux compagnons, dégustant une nouvelle boisson faite d'un mélange de porter et de Champagne.

Noc była gwiaździsta, spokojna i napół jasna. Powietrze nasycała wilgoć. We wsi już światła pogasły. Słychać było krzyk żab i szczekanie psów. Może tam i Karusek jest między niemi, bo od południa niema go w domu?... Niedobry pies, nie lepszy od ludzi!...

Czasami, z pomiędzy drzew ogrodu, wyrywał się duży ptak i leciał z szumem. Niekiedy z pól płynęły nieznane we dnie szmery — może bieg spłoszonego zwierzęcia?... I znowu cicho, tylko w dolnym pokoju niestrudzony zegar w szafce klekocze.

Liczne jak piasek gwiazdy drżały, niby dogasające iskry. Tu i owdzie, między niemi, widać było punkciki zielonawe, błękitne lub czerwone, jak drogie kamienie. Z pomiędzy nieruchomych świateł konstelacji wyrywała się niekiedy gwiazdka błędna i zakreśliwszy łuk na niebie, gdzieś niknęła.

— Może to anioł z pociechą od Boga? — pomyślała Anielka.

I spoglądała za siebie, spodziewając się ujrzeć kogo. Ale pokój był pusty. Duchy niebieskie lękają się wchodzić między tryby machiny wszechświata.

Wtem, od gościńca ukazała się błędna gwiazda szczególnych własności. Biegła nie z nieba ku ziemi, ale od ziemi ku niebu, a potem nagle zwróciła się w stronę budowli dworskich.

La nuit était étoilée, sereine, transparente. L'air était imprégné d'humidité. Il n'y avait plus de lumière aux fenêtres du village ; on n'entendait que le coassement des grenouilles et les aboiements des chiens. Peut-être Karo se trouvait-il aussi parmi eux car il avait disparu depuis midi. Vilain chien, guère meilleur que les gens !...

De temps à autre, un gros oiseau s'envolait d'un arbre du jardin, avec un grand bruit d'ailes : des murmures, inconnus pendant le jour, montaient de la plaine voisine : peut-être était-ce quelque animal effarouché ?... Et de nouveau un silence, un silence absolu, que troublait seul le tic tac de l'infatigable horloge de la salle à manger.

Les innombrables étoiles tremblotaient comme des étincelles à demi éteintes. Çà et là, on voyait sur le firmament des points verdâtres, bleus ou rouges, ressemblant à des pierres précieuses. Parfois, une étoile se détachait d'entre les feux immobiles d'une constellation, et disparaissait après avoir décrit un arc sur le ciel.

« Peut-être est-ce un ange consolateur envoyé par Dieu ? » pensait Anielka.

Et elle regardait derrière elle, espérant y apercevoir quelqu'un. Mais la chambre était déserte. Les esprits célestes craignent de descendre dans notre vallée de larmes.

Soudain, une bizarre étoile filante se montra près du chemin. Elle ne descendait pas du ciel vers la terre, mais elle montait de la terre vers le ciel. Subitement elle se dirigea vers les constructions du château.

W kilka minut później, Anielka zobaczyła drugą podobną. Ta, zakreśliwszy parę bardzo nieregularnych linij, spadła na drzewo i niedługo zgasła.

Były to iskry tak niewyraźne, że ledwie rozeznać je mógł niesłychanie ostry wzrok Anielki. Dziewczynkę przestraszyły te światła, przypomniała sobie bowiem o duchach pokutujących. Ale wnet przyszło jej na myśl, że może to są robaczki świętojańskie?

Postała jeszcze chwilę w oknie, napróżno słuchając turkotu, i zeszła do pokoju matki.

— Może ojciec przyjedzie w nocy? — rzekła do siebie.

Postanowiła czuwać jeszcze, lecz nie chcąc budzić matki, zgasiła lampę i usiadła na fotelu.

Zdawało jej się, że ojciec jedzie i że ona otwiera mu drzwi. To znowu, że chodzi po pokoju jakiś pan obcy, albo, że słyszy czyjś głos, wołający ją po imieniu.

— Czy mama do mnie mówi? — spytała.

Odpowiedział jej ciężki oddech matki i szybkie chrapanie Józia. W kącie, nad piecem, słychać było brzęk muchy, a w drugim pokoju łoskot zegara.

Oparła głowę na poduszce fotelu i twardo zasnęła.

Quelques instants après, Anielka aperçut une seconde étoile toute pareille ; celle-ci, après avoir tracé plusieurs lignes irrégulières, tomba sur un arbre et s'éteignit bientôt.

Ces étincelles étaient si petites que les yeux extraordinairement perçants de la fillette pouvaient à peine les distinguer. Anielka en eut d'abord peur, car elle venait de se rappeler les âmes du purgatoire ; mais elle se dit bientôt que c'étaient des lucioles, sans doute.

Elle se tint encore quelques instants à la fenêtre, essayant en vain de percevoir le roulement d'une voiture ; et enfin elle redescendit chez sa mère.

— Peut-être papa reviendra-t-il dans la nuit ? se dit-elle.

Elle résolut d'attendre encore, mais, ne voulant pas réveiller sa mère, elle éteignit la lampe, et s'assit dans un fauteuil.

Tantôt il lui semblait que son père arrivait et qu'elle lui ouvrait la porte, tantôt que quelque monsieur étranger se promenait dans les appartements, ou encore qu'on l'appelait par son nom.

— Est-ce vous qui parlez, maman ?

La respiration oppressée de sa mère et les ronflements de Joseph lui répondirent seuls. Là-bas, dans le coin, près du poêle, en entendait le bourdonnement des mouches ; le tic tac de l'horloge arrivait de l'autre chambre.

Elle posa sa tête sur un coussin, et s'endormit profondément.

Od wieczora w chacie Gajdy było ciemno. Ale gospodarz czuwał. Chwilami można było widzieć jego głowę kudłatą w szybach małego okna. Niekiedy uchylał drzwi od gościńca, i wysunąwszy się do połowy, patrzył w stronę budynków dworskich.

Około północy między ogrodowemi drzewami błysnął płomyk i zgasł. Gajda wybiegł przed chatę, pilnie wpatrzył się w tamtą stronę i zobaczył parę cienkich ognistych języków, wydobywających się z dworskiego dachu, tuż około okna, z którego panna Walentyna i Anielka codzień karmiły wróble. Chłop schwycił się za głowę.

— Psiakrew! — zaklął. — A dyć to dwór się pali...

Wbiegł do chaty i silnie szarpnął śpiącą na ławie Magdę.

— Wstawaj! — zawołał. — Chodź do okna! — i przeniósł ją jedną ręką jak psiaka pod okno.

Dziewczynka zaczęła krzyczeć ze strachu.

— Cicho, ty!... Patrzaj, co się pali... dwór czy stodoła?... o tam, o... Jużci dwór...

Trząsł się cały.

— Magda! — mówił stłumionym głosem. — Leć do dworu, obudź ludzi i wołaj, że się pali. No, idźże, ty bękarcie!... bo się tam panienka spali, ta, co ci wstążkę dała... Jezu mój!... Ocknijże się, nie trząś się ty... Ona przecie nie kazała cię bić i spali się...

Depuis le soir, il faisait sombre dans la chaumière de Gaïda ; et cependant le paysan veillait. De temps à autre sa tête embroussaillée se montrait aux vitres d'une petite fenêtre, parfois même il entrebâillait la porte donnant sur le chemin, et regardait du côté du château.

Vers minuit, une flamme rougeoya entre les arbres du jardin ; mais elle s'éteignit aussitôt. Gaïda courut devant sa chaumière, regarda attentivement de ce côté, et aperçut quelques languettes de feu, s'échappant du toit de la maison seigneuriale, près de la fenêtre d'où Anielka et son institutrice jetaient chaque jour des miettes aux oiseaux. Le paysan se prit la tête à deux mains.

—Sang de chien! s'écria-t-il, voilà que la maison brûle, maintenant...

Il rentra précipitamment et secoua Magda qui dormait sur un banc.

—Lève-toi ! appela-t-il. Viens à la fenêtre ! et il l'emporta, comme un petit chien, vers cette fenêtre.

La fillette se mit à crier de peur.

— Tais-toi... Regarde ce qui brûle... est-ce la maison ou les granges ? vois, là-bas... là... C'est la maison ?...

Il tremblait.

— Magda, dit-il d'une voix entrecoupée, va vite au château, réveille les gens et dis-leur que tout brûle ! Mais va donc, bâtarde,... Mademoiselle va brûler.... celle qui t'a donné un ruban... Mon enfant !... réveille-toi enfin, ne tremble pas comme ça.... elle m'a défendu de jamais te battre, et elle va brûler...

— Boję się, tatulu! — wrzasnęła dziewczyna i upadła na ziemię.

Na dworskim dachu ukazało się już kilkanaście pochodni gorejących. Chłop wybiegł z chaty i począł pędzić ku budynkom, nie spuszczając oka ze dworu.

Dopadł do stajni.

— Bywaj! — krzyczał. — Dwór się pali!... wstawajta, parobcy!

Pognał do obory i począł pięściami bić w ścianę.

Usłyszał około uchylonej bramy jakiś szmer i zobaczywszy rozwalonego na barłogu skotopasa, odrazu postawił go na nogi.

— Dwór się pali! — krzyknął mu w ucho.

Parobek ziewnął, przetarł oczy, zaczął przestępować z nogi na nogę i mruczeć:

— Trza bydło wygnać.

— Budź parobków!... ja polecę do dworu — rzekł Gajda i pocwałował naprzód.

Na dachu pojedyńcze płomyki zaczęły się już zlewać ze sobą. Podwórze i ogród przybrały barwę czerwoną, ptaki zaczęły świergotać. Tylko we dworze było cicho.

Chłop wpadł na ganek i przycisnął ramieniem mocne drzwi, które przeciągle zgrzytnęły i pękły z łoskotem. Różowy blask oświetlił ciemną sień.

— J'ai peur, papa ! balbutia la petite fille, et elle s'affaissa sur le sol.

Des flammes s'échappaient maintenant du toit du château. Le paysan sortit et courut à toutes jambes dans la direction de la ferme, sans quitter le toit des yeux.

Il arriva bientôt aux écuries.

— Levez-vous, cria-t-il, le château brûle !... Levezvous, vous autres !

Il continua sa course vers les étables et heurta du poing à la porte.

Il entendit un bruit, près de la porte entr'ouverte et, apercevant un vacher étendu sur la litière, il le secoua violemment.

— La maison brûle ! lui cria-t-il à l'oreille.

L'homme bâilla, se frotta les yeux, se leva lentement et grogna :

— Il faut mettre le bétail dehors !

— Réveille les autres... moi, je cours là-bas, ajouta Gaïda, et il reprit sa course affolée.

Le toit disparaissait sous les flammes. La cour et le jardin avaient revêtu une teinte rouge, les oiseaux gazouillaient. Dans le château, tout était calme.

Le paysan monta le perron, et, d'un violent coup d'épaule, enfonça la porte, dont les gonds grincèrent et se détachèrent avec fracas. Une lueur rose éclaira le vestibule.

— Panienko!... Janielciu!... — krzyczał chłop. — Uciekajta! dwór gore!...

— Co tam?... — odpowiedział mu strwożony głos.

Gajda wywalił drugie drzwi i dostał się do pokoju zupełnie ciemnego. Potrącił stół, potknął się o krzesło i nadeptał jakąś suknią, w której mu się nogi zaplątały. Dopiero po chwili, zobaczywszy blask przez serce, wykrojone w okiennicy, wybił okno i powyrywał deski z zawiasów.

Pokój został oświetlony. Jednocześnie słychać było trzask płonącego dachu. Dym gryzł w oczy, ze wszystkich stron grzało.

Anielka stała obok fotelu zupełnie ubrana, bez ruchu. Chłop wziął ją na ręce i wyniósł przed ganek.

— Mamę!... mamę i Józia ratujcie!...

Chłop wrócił do pokoju, a za nim Anielka.

— Mama!... mama!...

Gajda zobaczył na łóżku postać skurczoną, całkiem zawiniętą w kołdrę. Była to matka. Poruszył ją, ale ona ze strasznym krzykiem chwyciła się oburącz krawędzi łóżka, jakby broniąc się. Ledwie oderwał ją i wyniósł na dziedziniec.

Tymczasem Anielka dźwigała Józia, lecz była tak zmieszaną, dym tak ją otoczył, że nie trafiła do drzwi. Potknęła się o coś i upadła.

— Mademoiselle... Anielka ! appela le paysan, sauvez-vous, la maison brûle !...

— Qu'y a-t-il ? demanda une voix effrayée.

Gaïda enfonça une seconde porte et se trouva dans une chambre obscure. Il se cogna à une table, fit tomber une chaise et marcha sur un vêtement dans lequel ses pieds s'embarrassèrent. Ce ne fut qu'au bout de quelques secondes qu'il entrevit la fenêtre, grâce à un cœur découpé dans le contrevent ; il cassa une vitre et arracha une planche des volets avec la penture.

Un flot de lumière inonda la chambre ; on entendait les craquements du toit en flammes. La fumée picotait les yeux, la chaleur était suffocante.

Anielka était debout, tout habillée, mais comme pétrifiée, près du fauteuil. Il la prit dans ses bras et l'emporta dans la cour.

— Sauvez maman, maman et Joseph !

Le paysan revint dans la maison, Anielka le suivit :

— Maman ! maman !

Gaïda aperçut sur le lit une figure enveloppée dans une couverture. C'était la mère. Il voulut la prendre dans ses bras ; mais elle poussa des cris affreux, et s'accrocha désespérément au chevet du lit. Il parvint enfin à l'arracher de là, et la porta aussi dans la cour.

Anielka, de son côté, s'était précipitée au secours de Joseph ; mais elle était si troublée, une fumée si épaisse l'enveloppait qu'elle ne pouvait parvenir à trouver la porte. Elle trébucha et tomba.

Szczęściem wyprowadził ją Gajda, unosząc zarazem Józia. Potem, usadziwszy ich obok matki, wrócił do pokoju, już gorącego jak piec, i zaczął wyrzucać na ogród wszystko bez różnicy: odzież, pościel, biurko i krzesła.

Cały dach ogarnęły płomienie, szyby pękały, ze szczelin sufitu wydobywał się ogień. Gałązki i liście drzew, stojących przy dworze, poczęły się tlić. Dokoła domu było jasno jak w dzień, dym, bijący wgórę, zasłaniał chwilami gwiazdy pół przezroczystą gazą. Koguty we wsi, myśląc, że już świta, zaczęły piać. W miasteczku dzwon kościelny uderzał na trwogę.

Na dziedzińcu, wprost ganku, zebrali się ludzie folwarczni. Napół nagie dziewki zawodziły płaczem, parobcy kręcili się nieprzytomni.

— Wyprowadźcie Gajdę!... on tam jest w pokoju — zawołała Anielka, otulając matkę kołdrą.

— Gajdo! Gajdo!... — krzyczeli parobcy. Ale żaden nie ruszył się, bo już było gorąco i niebezpiecznie.

Wtem na prawem sprzydle domu zatrzeszczały krokwie, i facjatka zapadła się na sufit. W chwilę później zegar w żółtej szafce wydzwonił cienko i prędko trzy kwadranse, przypominając, że i jego trzeba ratować.

Jeszcze chwila, i rozległ się ogromny huk. Sufit spadł na podłogę, wypychając uragan płomieni. Niestrudzony zegar skończył swoją wędrówkę.

Heureusement Gaïda revint vite, et les emporta tous les deux, elle et Joseph. Quand il les eut déposés près de leur mère, il rentra dans la maison tout embrasée déjà, et se mit à jeter par les fenêtres tout ce qui lui tombait sous la main : des vêtements, des couvertures, des oreillers, un bureau, des chaises, etc.

Les vitres éclataient, des flammes s'échappaient par chaque fente des plafonds. Les rameaux et le feuillage des arbres se consumaient. Autour de la maison, il faisait clair comme en plein jour, la fumée qui s'élevait de la fournaise dérobait les étoiles sous une zone à demi transparente. Les coqs du village, croyant le jour venu, s'étaient mis à chanter. La cloche de l'église sonnait l'alarme.

Les gens de la ferme s'étaient rassemblés devant la maison. Les filles, à demi vêtues, sanglotaient ; les charretiers allaient et venaient, comme inconscients.

— Faites sortir Gaïda... il est là... dans cette chambre, cria Anielka en entourant sa mère d'une couverture.

— Gaïda ! Hé, Gaïda ! appelèrent les domestiques, mais aucun d'eux ne fit un pas en avant ; il faisait trop chaud, là-bas, et puis l'endroit était trop dangereux.

Les poutres craquèrent, dans l'aile droite de la maison, et la mansarde s'affaissa. Quelques instants après, l'horloge de la salle à manger sonna les trois quarts de l'heure, rappelant qu'elle aussi, il fallait la sauver.

L'instant d'après, on perçut un grand fracas : c'était le plafond de la salle à manger qui croulait, soulevant des tourbillons de flammes. L'infatigable horloge avait achevé sa course.

Teraz dopiero wyszedł Gajda z pokoju matki. Odzież i włosy tliły się na nim, był skrwawiony i okopcony.

Tymczasem poczęli nadbiegać ludzie ze wsi, z drabinami, siekierami, bosakami i wiadrami. Jeden z parobczaków wylał na Gajdę konewkę wody i stłumił ogień, który już całego chłopa ogarniał.

O ratunku domu mowy być nawet nie mogło. Płomienie wydobywały się wszystkiemi oknami, w pokojach gorzały meble i tliły się tapety. Piece pękały, sufit za sufitem upadał wśród wybuchów iskier i dymu.

W kilka minut później ogień, nurtujący wnętrze domu, zniżył się do wysokości murów. Paliły się już tylko podłogi. Wieśniacy, ochłonąwszy z przerażenia, poczęli rozmawiać między sobą.

— Skąd się ogień wziął, patrzta ino?...

— Może kto podpalił?...

— Zwyczajnie kara boska na dziedzica.

— Wszystko im się spaliło.

— Nie wszystko — wtrącił Gajda. — Pójdźta ze mną na ogród, to przyniesiemy im resztę szmat, żeby się mieli w co odziać.

Paru gospodarzy poszło i poczęli znosić poduszki, prześcieradła, odzienie i ułamki sprzętów, które Gajda ocalił.

Dziewki folwarczne przeprowadziły tymczasem panią i dzieci do kuchni.

Dziedziczka, ubierając się, zaczęła płakać.

Gaïda reparut, les cheveux et les sourcils brûlés. Il était couvert de sang et de noir de fumée.

Les gens étaient accourus du village avec des seaux, des haches, des crocs à feu et des échelles. L'un d'eux jeta un seau d'eau sur Gaïda, dont les vêtements commençaient à brûler.

Il ne pouvait être question de sauver la maison. Les flammes s'échappaient de toutes les fenêtres, les meubles flambaient, les tentures se consumaient, les poêles éclataient, un plafond s'écroulait après l'autre, au milieu d'un nuage de fumée et d'une pluie d'étincelles.

Quelques minutes après, le feu s'abaissa jusqu'au niveau des murs. Les planchers seuls brûlaient encore. Les paysans, revenus de leur stupeur, causaient entre eux.

— D'où le feu est-il venu ? Par où a-t-il pris ?

— Peut-être quelqu'un a-t-il mis le feu...

— C'est une punition du ciel...

— Tout est brûlé, il ne reste plus rien !

— Pas tout ! déclara Gaïda. Venez avec moi dans le jardin, nous leur apporterons le reste de leurs effets : ils pourront au moins se vêtir !

Quelques métayers le suivirent et apportèrent des oreillers, des draps, des vêtements, des débris des meubles que Gaïda avait sauvés.

Les filles de ferme emmenèrent leur maîtresse et ses enfants à la cuisine.

Mme Jean se mit à pleurer, pendant qu'on l'habillait.

— Jak też nas Bóg ciężko doświadcza! — mówiła. — Ledwie mąż pokończył interesa, a tu dom spłonął. Gdy wróci, nie będzie miał gdzie spocząć. Okropność!... To, co wydalibyśmy na podróż do Warszawy, pójdzie na restauracją domu... Już chyba nigdy nie będziemy mieli takich sprzętów, ani ja sukien, choć wyszły z mody. *Joseph, mon enfant, n'as-tu pas peur?* Gdzie jest ten dobry człowiek, który nas ocalił?... Zdaje mi się, że to Gajda. Mój mąż zawsze uważał go za łotra; pokazuje się jednak, że w najgorszem sercu tleje iskra uczciwości. Powiedzcie mu, że będzie hojnie wynagrodzony...

— Ja tam nic nie chcę od państwa! — odezwał się ponuro Gajda, stojący z kilkoma innymi gospodarzami we drzwiach kuchni.

A potem szepnął, patrząc w ziemię:

— Żeby mi o panienkę nie szło, nawetbym się z chałupy nie ruszył.

Tym sposobem za niebieską wstążkę i kilka poczciwych słówek kupiła Anielka życie trzech osób.

W tej chwili przygalopował biedką Szmul z karczmy i wszedł do kuchni.

— Co się to dzieje? — zawołał siny z trwogi. — Jak się jaśnie pani ma?... Czy nic nie wyratowali?... Ach! takiego ognia jeszcze w naszej wsi nie było. Jakim się to sposobem mogło zrobić?...

Ludzie opowiedzieli mu naprędce o nagłym wybuchu pożaru pod dachem i o poświęceniu Gajdy.

— Comme Dieu nous éprouve cruellement ! gémit-elle. À peine mon mari a-t-il fini d'arranger ses affaires que notre maison brûle. Quel malheur !... Ce que nous aurions dépensé pour notre voyage à Varsovie, il faudra le donner pour rebâtir la maison... Je crois que jamais nous n'aurons plus d'aussi beaux meubles ni moi de telles robes, bien qu'elles fussent un peu démodées. *Joseph, mon enfant, n'as-tu pas peur ?* Mais où est donc le brave homme qui nous a sauvés ?... Il me semble que c'est Gaïda ! Mon mari l'a toujours tenu pour un vaurien, mais je vois maintenant que, même dans le cœur le plus endurci, il y a une étincelle de bonté. Dites-lui qu'il sera généreusement récompensé...

— Je ne veux rien de vous, dit Gaïda, qui se tenait parmi d'autres métayers, près de la porte de la cuisine.

Et il murmura, les yeux fixés sur le sol :

— S'il ne s'agissait pas de Mademoiselle, je ne serais pas même sorti de mon trou !

Anielka avait ainsi, au moyen d'un bout de ruban et de quelques bonnes paroles, racheté la vie de trois personnes.

Samuel arriva en ce moment, au grand trot de sa haridelle. Il entra immédiatement dans la cuisine.

— Qu'est-il arrivé ? demanda-t-il. Comment va Madame ?... Avez-vous pu sauver quelque chose ?... Jamais encore on n'a vu un pareil incendie, dans nos environs ! Comment cela a-t-il pu arriver ?

On raconta en quelques mots comment le feu avait éclaté soudain sous le toit, et comment Gaïda s'était dévoué.

Żyd kiwał głową i mruknął:

— Prędzejbym się spodziewał, że Gajda podpali dwór, aniżeli że wszystkim życie uratuje!

— Czy od męża nie masz jakiej wiadomości, Szmulu? — zapytała pani.

— Mam i wiadomość, i pieniądze — odparł arendarz. — Pan przysyła sto rubli. Z tego ma być zapłacone siedemdziesiąt parobkom za kwartał, a trzydzieści dla jaśnie pani.

— Kiedyż pan wraca?...

— Tego nie wiem, ino wiem, że dziś ma jechać do Warszawy naprzeciw jaśnie prezesowej.

— Beze mnie? — przerwała pani, zalewając się łzami.

Na twarzy służby dworskiej widać było radość z powodu nadesłanych pieniędzy. Gospodarze natomiast patrzyli na Szmula niespokojnie. Wreszcie jeden zapytał:

— A jakże będzie z nami?...

— Majątek już sprzedany — odparł Szmul — a dziś zjeżdża Niemiec objąć go. Co prawda, nieładnie trafił na początek!...

Przez chwilę panowało przykre milczenie.

— Żartujesz chyba, Szmulu — wtrąciła pani. — Majątek nie mógł być sprzedany...

Le Juif hocha la tête et grommela :

— J'aurais plutôt cru Gaïda capable de mettre le feu au château que de leur sauver la vie !

— N'as-tu aucune nouvelle de mon mari, Samuel ?

— J'ai des nouvelles et de l'argent. Madame, répondit le cabaretier. Monsieur envoie cent roubles : soixante-dix sont pour payer les gens de la ferme, et trente pour Madame.

— Quand revient-il ?

— Je ne sais pas ; mais ce que je sais, c'est qu'il part aujourd'hui pour Varsovie : il veut aller au-devant de madame la présidente...

— Sans moi ? interrompit la pauvre femme, en fondant en larmes.

La joie s'était peinte sur les visages des domestiques, en entendant qu'on allait enfin les payer. Les métayers jetaient des regards interrogateurs sur Samuel : enfin, l'un d'eux se décida à lui demander :

— Et de nous, qu'adviendra-t-il ?

—La propriété est vendue, répondit le Juif; aujourd'hui même, un Prussien viendra en prendre possession. Il faut avouer qu'il n'a pas de chance, pour commencer...

Un lourd silence régna pendant quelques instants.

— Tu plaisantes, Samuel ! fit la dame. Le domaine ne saurait être vendu.

— Wczoraj podpisali kontrakt i wypłacili wierzycielom pieniądze. Sam byłem przy tem. Jeszcze pan kazał prosić, ażeby jaśnie pani wyjechała na tamten drugi folwark, co w nim karbowy rządzi... I to trzeba jechać dziś, bo Niemców ino co nie widać.

— Z nami się pan układać nie chciał!... Wolał wszystkich skrzywdzić... — odezwał się jeden z gospodarzy.

— A ja taka chora — jęczała pani. — Nie mam nawet ubrać się w co z dziećmi, nie mam łyżki strawy za mój posag...

— Ja już o sobie nawet nie mówię — wtrącił Żyd. — Tyle lat prosiłem pana, żeby mi młyn wystawił, i wszystko na nic!...

— Za to też go Bóg pokarał i jeszcze skarze! — mruknął któryś z chłopów.

Słuchając tych uwag i narzekań, Anielka siedziała na ławce, ze splecionemi rękoma, mocno oparta o ścianę. Postać jej zaniepokoiła widać Żyda, który zbliżył się do niej i ostrożnie dotknął jej ramienia. Wtedy Anielka osunęła się na ławkę, bez ruchu i przytomności. Poczęto ją rozcierać i kropić wodą. Ocknęła się, otworzyła oczy i znowu zemdlała.

Uprzątnięto naprędce tapczan, położono na nim parę garści siana, materac, poduszkę. Dziewuchy folwarczne zasłoniły chustkami i płachtami okna, a potem ułożyły razem spać: matkę, Anielkę i Józia. Biedacy potrzebowali spoczynku.

— L'acte de vente a été signé hier, et l'argent versé aux créanciers. J'étais présent. Monsieur m'a ordonné de dire à Madame qu'elle doit aller s'installer dans l'autre ferme, dans celle qui est administrée par le surveillant... Et il faut partir aujourd'hui même, car les Allemands ne sont pas loin, sans doute.

— Monsieur n'a pas voulu s'entendre avec nous... il a préféré nous faire tort à tous ! observa l'un des métayers.

— Et moi qui suis si malade ! gémit la dame. Je n'ai pas même de quoi vêtir mes enfants, je n'ai pas même une bouchée de pain, sur toute ma dot !

— Je ne parle pas de moi, dit à son tour le Juif, et cependant, tant et tant d'années, j'ai prié Monsieur de me construire un moulin !...

— C'est pourquoi Dieu le punit et le punira encore, remarqua un métayer.

Anielka, assise sur un banc, les mains jointes, le dos appuyé au mur, écoutait toutes ces lamentations et tous ces reproches. Sa pose attira l'attention de Samuel ; il s'approcha d'elle, lui toucha doucement l'épaule ; elle s'affaissa sans connaissance. On lui frotta les mains, on lui mouilla les tempes ; enfin, elle revint à elle, mais pour s'évanouir de nouveau.

On prépara à la hâte un lit, sur lequel on étendit un peu de foin, un matelas, un oreiller. Les filles de ferme suspendirent des fichus et des tabliers aux fenêtres, puis elles préparèrent aussi des lits pour leur maîtresse et le petit Joseph. Les malheureux avaient surtout besoin de repos.

Słońce weszło i pogorzelisko już gasło. Z niedopalonych belek sączyły się wgórę strumienie białego dymu. Wiatr rozrzucał szary popiół i podsycał dogorywające iskry. Nad dziedzińcem unosił się odurzający swąd.

Oparty o płot, stał Gajda i bezmyślnie patrząc na zgliszcza, mruknął:

— Na nic się zdało!...

— Co na nic?... — spytał Szmul, obserwujący go zboku.

W pierwszej chwili chłop zdawał się być zmieszany. Wnet jednak zapanował nad sobą i odparł spokojnie:

— Jużci na nic zdało się to, że gospodarze chodzili do pani i chcieli układać się za trzy morgi.

— Aha!... wy o tem mówicie?... Ja myślałem, że o tem... — odpowiedział Szmul, wskazując na ruinę domu.

Chłop znowu zmieszał się.

— A co mnie to obchodzi!... Ja zrobiłem, com mógł...

— Ja wiem — odparł Żyd, patrząc mu w oczy — że wyście zrobili, coście ino mogli... Ani wam, ani mnie nic z tej wiadomości. Tu sam djabeł ładu nie dojdzie!... A swoją drogą Niemcy się sprowadzą i będą stawiali młyn, gorzelnią, mnie wyrzucą z arendy, was pewno ze wsi...

Ale chłop nie słuchał go. Machnął ręką i powlókł się do swej chaty.

Quand le soleil parut, les décombres fumaient toujours et la fumée blanchâtre montait dans l'air. Le vent dispersait les cendres grises, ranimait les charbons à demi consumés. Une suffocante odeur de roussi planait sur toute la cour.

Gaïda, appuyé à la palissade, les yeux fixés sur les décombres, marmotta :

— Ça n'a servi à rien...

— Qu'est-ce qui n'a servi à rien ? demanda Samuel, qui l'observait depuis quelques instants.

Le paysan se troubla : mais il ne tarda pas à se dominer et répondit tranquillement :

— Ça n'a servi à rien que les métayers soient allés trouver Madame, et qu'ils aient offert de s'arranger pour trois arpents.

— Ah !... c'est à cela que tu pensais !... Et moi qui croyais que c'était à ceci ! — Et Samuel lui montrait les ruines.

Le paysan se troubla de nouveau.

— Est-ce que ça me regarde ?... J'ai fait ce que j'ai pu...

— Je le sais que tu as fait tout ce que tu as pu ! répliqua le Juif en le regardant au fond des yeux... Et maintenant voici les Allemands qui vont arriver ; ils vont bâtir un moulin, une distillerie, et ils nous chasseront, moi du cabaret, vous du village...

Mais le paysan ne l'écoutait plus. Après avoir fait un geste d'indifférence, il avait repris le chemin de sa chaumière.

W tej chwili wjechał na dziedziniec dworu burmistrz sąsiedniego miasteczka z sikawką i dwiema beczkami. Dużo krzyczał, ludziom wymyślał i wkońcu pochwalił się, że gdyby nie on i jego trajkocząca sikawka, to spłonąłby nietylko dwór, ale budynki, ogród, płoty, a nawet woda w sadzawce. Wytłomaczył też zebranym, że na strychu dworu musiały być tłuste pakuły, mokre siano i jeszcze coś, i że skutkiem tego, a także operacji słonecznej — dom zapalił się sam.

Wszyscy jednozgodnie pochwalili naprzód burmistrza, później jego czujność i energję, potem jego sikawkę, a nareszcie domyślność. Przyczyna pożaru pozostała tajemnicą.

Le bourgmestre de la ville voisine arriva en ce moment, avec une pompe à feu et deux tonneaux. Il cria beaucoup, gronda les domestiques, et se vanta que, sans lui et sa pompe, non seulement la maison d'habitation aurait brûlé, mais aussi la ferme, le jardin et même l'eau de l'étang. Il expliqua aux gens rassemblés là qu'il devait y avoir eu dans le grenier du foin mouillé, de l'étoupe, et encore autre chose, et que cela et l'opération du soleil avaient provoqué l'incendie.

Tous louèrent d'une voix unanime le bourgmestre d'abord, son énergie et sa vigilance ensuite, et enfin sa pompe. La vraie cause du sinistre resta toujours inconnue.

Rozdział 12

Folwark

Miejsce, do którego przywlókł się Karusek, aby w niem spocząć na zawsze, stanowiło resztę dziedzictwa pani Janowej.

Była to okolica zaklęśnięta. Ze wszech stron spływały do niej wody. Jej niewielkie i płaskie wzgórki można było obsiewać żytem, albo zasadzać kartoflami. Doły i niziny tworzyły bagno. Im rok był wilgotniejszy, tem mniej siano i zbierano, ale zato głośniej odzywały się żaby i ptaki wodne.

Widnokrąg szczupły, ciemne zwierciadła wody, oprawne w zielony tatarak, kilka płatów zboża i ziemniaków, gdzie niegdzie kępa karłowatej wierzbiny, w jednej stronie czarny las — oto widoki tutejsze. Od lasu ciągnęła się wąska droga, której doły zasypywano niekiedy faszyną i po której nikt prawie nie jeździł.

W środku tego krajobrazu widać było dużą chatę mieszkalną z bocianim gniazdem. Obok niej, pod kątem prostym, ciągnęła się obora i stodoła, tworząc jeden budynek,

Chapitre 12

La ferme

L'endroit où Anielka se trouvait à présent représentait désormais toute la fortune de Mme Jean.

C'était une vallée encaissée entre des coteaux. Les eaux y accouraient de trois côtés. Le seigle et les pommes de terre croissaient sur les coteaux plats et peu élevés ; les terrains bas, les creux, formaient des marécages. Plus l'année était humide, moins on récoltait de foin, mais plus on entendait les coassements des grenouilles et les cris des oiseaux aquatiques.

L'horizon y était borné. Les miroirs sombres formés par l'eau et encadrés du vert des champs de seigle et de pommes de terre, çà et là le tronc d'un saule noir, d'un côté une sombre forêt, telle était la vue. Un étroit chemin, très peu fréquenté et dont on comblait les ornières à l'aide de fascines, longeait la forêt.

Au milieu de ce paysage s'élevait une grande chaumière, sur le toit de laquelle les cigognes faisaient leur nid. Près de cette chaumière, sur les deux côtés à angle droit, les étables et les granges formaient une cour carrée,

także z bocianiem gniazdem. Nieruchomości te zamykały z dwu stron prostokątny dziedziniec, którego dwa inne boki tworzył płot z żerdzi. Na środku dziedzińca stała studnia z żórawiem i korytem, otoczona kałużą.

Anielka nie mogła sobie wyraźnie przypomnieć, w jaki sposób dostała się tutaj. Wiózł ich Szmul, zdaje się, że dość długo. Ona przez drogę trzymała głowę na kolanach matki i czasem nie słyszała nic, a czasem narzekanie matki lub Józia:

— Ach! jak trzęsie...

Szmul wtedy odwracał się do nich i odpowiadał:

— Przepraszam jaśnie panią, ale ja nie mam innej bryczki.

Znowu nic nie słychać, oprócz trzęsienia i turkotu, i znowu po chwili mówi mama:

— O, jakiż ten Jaś niedobry! Czy on mógł nas tak porzucić?... Głowa mi chyba pęknie!...

A Szmul odpowiadał:

— Żeby był jaśnie pan wybudował młyn dla mnie, tobym ja teraz miał najtyczankę na resorach.

Anielka nie była pewna, o ile posiadanie przez Szmula najtyczanki ulżyłoby obecnemu zmartwieniu matki. Jej samej było zupełnie obojętne, czy Szmul jeździ najtyczanką czy wózkiem. Może to skutkiem osłabienia.

close des deux autres côtés par une haie. Dans cette cour était un puits, et on y voyait aussi une longue auge, entourée d'une énorme flaque d'eau.

Anielka ne se rappelait que vaguement comment elle était arrivée là. C'était Samuel qui les avait amenés, après un assez long voyage, lui semblait-il ; et, pendant tout le trajet, elle était restée la tête cachée sur les genoux de sa mère, parfois n'entendant rien et parfois entendant les doléances de sa mère, les lamentations de Joseph :

— Comme ça secoue !... comme ça secoue !...

Chaque fois, Samuel se tournait vers eux et disait invariablement :

— Je demande pardon à Madame, mais je n'ai pas d'autre voiture !

Et, de nouveau, on n'entendait plus rien, sauf le grincement des roues autour de l'essieu. Et, de nouveau, la mère reprenait :

— Que ce Jean est méchant !... Aurait-il dû nous abandonner ainsi ?... Je crains que ma tête n'éclate...

Et Samuel de la consoler :

— Si Monsieur m'avait construit un moulin, j'aurais maintenant une voiture à ressorts !

Anielka doutait fort que la voiture à ressorts de Samuel pût alléger les peines de sa mère. Quant à elle, peu lui importait que Samuel allât en voiture à ressorts ou en chariot. Peut-être cette indifférence provenait-elle de sa faiblesse.

Kiedy ocknęła się, uczuła, że wózek stoi, a ją samą podnosi ktoś i okrywa pocałunkami, mówiąc:

— Dzieci są, dzieci!... Moje wszystkie poumierały, ale dobrze choć na jaśnie panią popatrzeć...

Potem jakaś kobieta (była to karbowa), z twarzą pożółkłą i zmarszczoną, w czerwonej chustce na głowie, wzięła ją na ręce i zaniosła do izby, w której panował wielki zaduch. Położyła ją na szerokim tapczanie, gdzie było twardo i dużo pcheł i much.

Anielka otworzyła oczy.

Znajdowała się w izbie obszernej, do której dwa niewielkie, czteroszybne okienka puszczały trochę światła. Z sufitu i ścian już poodpadało wapno; szczęściem, gruba warstwa kurzu robiła to mniej widocznem. Podłogi nie było, tylko sklepisko z gliny, jak w stodole.

Ściany dokoła zawieszono obrazami świętych, których rysów trudno było poznać. Pod sufitem ciągnął się długi drąg, a na nim sukmany, kożuchy, buty i bielizna ze zgrzebnego płótna. Resztę miejsca w izbie zajmował stół bardzo prostej roboty, ławy, skrzynia na kółkach, a wreszcie półka z garnkami i miskami.

Na kominie palił się ogień, drzwi do sieni były otwarte. Naprzeciw widać było inne drzwi i izbę większą i widniejszą od tej, w której leżała Anielka.

Quand elle revint à elle, elle sentit que la voiture était arrêtée, que quelqu'un la soulevait, la couvrait de baisers en disant :

— Les enfants aussi... les enfants !... Tous les miens sont morts ; mais j'ai au moins le bonheur de revoir Madame !

Puis une femme au visage ridé et jauni, la tête couverte d'un fichu, prit Anielka sur ses bras et l'emporta dans une chambre où régnait une odeur de renfermé. Cette femme la déposa sur un lit très dur, couvert de puces et de mouches.

Anielka rouvrit les yeux.

Elle se trouvait dans une grande pièce où un peu de jour pénétrait par deux petites fenêtres. Le crépi des murs et du plafond était tout fendillé, ce que déguisait, heureusement, une épaisse couche de poussière. Pour tout plancher, la terre battue.

Les murs disparaissaient sous des images de saints dont il était difficile de reconnaître les traits. Un long croc à feu était accroché au plafond, on y avait suspendu des vêtements de drap, des pelisses en peau de mouton, des bottes et du linge en grosse toile écrue. En fait d'ameublement, il n'y avait dans cette pièce qu'une table grossière, des bancs, un coffre à roulettes, et enfin une tablette avec des jattes et des pots en terre.

Un bon feu brûlait dans la cheminée, la porte donnant sur le vestibule était ouverte, et on voyait, en face, la porte d'une autre chambre plus grande et plus claire que celle où l'on avait couché Angélique.

Stamtąd dolatywał ją głos matki.

— Więc niema u was dziewuchy?

— Nie.

— Ani parobka?...

— A za coby ich utrzymać, proszę jaśnie pani?... Zresztą, stąd każdy ucieka, bo tu śmierć. Tu noma troje dzieci umarło. Boże mój!

Mówiła to kobieta, która zniosła Anielkę z bryczki. Pani tymczasem lamentowała:

— Ja tu ani tygodnia nie wytrzymam. Ani sprzętów, ani podłogi, ani nawet okien tu niema. Na czem my będziemy spali?... O, gdybym przewidziała nieszczęście, jakie nas spotkało, byłabym kazała ten dom wyporządkować, przysłałabym tu parę łóżek, stół, umywalnią... O! niepoczciwie Jaś postąpił z nami, że nic mi nie wspomniał o projekcie sprzedaży... Nawet nie wiem, co my tu będziemy jedli?...

— Jest trochę mąki na chleb i na kluski, kartofle też. Jest groch, kasza i czasem może być mleko — mówiła kobieta.

— Szmulu! — odezwała się pani do arendarza — dam ci dwanaście rubli, a ty za to kup, co uważasz dla nas za potrzebne. Trzebaby herbaty, choć... samowaru niema... Ja już zupełnie straciłam głowę!

Skargi matki, jednostajnym wypowiadane głosem, odurzyły Anielkę. Gdy się znowu ocknęła, zobaczyła wielki ruch w izbie naprzeciw.

La voix de sa mère parvenait, de là, jusqu'à elle.

— Alors, vous n'avez pas de servante ?

— Non, Madame.

— Ni de valet de ferme ?

— Et comment pourrions-nous les payer et les nourrir, Madame ?... Et puis tout le monde se sauve d'ici. Nous y avons perdu trois enfants !

C'était la femme qui parlait. Madame se lamentait :

— Je ne vivrai pas même huit jours ici ! Il n'y a ni meubles, ni planchers, il n'y a pas de fenêtres. Sur quoi allons-nous nous coucher ! Oh ! si j'avais pu prévoir le malheur qui nous frappe aujourd'hui, j'aurais envoyé ici un lit, une table et un lavabo.... Jean a malhonnêtement agi envers nous en ne nous parlant pas de son projet de vente... Je ne sais même pas ce que nous allons manger ici !...

— Nous avons un peu de farine, pour du pain, et des nouilles. Il doit y avoir aussi des pois, du gruau et parfois on a du lait, répondit la femme.

—Samuel, dit Madame au cabaretier, voici douze roubles, achète-nous ce que tu jugeras nécessaire. Il nous faudrait un peu de thé, quoiqu'il n'y ait pas de samovar. J'ai complètement perdu la tête.

Ces plaintes de sa mère, répétées sans cesse d'une voix monotone, étourdirent Anielka. Quand elle rouvrit les yeux, elle vit une grande agitation dans la chambre d'en face.

On la balayait, on en emportait quelques vieilles roues,

Zamiatano ją, wynoszono jakieś koła, pękniętą stępę, złamany stołek od żarn. Potem znana jej kobiecina z nieznanym człowiekiem przynieśli tam dużo tataraku i siana.

— A widzisz, nie mówiłem ci?... Zawdy na mojem stanie! — mruczał chłop.

— O czem on mówi? — zapytała pani, siedząca przed domem.

— I... i... i... abo on wie, proszę jaśnie pani! — odparła kobieta. — On zawdy gada, że nie ma kiej wypocząć, bo i prawda. To w polu trza robić, to bydłu dać jeść i koniowi, to znowu poić, w piątek czy świątek — jednakowo. Więc on se wyrzeka, że inny chłop, to choć raz na tydzień może posiedzieć, pomyśleć...

— To wasz mąż tak lubi myśleć?

— A ino... on, jak rabin: gęby nie otwiera, ino myśli. Aż mu dziś powiadam: „Nie robisz, Kuba, w polu, to już ja dziś bydło obrządzę, a ty się rozwal, żebyś nie gadał, że nie masz wypoczynku." On się też rozwalił, o tu, gdzie panicz siedzi, i mówi: „Zobaczysz, że dziś tak coś wypadnie, że ja nie wypocznę do wieczora." A ja do niego: „At! głupiś..." Ale, że zaraz jaśnie pani przyjechała, i musieliśwa oboje wziąć się do roboty, to on teraz wymawia mi, że: „zawdy na jego słowie stanie..."

Gdy zapadł wieczór, przeniesiono Anielkę do izby umiecionej i położono na sianie, przykrytem grubą płachtą; Józio pacierz mówił. Matka pochyliła się nad nią i spytała:

un moulin fendu et une table cassée ; puis la femme qu'elle connaissait et un homme inconnu y apportèrent beaucoup d'herbes sèches et du foin.

— Eh bien, ne te l'avais-je pas dit ? n'ai-je pas toujours raison ? grommela entre les dents le paysan.

— De quoi parle-t-il ? demande Madame, assise en ce moment devant la maison.

— Hé... hé... est-ce qu'il le sait, Madame ? répondit la femme... Il dit toujours qu'il n'a jamais le temps de se reposer, et c'est vrai. Tantôt c'est aux champs qu'il lui faut aller, tantôt c'est au bétail qu'il lui faut donner à manger ou à boire, et tout ça le vendredi comme le dimanche. Aussi il se plaint toujours, et dit qu'un autre peut au moins rester assiste dimanche, penser...

— Votre mari aime à penser ?

— Oh ! oui, il est comme un rabbin ; il n'ouvre jamais la bouche, mais il pense toujours. Et moi je lui ai dit ce matin: «Ne fais rien dans les champs, Kouba; aujourd'hui, c'est moi qui soignerai le bétail ; et toi, couchetoi un peu pour ne plus venir me dire que tu n'as jamais un instant de répit. » Et lui de répondre : « Tu verras qu'il arrivera quelque chose et que je ne me reposerai pas jusqu'au soir ! » Et moi : « Tu es bête ! » Mais comme Madame est arrivée et que nous avons dû nous mettre à l'ouvrage tous les deux, il me répète « qu'il a toujours raison »...

À la nuit tombante, on transporta Anielka dans la chambre balayée, et on la coucha sur le foin, recouvert d'une toile grossière. Joseph faisait alors sa prière ; la mère s'approcha de sa fille et lui demanda :

— Angélique, *ma pauvre fille!... as-tu faim?...*

— Nie, mamo,

— Jesteś jeszcze osłabiona?... Jakaś ty szczęśliwa, że możesz tak ciągle spać i nie czujesz tego, co się z nami dzieje. Ile ja już łez wylałam!... O, ten Jaś, jakże on niegodnie z {[pk|na|mi}} postąpił!... Powiadam ci, żem ci zazdrościła zemdlenia. Ja tylko siłą woli powstrzymałam się... Wiesz, że tu niema nic: ani mięsa, ani masła, ani mebli, ani samowaru...

Anielka nie odpowiedziała nic. Ją nurtował ból, którego ani wyrazy, ani łzy nie były w stanie określić.

W taki sposób odbyła się instalacja wygnańców w nowem mieszkaniu.

Anielka przeleżała jeszcze dzień, przysłuchując się narzekaniom matki i Józia.

Na śniadanie kobieta przyniosła im mleko i czarny, ościsty chleb.

Józio rozpłakał się.

— Ja nie mogę tego chleba jeść, bo przecie ja jestem osłabiony... — rzekł.

— Cóż będziesz jadł, biedne dziecko, kiedy niema nic innego?... O, ten Jaś!... ten Jaś!... sam pewno łakotki zajada, a my umieramy z głodu!... — odpowiedziała mama.

Trzeba było jednak zjeść czarny chleb, co też Józio zrobił nie bez wstrętu.

— Mamo!... — rzekł niebawem — ja nie mam na czem siedzieć...

— Anielka, *ma pauvre fille, as-tu faim ?*

— Non, maman.

— Tu es encore faible ?... Comme tu es heureuse de pouvoir dormir et de ne pas sentir ce qui nous arrive ! Combien de larmes n'ai-je pas versées aujourd'hui ? Oui, ton père a mal agi envers nous. C'est ma volonté seule qui me tient encore debout... Sais-tu qu'il n'y a ici ni viande, ni beurre, ni meubles, ni samovar !...

Anielka garda le silence. Elle était dévorée par un chagrin que ni des larmes, ni des paroles n'auraient su exprimer.

C'est ainsi que les exilés s'installèrent dans leur nouvelle demeure.

Anielka garda encore le lit le jour suivant, écoutant toujours les lamentations de sa mère et les gémissements de Joseph.

La femme leur servit à déjeuner, du lait et du pain noir très dur.

Joseph se mit à pleurer.

— Je ne puis pas manger ce pain, je suis si faible... dit-il.

— Que mangeras-tu, mon pauvre enfant ? Il n'y a rien d'autre. Ce Jean !... Ce Jean... il mange probablement quelque friandise en ce moment, et nous, nous mourons de faim, soupira la mère.

Force fut donc de manger le pain noir, ce que Joseph fit non sans répugnance.

— Maman, dit-il quelques instants après, je n'ai pas où m'asseoir...

— To pochodź sobie, moje dziecko... wyjdź przed dom...

— Ja nie mogę chodzić, bo ja przecie jestem chory...

— Józiu! — odezwała się Anielka — naprawdę, pochodź sobie, będziesz zdrowszy...

— Nie będę zdrowszy — przerwał Józio gniewnie. — Prawda, proszę mamy, że ja nie będę zdrowszy?...

Pani westchnęła.

— Moje dziecko, czy ja wiem?... A może tobie istotnie spacer posłuży?...

— A dlaczego mama mówiła w domu, żebym nigdy nie chodził?...

— Widzisz, w domu co innego, a tu co innego... Pobiegaj sobie trochę — odparła matka.

Józio nie odrazu usłuchał, lecz widząc, że od stania nogi bolą, przeszedł ostrożnie próg. Wydostawszy się do sieni, zobaczył tam króliki, które przed nim uciekły. Zaciekawiły go, więc poszedł za niemi aż na dziedziniec, a nawet okrążył dom.

Była to pierwsza jego samowolna wycieczka, po której, bardzo zasępiony, położył się spać obok Anielki. Po obiedzie jednak, złożonym z zacierek i ziemniaków, wyszedł z matką już na dłuższy spacer.

Chodzili ze trzy kwadranse. Gdy wrócili, Józio był ciągle zachmurzony i nieco rzeźwiejszy, ale matka zmęczona. Jemu zmiana życia posłużyła, matce widać koniecznie były potrzebne łóżko i lekarstwa.

— Marche, mon enfant,... va devant la maison !

— Mais je ne peux pas marcher, je suis si malade !...

— Marche un peu, dit à son tour Anielka, marche vraiment un peu, tu te porteras mieux !

— Je ne me porterai pas mieux ! fit Joseph en frappant du pied. N'est-ce pas, maman, que je ne me porterai pas mieux ?

La mère poussa un profond soupir.

— Le sais-je, mon enfant ? Peut-être la promenade te fera-t-elle du bien ?

— Et pourquoi, à la maison, m'empêchiez-vous toujours de me promener ?

—Vois-tu, enfant, à la maison c'était tout autre chose... Va courir un peu ! répondit la mère.

Joseph n'obéit pas tout de suite, mais, se sentant enfin las de rester debout, il franchit prudemment le seuil. Il aperçut, dans le vestibule, deux lapins qui se sauvèrent à sa vue. Ces petits animaux excitèrent sa curiosité, il les poursuivit jusque dans la cour, et il fit même le tour de la maison.

C'était là sa première excursion volontaire. Quand il rentra, le visage renfrogné, il alla se coucher auprès d'Anielka. Mais après le dîner, dîner composé de potage au lait et de gruau, il sortit de nouveau, avec sa mère.

Ils marchèrent trois quarts d'heure. Quand ils revinrent, Joseph était toujours sombre, mais plus animé ; la mère était épuisée. Ce changement de vie était salutaire à l'enfant, tandis que la mère n'avait visiblement besoin que de son lit et de médicaments.

Na drugi dzień dopiero wstała Anielka, może trochę spokojniejsza, lecz nie zdrowsza. Nie bolało ją nic, czuła tylko znużenie i brak sił. Po gwałtownych przejściach powinna była odpocząć jakiś czas, w miejscu zdrowem, wśród wesołego towarzystwa.

Cała okolica przesiąknięta była wilgocią. Noce odznaczały się surowym chłodem, dni parnością. Przytem widok był ponury. Dokoła domu drzewa ani śladu, ani krzaków. Woda brzydka, z czarnem dnem, popstrzona kępami, zasypana tatarakiem. Czarny las o wiorstę stąd szumiał dziko i wyglądał nie weselej. Głosy ptaków były dziwne. Bąk nawet przestraszył Anielkę. Wzgórza, otaczające ze wszech stron folwark, zasłaniały wsie sąsiednie, wogóle dość odległe.

Bliżej otaczało ją wielkie ubóstwo. Na domu strzecha już pozieleniała, mocniejszy wiatr przedmuchiwał ściany, stodoła obdarta chyliła się do upadku. Dwa woły, para krów i koń były chude i posępne.

Z ludźmi było jeszcze gorzej. Matka narzekała, Józio bał się swojej choroby, żona karbowego wspominała zmarłe dzieci, karbowy zwykle siedział za domem, a gdy wrócił — milczał.

Był to człowiek niski i krępy. Nosił zgrzebną koszulę, wyłożoną na takież majtki, słomiany kapelusz z obdartem rondem i łapcie z łyka.

Anielka se leva, le lendemain matin, un peu plus calme peut-être, mais guère mieux portante. Rien ne lui faisait mal ; elle ne ressentait qu'une grande faiblesse et une sorte de fatigue. Après une telle secousse, elle aurait dû se reposer quelque temps dans un endroit riant, parmi des personnes gaies.

Et puis cette contrée était comme imprégnée d'humidité. Les nuits étaient froides, les jours étouffants. Le paysage était lugubre ; pas un arbre, pas un buisson autour de la maison, rien que de la vilaine eau stagnante, recouverte, çà et là, de joncs. La sombre forêt, qui n'était qu'à une verste de là, avait aussi un aspect lugubre et bruissait tristement. Les oiseaux avaient des voix étranges ; les scarabées même effrayaient Anielka. Les coteaux entourant la ferme dérobaient aux regards les villages voisins.

La maison respirait la misère ; le chaume du toit avait revêtu une couleur verdâtre ; le vent le plus léger traversait les murs ; les granges menaçaient ruine. Les deux bœufs, les trois vaches et le cheval étaient maigres et abattus.

Les habitants n'étaient guère plus vaillants. Mme Jean se lamentait sans cesse, Joseph craignait pour sa maladie, la femme du surveillant regrettait ses enfants morts, le surveillant Zaïone était toujours dehors, et, lorsqu'il venait à la maison, il se taisait.

C'était un petit homme trapu. Il portait toujours une chemise de grosse toile grise sur des pantalons de même couleur, un chapeau de paille aux bords décousus, et des chaussures en écorce de bouleau.

Twarz pomimo to miał uczciwą i spojrzenie rozumne choć smutne. Rozgadywał się tylko wówczas, gdy mu się w nocy, nad bagnem, ukazywały ogniste duchy.

Trzeciego dnia przyjechał Szmul i przywiózł chleba, bułek, masła, szmalcu, mąki, cukru, herbaty i parę krzeseł. Witano go, jak Mesjasza.

— Co tam słychać! — zawołała pani — mówże nam...

— Aj! dużo słychać... Niemcy już są we wsi i będą spalony dwór przerabiać na gorzelnią. Wszyscy ogromnie żałują jaśnie pani, a ksiądz dziekan ma tu przysłać kur i kaczek...

— Czy mąż nie pisał do mnie?...

— Byłem na poczcie, ale listu niema. Zato pani Weiss kazała się jaśnie pani kłaniać...

Anielka zbladła.

— Co za pani Weiss?

— To jest jedna wdowa po naczelniku od liwerunku, bardzo porządna osoba. A jaka bogata!... Więc ona powiedziała do mnie, żebym się delikatnie zapytał, czy jaśnie pani nie zechce mieszkać u niej z dziećmi. Ona za to nic nie weźmie... A jak jaśnie pani zgodzi się, to ona tu przyjedzie karetą na znajomość i sama jaśnie panią zaprosi...

— Ja nie znam tej kobiety — przerwała pani.

— To nic!... Ale ona zna jaśnie pana... i bardzo go lubi...

Pani coś przypomniała sobie.

Il avait un honnête visage et de bons yeux intelligents, mais tristes. Il ne parlait que la nuit, alors que les feux follets dansaient au-dessus du marais.

Le surlendemain, Samuel apporta du pain bis, des petits pains, du beurre, de la graisse, de la farine, du sucre, du thé et quelques chaises. On l'accueillit comme le Messie.

— Qu'y a-t-il de nouveau ? demanda Mme Jean.

— On dit beaucoup de choses... Les Allemands sont déjà au village ; ils veulent construire une distillerie là où était le château. Tout le monde plaint énormément Madame, et le doyen veut envoyer des poules et des canards...

— Mon mari ne m'a-t-il pas écrit ?

— Je suis allé à la poste, mais il n'y avait pas de lettre. Mme Weiss m'a chargé de saluer Madame.

Anielka pâlit.

— Qu'est-ce que cette Mme Weiss ?

— C'est la veuve d'un directeur des fournitures militaires, une personne très comme il faut. Et si riche !... Elle m'a donc dit de demander très délicatement à Madame si elle ne consentirait pas à venir habiter chez elle avec les enfants. Elle ne se fera pas payer... et, si Madame consent, elle viendra elle-même faire connaissance et inviter Madame...

— Je ne connais pas cette femme ! interrompit Mme Jean.

— Peu importe... Elle connaît très bien Monsieur et l'aime beaucoup...

Madame parut se ressouvenir.

— Nie myślę robić znajomości z takiemi kobietami — odparła. — Wolałabym umrzeć z głodu...

Anielkę ostry ból przeszył. Ona wciąż pamiętała rozmowę, w której Szmul zachęcał ojca do żenienia się z tą panią, po śmierci matki. Nie widząc, znienawidziła ją.

— Ach, ta pani Weiss!...

Dzień zeszedł im nieco weselej. Wprawdzie Szmul wkrótce wyjechał, obiecując, że wróci z listem od ojca, ale zato karbowa ugotowała im herbaty w garnuszku. Józio, skosztowawszy herbaty, aż w ręce klaskał i obiecywał, że pójdzie kiedy do lasu na jagody. Matka parę razy uśmiechnęła się. Anielce trochę sił przybyło, choć na krótko.

Następnego dnia Anielka czuła się jeszcze rzeźwiejszą, a dowiedziawszy się, że z niedalekiego wzgórka widać jakąś wioskę, poszła tam, aby choć dachy mieszkań ludzkich zobaczyć.

Odtąd poczęła ją dręczyć tęsknota, nieznana jej dotychczas. Nieraz marzyła na jawie. Zdawało jej się, że jest w dawnem mieszkaniu, że wyszła z niego na spacer. Karusek biegł za nią, ale gdzieś się schował. W domu czeka na nią panna Walentyna z lekcjami, matka siedzi na fotelu, a Józio na swoim wysokim stołku.

Wszystko jest tak, jak było dawniej: dom, ogród, sadzawka. Spoglądała i — widziała na czarnej wodzie wyblakłe zielone kępy, albo tatarak smutnie szumiący.

— Je n'ai nullement l'intention de lier connaissance avec de telles personnes, répondit-elle. Je préférerais mourir de faim...

Anielka ressentit comme une violente piqûre au cœur. Elle se souvenait toujours de la conversation où Samuel avait engagé son père à épouser cette femme, après la mort de sa mère. Elle la haïssait inconsciemment.

— Cette Mme Weiss !...

La journée, cependant, s'écoula un peu plus gaiement. Samuel partit bientôt en promettant de revenir avec une lettre du père, et la surveillante prépara du thé dans un pot de terre. Après avoir goûté de cette boisson, Joseph battit des mains et voulut aller à la forêt pour cueillir des baies. Sa mère sourit à plusieurs reprises : et Anielka se sentit plus forte.

Le lendemain, Anielka se sentait encore un peu mieux que la veille. Ayant entendu que, du coteau voisin, on découvrait un hameau, elle le gravit pour apercevoir au moins un toit abritant des humains.

Mais, bientôt, une détresse l'envahit toute. Il lui arriva de rêver tout éveillée. Il lui semblait alors qu'ils habitaient toujours leur maison, et qu'elle était sortie en compagnie de Karo ; Mlle Valentine l'attendait à la maison avec ses leçons. Sa mère était enfouie dans son fauteuil ; Joseph, assis à sa haute table.

Tout était comme autrefois : et la maison, et le jardin et l'étang. Elle regardait et ne voyait que des plantes aquatiques sur l'eau noirâtre, et des roseaux bruissant tristement.

Wówczas z nieprzepartą siłą stawał jej na oczach spalony dom, bez dachu. Okna były u góry okopcone, okiennice zwieszały się, dzikie wino około ganku wyglądało jak sploty czarnych wężów. Szklana altanka była zdruzgotana, pokoje przepalone i zarzucone stosem głowni osobliwych form. Drzewa, przytykające do domu, w połowie były okryte liśćmi, a w połowie — obnażone z nich — straszyły spieczonemi gałęźmi.

Oprzytomniała znowu, zbudzona krzykiem ptaka nocnego.

W przerwach — jaka tu cisza... Przez lekką sukienkę wpijała w nią kły wilgoć bagnisk. Czuła chłód i dreszcze. Jak tu pusto, niema drzew, jaka wierzbina drobna... Nie jestże to ziemia umarła i już gnijąca?... Czy nie głodzi ona roślin i zwierząt, czy nie zabiła trojga dzieci karbowych, czy nie zabije ich wszystkich?... Karusek, ledwie tu stąpił, zdechł!... Słońce, które niegdyś tak ożywiało Anielkę, rzuca światło blade; niebo też nie jest równie błękitne, jak było tam nad ogrodem, jakie przeglądało się w sadzawce. Pierwszy raz uczuła Anielka nieokreślone pragnienie oderwania się od ziemi ponad surowe mgły, do słońca jasnego i nieba tak czystego, jak nad ich domem.

Wieczorem pomogła karbowej obierać ziemniaki. To ją rozerwało nieco, choć miała lekką gorączkę. I matka była słabsza.

— Ja muszę napisać list do ciotki — mówiła. — Jeżeli Jaś stracił mój posag, a jego ciotka ma pieniądze, toż powinna się ulitować nad nami. My tu zginiemy.

Alors lui apparaissait la maison incendiée et sans toit... Les fenêtres étaient calcinées, les volets, à demi décrochés ; les rameaux de la vigne vierge encadrant la façade ressemblaient à de noirs serpents enlacés ; les vitres de la véranda étaient brisées ; les chambres étaient noires et encombrées de tisons aux formes bizarres. Les arbres croissant près de la maison étaient à demi dénudés, à demi couverts de feuilles : la plupart des branches étaient consumées.

Elle s'arracha à son rêve, rappelée à la réalité par le cri aigu d'un oiseau de nuit.

Quel silence aux environs !... L'humidité des marécages pénétrait ses légers vêtements. Elle frissonna. Comme tout était désert ! Cette terre n'était-elle pas déjà morte ? Ne pourrissait-elle pas déjà ? N'affamait-elle pas les animaux et les plantes ? N'avait-elle pas fait mourir les trois enfants des surveillants ? Ne les tuerait-elle pas tous ?... Le soleil, qui jadis la rendait si joyeuse, était si pâle ici... le ciel n'avait pas, non plus, ce bleu intense de là-bas, au-dessus de leur jardin, ce bleu que reflétait l'étang. Et, pour la première fois, Anielka éprouva l'indéfinissable désir de s'arracher de cette terre, de ces brumes sombres, de s'en aller là-bas, vers le clair soleil, sous un ciel pur, comme celui qui brillait au-dessus de leur maison.

Ce même soir, elle aida la surveillante à récolter des pommes de terre. Cela l'égaya un peu, mais elle tremblait de fièvre. La mère aussi se sentait plus faible.

— Il faut écrire à notre tante ! dit Mme Jean ; puisque Jean a dissipé ma dot et que sa tante a de l'argent, elle doit nous venir en aide. Nous allons tous mourir, ici !

Karbowy, Zając, wrócił już od roboty i siedział na progu, jak na koniu, podparłszy rękoma brodę. Patrzył on uważnie na Anielkę i rzekł:

— A jużci! dla państwa tu jest bardzo złe powietrze...

— I dla was złe, dla wszystkich złe! — odpowiedziała pani.

— My, tośwa już przywykli — odparł. — Żeby tak ino miał człowiek kiedy czas odpocząć, jak się patrzy...

I westchnął.

— Ale! — wtrąciła Zającowa — jemu tylko o odpocznienie idzie. Jużci i nam tu niezdrowo... Troje dzieci noma umarło, a takie były rzeźkie, takie wesołe...

— Dlaczegóż nie wyprowadziliście się stąd? — zapytała pani.

Chłop posępnie rzucił głową.

— Nasze dzieci umiłowały sobie te strony i latają nad niemi, to i nam nieładnie stąd odejść...

— Co wy mówicie, człowieku? Gdzie wasze dzieci latają?... — odezwała się niespokojnie pani.

Chłop, milcząc, wyciągnął rękę w kierunku bagien. Wszyscy stanęli na progu i patrzyli.

Niebo było zamglone, ledwie świeciła gdzie jaka gwiazda. Powietrze ciepłe, ale tem ciepłem zgniłem, wilgotnem. Na dziedziniec padała czerwonawa smuga ognia, palącego się na kominie. Żóraw studni czarno rysował się na niebie.

Le surveillant, déjà revenu des champs, était assis sur le seuil, le menton dans ses mains. Il regarda attentivement Anielka et murmura :

— Oui, sans doute, car l'air d'ici ne vous vaut rien !

— Il ne vaut guère mieux pour vous, repartit Mme Jean, il est malsain pour tout le monde.

— Nous, nous y sommes déjà accoutumés. Si on avait au moins le temps de se reposer, de se... reposer...

Et il poussa un profond soupir...

— Mais pour toi, interrompit sa femme, il ne s'agit toujours que de repos... Certainement que c'est aussi malsain pour nous... la preuve c'est que nos trois enfants y sont morts... Comme ils étaient vifs !... comme ils étaient gais !

— Pourquoi ne vous en allez-vous pas d'ici ? questionna Madame.

Le paysan hocha la tête.

— Nos enfants aimaient cette contrée, et ils y reviennent toujours ; aussi ne pouvons-nous la quitter.

— Que dites-vous, mon ami ? où vos enfants reviennent-ils ? demanda Mme Jean, inquiète.

Le paysan indiqua le marécage. Tous vinrent se grouper sur le seuil et y restèrent, les yeux fixés sur la plaine.

Le ciel était nébuleux : çà et là, une petite étoile brillait faiblement. L'air était tiède, mais d'une tiédeur malsaine, humide. Un rayon de lumière tombait de la fenêtre, dans la cour ; la bascule du puits se dessinait dans l'ombre.

Za żerdziami, okalającemi dziedziniec, może o paręset kroków od domu, tliło się kilka bladych płomyków. Niekiedy drżały, przygasały, czasem zbliżały się do siebie, podnosząc się i zniżając.

Józio zaczął krzyczeć. Wylękniona matka wzięła go za rękę i pociągnęła do izby. Karbowa płakała i modliła się, a chłop siedział z głową podpartą na rękach, i patrzył.

— Kiej lubią tu być, kiej im tu dobrze, to niech se skaczą! — rzekł chłop.

— Czy każda dusza chodzi po tych miejscach, które lubiła?... — spytała go cicho Anielka.

— Jużci tak! — odparł. — Ony się tu kąpały za życia, łapały se pijawki, więc i teraz zaglądają czasem...

Anielce jakoś lżej się zrobiło, gdy pomyślała, że i jej dusza będzie mogła zaglądać czasem do ogrodu, tam...

Od tego dnia polubiła bardzo Zająca i z tęsknem uczuciem patrzyła na bagna, które tak pokochały jego dzieci, że aż do nich z nieba wracają.

Natomiast pani nabrała jeszcze większego wstrętu do tej okolicy, która sama straszna, była jeszcze siedliskiem jakichś widziadeł. Wprawdzie mówiła dzieciom:

— Co wy słuchacie Zająca?... on wam brednie plecie. Duchy nie chodzą po ziemi. To były błędne ognie, albo świętojańskie robaczki...

Au delà de la haie sèche entourant la cour, à deux cents pas de la maison, peut-être, quelques flammes blafardes brillaient. Tantôt elles tremblotaient, s'éteignaient ; tantôt elles se rejoignaient, s'enlevaient, s'abaissaient au ras du sol.

Joseph poussa des cris effrayés. Sa mère le prit par la main et l'emmena dans la chambre. La surveillante se mit à pleurer et à prier ; et le paysan resta sur le seuil, la tête appuyée sur ses mains, les yeux fixés sur le marais.

— Puisqu'ils aiment tant à errer ici, c'est qu'ils s'y trouvent bien ; et même qu'ils dansent ! dit-il.

— Est-ce que chaque âme revient errer dans les lieux qu'elle a aimés ? lui demanda Anielka à voix basse.

— Certainement que oui. C'est là qu'ils se sont baignés de leur vivant, qu'ils ont attrapé des sangsues, et maintenant ils y reviennent de temps à autre...

Anielka se sentit le cœur moins gros à la pensée que son âme pourrait errer là-bas, au-dessus de leur jardin.

À partir de ce jour, elle éprouva une vive affection pour Zaïone, et attacha des regards d'envie sur ce marais que des enfants avaient aimé jusqu'à redescendre du ciel pour le visiter.

Sa mère, au contraire, éprouvait une aversion de plus en plus grande pour cette contrée, si effrayante déjà par elle-même, et qui, pour comble, était encore fréquentée par des revenants. Elle disait toutefois à ses enfants :

— Pourquoi écoutez-vous Zaïone ? Il vous conte des billevesées. Les âmes n'errent jamais sur la terre... Ce sont des feux follets, ou des lucioles, que vous voyez...

Ale sama bała się i za żadne skarby nie wyszłaby w nocy z izby.

W taki sposób dnie im upływały. Józio coraz śmielej jadał czarny chleb, groch i ziemniaki, często bez okrasy, i coraz dalej wybiegał na folwark. Pewnego dnia przejechał się nawet na zbiedzonym koniku. Ale matka była słabsza niż w domu, a Anielka miewała gorączkę, dreszcze i czuła upadek sił.

Zając pilnie przypatrywał się im obu i kiwał głową.

— Musi to dziedzic nieporządnie robi, że tak opuścił?... — spytała go raz karbowa.

— Albo on kiedy zrobił co porządnie? Znam go przecie dwanaście lat!...

Po upływie dwu tygodni przyjechał znowu Szmul. Przywiózł od proboszcza drób w kojcu, sery i masło, chleba i bułek z miasta i dwa listy:

Jeden był od pana Jana. Żona otworzyła go najpierwej i czytała:

Kochana Meciu!

Ciężki krzyż zesłał na nas Pan Bóg i pozostaje tylko dźwigać go mężnie. Szalony upór chłopów...

— Ależ oni już chcieli się godzić! — przerwała sobie pani.

Mais elle n'en avait pas moins peur : et pour un trésor elle ne serait pas sortie de la maison, la nuit venue.

Les jours s'écoulaient. Joseph avait de jour en jour meilleur appétit ; il mangeait sans répugnance le pain noir, les pommes de terre, les pois, le gruau, apprêtés simplement, et, chaque jour aussi, il s'éloignait davantage de la ferme en se promenant. Un jour, il revint même à cheval sur une maigre haridelle. Sa mère s'affaiblissait de plus en plus, et Anielka avait la fièvre, frissonnait continuellement, et perdait ses forces.

Zaïone les regardait souvent toutes les deux et branlait la tête.

— Monsieur ne fait pas bien de les laisser ici, n'est-ce pas ? questionnait sa femme.

— Quand donc a-t-il fait quelque chose de bien ? Il y a douze ans que je le connais et...

Quinze jours plus tard, Samuel apporta deux lettres, de la volaille envoyée par le Doyen, du beurre, du fromage, du pain bis, et des petits pains achetés en ville.

Une des lettres était de M. Jean. Sa femme l'ouvrit la première, et lut :

> « *Ma chère Mathilde,*
>
> « *Dieu nous a envoyé une lourde croix, et il nous reste à la porter vaillamment. L'entêtement des paysans...* »

— Mais ils voulaient s'arranger ! pensa Mme Jean.

Szalony upór chłopów zmusił mnie do sprzedania majątku, ciotki w domu nie zastałem, a na listy moje odpowiedzi nie odbieram. Ma ona wrócić wkrótce, a w takim razie ty udaj się do niej; pewno więcej zrobisz, aniżeli ja.

O pogorzeli reszty mienia naszego nie wspominam nawet. Widzisz, jakie to szczęście, że klejnotów twoich w domu nie było! Pomyśleć nawet nie mogę, że już nie zobaczę mego gabinetu, a kiedy wyobrażam sobie wasze przykrości i obawy, formalnie tracę rozum.

Ja bawię u poczciwego Klemensa, ciałem tylko, bo duch mój jest z wami. Piękne salony jego zobojętniały mi, obiadów, które pamiętasz — nie jadam. Powiem ci otwarcie, że wprost lękam się o moje zdrowie.

Zającowi polecam, ażeby wszystkie zapasy, jakie są... (— O jakich on zapasach mówi? — przerwała sobie pani powtórnie.) *sprzedał natychmiast, a pieniądze tobie, droga Meciu, doręczył. Ja już nie chcę stamtąd ani grosza, byleście wy mieli dość. Proszę bardzo nie żałować sobie niczego i nie wdawać się w żadne oszczędności. Zdrowie przedewszystkiem.*

Żyjemy w czasach nadzwyczajnie krytycznych. Nie znam człowieka, któryby nie miał zgryzoty.

Czy uwierzysz, że pani Gabrjela zerwała z poczciwym Władkiem!... Gdy pomyślisz, że ja się i tem martwię, będziesz miała słaby obraz moich cierpień. Ale trudno, mam już taką naturę.

« *L'entêtement des paysans m'a forcé de vendre notre propriété, et, pour comble, je n'ai pas trouvé ma tante à Varsovie et mes lettres sont restées sans réponse. Elle doit revenir sous peu : dès qu'elle sera de retour, essaie de la voir ; tes efforts seront peut-être moins infructueux que les miens.*

« *Je ne parle même pas de l'incendie de notre maison : quelle chance que tes bijoux n'aient plus été là ! Je pleure aussi à l'idée de ne jamais revoir mon cabinet de travail ; et quand je me représente vos craintes, les ennuis que vous avez dû éprouver, je perds littéralement la tête.*

« *J'habite en ce moment chez notre bon Clément : mais mon corps seul y est, car mon esprit est avec vous. Ses magnifiques appartements me sont indifférents ; je ne touche pas aux dîners, dont tu te souviens. Je t'avouerai franchement que j'éprouve quelque crainte pour ma santé.*

« *Je recommande à Zaïone de vendre immédiatement tout ce qui est encore à vendre et de te remettre cet argent, ma chère Mathilde. Je ne veux pas un liard de tout cela, et ne désire qu'une chose : que cela vous suffise. Je te supplie de ne rien te refuser, et surtout de ne pas faire d'économies. La santé avant tout !*

« *Nous traversons une époque critique. Je ne connais pas une âme qui n'ait ses soucis.*

« *Croirais-tu que Mme Gabrielle a rompu avec ce bon Ladislas ? Quand je t'aurai dit que cela même me fait de la peine, tu auras une idée de mes souffrances morales. Que faire ? telle est ma nature !...*

Klemens kazał ci ucałować rączki. Szlachetny ten chłopak od dwu godzin nie ma humoru z tego powodu, że nie może posłać ci do skosztowania poziomek, które sam wychodował...

Pani, nie kończąc listu, zmięła go i włożyła w kieszeń. Był to z jej strony pierwszy podobnie energiczny objaw.

— Ten człowiek nie ma serca! — szepnęła.

Drugi list pochodził od ciotki Anny, którą tak źle w domu przyjęli. Pani otworzyła go z niechęcią.

— Biedna kobieta — rzekła — pewnie prosi mnie o pomoc, której udzielić nie mogę...

Zaczęła jednak czytać:

Z duszy i serca kochana siostro!

Zasłyszałam od Szmula o waszych nieszczęściach. Boże mój! co się stało?... Mówi Szmul, że wy teraz mieszkacie w jakiejś chałupie i nie macie ani co jeść, ani w co się odziać?...

Ach! gdybym ja była otrzymała miejsce u czcigodnego ks. dziekana, pomogłabym wam więcej. Ale teraz sama jestem w kłopotach i ledwie mogę wam posłać trochę gratów do przykrycia...

— Co ona pisze? — spytała pani, głęboko wzruszona.

« *Clément te baise la main. Ce noble garçon a perdu sa belle humeur, depuis deux jours, parce qu'il ne peut t'envoyer à goûter des fraises que lui-même a cultivées.* »

Mme Jean n'acheva pas la lettre, elle la plia et la mit dans sa poche. C'était la première fois qu'elle faisait preuve d'une telle énergie.

— Cet homme n'a pas de cœur ! murmura-t-elle.

L'autre lettre était de cette cousine Anna, qu'on avait si mal accueillie quelques semaines auparavant. Mme Jean l'ouvrit sans se hâter.

— Pauvre femme ! se dit-elle ; elle me demande sans doute de lui venir en aide, et je ne peux rien pour elle !...

Elle se mit à lire :

« *Chère cousine, aimée de toute mon âme et de tout mon cœur.*

« *J'ai entendu parler par Samuel des malheurs qui vous accablent. Mon Dieu ! Qu'est-il arrivé ? Samuel m'a raconté que vous habitez maintenant dans une chaumière, et que vous n'avez ni de quoi vous nourrir, ni de quoi vous vêtir...*

« *Ah ! si j'avais obtenu la place de femme de charge chez M. le doyen, je pourrais faire davantage pour vous maintenant ; mais je suis moi-même dans l'embarras, et ne puis vous envoyer que quelques vieilles hardes pour vous couvrir.* »

— Qu'écrit-elle là ? demanda Mme Jean.

— Ma racją — odezwał się Szmul — ona mi dała jakieś zawiniątko. Oto tu jest...

Ciotka twego męża, jw. prezesowa ma być w tym tygodniu w domu i, po paru dniach pobytu, wyjedzie zagranicę na pół roku. Trzeba więc, ażebyś się z nią zobaczyła. Ona powinna was wesprzeć, boby ją Bóg skarał. Przecie to jej siostrzeniec strwonił twój majątek i dziś hula po świecie, jakby nigdy nic.

Przyjeżdżaj więc ze Szmulem, ani dnia nie zwłócząc, a może ciotka weźmie cię nawet do wód zagranicznych. Gdy was przyjmie do domu, ja przyjadę po twoje dzieci. Ty staniesz u mnie, zawczasu wybaczając mi biedę, jaką tu znajdziesz. Ach! gdybym ja kiedy dostała miejsce u jakiego zacnego proboszcza, zarazby ze mną było inaczej...

Dziatki twoje, a szczególniej serdeczną Anielcię, tego prawdziwego aniołka, całuję choć listownie.

Niech ją Bóg błogosławi.

Panna Walentyna jest tu u nas. Spotkał ją niebogę duży zawód, bo jej konkurent (niejaki pan Saturnin) żeni się z inną.

Resztę listu zapełniały całusy, błogosławieństwa i najusilniejsze nalegania, aby siostra przyjechała natychmiast.

— En effet, dit Samuel, elle m'a remis un paquet. Le voici !

« *La tante de ton mari, la présidente, sera cette semaine ici, chez elle, et après un séjour de deux ou trois jours elle repartira pour l'étranger, où elle restera pendant six mois. Il faut absolument que tu la voies auparavant. Elle doit vous venir en aide, car Dieu la punirait si elle ne le faisait pas. N'est-ce pas son neveu qui a gaspillé ta fortune, et qui se promène aujourd'hui par le monde comme si rien n'était ?*

« *Viens donc ici sans plus de retard, et peut-être même la tante t'emmènera-t-elle aux eaux avec elle. Lorsqu'elle aura consenti à vous recueillir, j'irai moi-même chercher tes enfants. En attendant, tu peux descendre chez moi, en me pardonnant d'avance le dénuement que tu y trouveras. Ah ! si j'avais obtenu la place de femme de charge chez quelque bon prêtre, je vivrais tout autrement !*

« *J'embrasse, au moins par lettre, tes petits et surtout Anielka, cet ange de Dieu.*

« *Que Dieu la garde et la protège !*

« *Mlle Valentine est ici. La malheureuse vient d'éprouver une grosse déception : car son prétendant (un certain M. Saturnin) en épouse une autre.* »

La lettre se terminait par des baisers, des bénédictions, et les plus aimables instances d'arriver immédiatement.

Biedna pani Janowa, czytając to, wylewała obficie zdroje łez. Płakała i Anielka i całowała list zacnej, choć tak ubogiej ciotki. Karbowa też, widząc, że inni płaczą, połączyła się z nimi i zaraz wspomniała o swoich zmarłych dzieciach.

Nawet Szmul mówił:

— Bardzo dobra kobieta!... Ona warta być Żydówką... Choć u niej wielka bieda!...

Uspokoiwszy się i odczytawszy po raz drugi list ciotki Anny, pani zamyśliła się.

— Co tu robić?... co tu robić?... — szeptała.

Szmul, który obserwował ją, milcząc, odezwał się:

— Jaśnie pani musi jechać do miasta, choćby na kilka dni. Ja jaśnie pani radzę!... A kiedy ja radzę, to nie napróżno. Ja znam jaśnie prezesową. U niej listem nie zrobi się nic, a do tego ona gniewa się jeszcze na dziedzica za to, że ją parę razy zwiódł. Ale jak ona zobaczy, że jaśnie pani taka biedna, taka chora... No, ona nie będzie miała serca nie dać państwu jakiego utrzymania.

Pani złożyła ręce na kolana i kiwała smutnie głową.

— Nie o mnie tu już chodzi, ale o dzieci, które w tej strasznej nędzy zdziczeją i zginą!... Mnie mało się należy... Zdrowie moje podkopane zupełnie...

La pauvre Mme Jean versa un torrent de larmes en lisant ces lignes ; Anielka pleura aussi, et voulut même baiser la lettre de cette tante, si bonne malgré sa pauvreté ! La surveillante, en voyant pleurer les autres, mêla ses larmes aux leurs, et se rappela ses enfants morts.

Samuel lui-même déclara que « c'était une bonne personne » et qu'elle « valait autant qu'une Juive ».

Quand Mme Jean se fut un peu calmée, elle relut la lettre et parut réfléchir.

— Que faire maintenant ? que faire ?

Samuel, qui l'observait en silence, répondit :

— Madame doit aller là-bas, ne serait-ce que pour quelques jours. Je le conseille à Madame... Et quand je donne des conseils, ils valent toujours quelque chose. Je connais madame la présidente. Une lettre n'aura aucune influence sur elle, et peut-être même l'irritera-t-elle encore davantage contre Monsieur, parce qu'il l'a déjà trompée plusieurs fois. Quand elle verra comme Madame est malade, non, elle n'aurait vraiment pas de cœur si elle ne vous donnait pas quelque secours.

Mme Jean croisa ses mains sur ses genoux et baissa tristement la tête.

— Il n'est pas question de moi, mais des enfants que cette affreuse misère va épuiser et qui finiront par mourir. Il me reste peu à vivre... ma santé est tout à fait ébranlée.

— Niech jaśnie pani nie desperuje — mówił Szmul. — Prawda, że jaśnie pani mizerna, ale i panienka jest mizerna, choć dotąd była zdrowa. Tu takie złe powietrze. Gdyby jaśnie pani została tu rok... dwa... Bóg wie, coby z tego wypadło, ale w mieście, gdzie tylu doktorów, aptek... Aj! tam będzie pani zdrowa. Zresztą — to są rzeczy dalekie, a teraz trzeba jechać do miasta, doczekać się jaśnie prezesowej, złapać ją i wszystko powiedzieć, jak jest. Ona jaśnie pani da choć z parę tysięcy na rok i dzieci weźmie na edukacją... Ja dziś wrócę do domu, ale jutro będę tu rano i pojedziemy. Tu się nic dobrego nie wysiedzi, ani dla siebie, ani dla dzieci.

Pani była przekonana o potrzebie wyjazdu, choć niezdecydowana. Była chora i lękała się całodziennej podróży. Suknie jej były tak zniszczone, że wstydziła się pokazać w nich znajomym.

Nadewszystko jednak trapiła ją myśl rozłączenia się z dziećmi, jeszcze w takich warunkach!... Lecz znowu dobro dzieci wymagało tej podróży. Gdyby je wziąć ze sobą mogła... Ale gdzież je umieści? Tu — mają choć dach nad głową i nie pomrą z głodu. Zresztą, wróci do nich za kilka dni, a może, co będzie jeszcze lepiej, zobaczy się z niemi w mieście, już spokojna o ich byt teraźniejszy i los przyszły. Ach! byle wyjść z tej nędzy.

— Que Madame ne se désespère pas ! reprit Samuel. Madame a mauvaise mine, c'est vrai, mais Mademoiselle n'en a guère une meilleure, quoiqu'elle ait été bien portante jusqu'ici. C'est l'air d'ici qui est malsain, et si Madame s'avisait de vouloir y vivre un an ou deux... Dieu sait ce qu'il en résulterait ! et puis en ville il y a au moins des médecins, des pharmacies... Je suis sûr que, là-bas, Madame se rétablira complètement. Du reste, tout cela est encore loin ; le plus important, en ce moment, est d'aller en ville, d'y attendre madame la présidente, de la voir, et de lui conter la situation. Peut-être vous donnera-t-elle quelques milliers de roubles, et se chargera-t-elle d'élever les enfants... Je vais retourner à la maison ; mais je reviendrai demain matin et nous partirons ensemble. Ici, Madame ne gagnera rien de bon, ni pour elle ni pour les enfants.

Mme Jean était également persuadée de la nécessité de ce voyage ; mais elle ne pouvait se décider à partir. Elle était malade, et craignait une journée de voyage ; et puis ses robes étaient en si piètre état qu'elle n'aurait jamais osé se montrer, ainsi vêtue, à ses connaissances...

Mais ce qui la faisait surtout hésiter, c'était la pensée de se séparer de ses enfants dans de telles conditions... D'un autre côté, l'intérêt même de ses enfants exigeait ce voyage. Si au moins elle avait pu les emmener ? Mais où les caser ? Ici, ils avaient un toit, ils ne mourraient pas de faim ! Enfin, elle ferait son possible pour ne pas rester absente plus de deux ou trois jours : et, ce qui valait mieux encore, elle les reverrait en ville, rassurée sur leur sort actuel et sur leur avenir. Mon Dieu, pourvu qu'on pût enfin sortir de cette misère !...

Obie z Anielką prawie całą noc nie spały. Matka mówiła jej o bogactwie babki, o szkole dla panienek, na którą pewnie zostanie oddana, o tem, że kilka dni rozłąki upłyną jak mgnienie oka. Polecała opiece jej Józia i zobowiązywała do czuwania nad własnem zdrowiem.

— Nie wychodź wieczorami na spacer, każ palić na kominie, wodę pij ostrożnie. Tu jest dziwny kąt. Ja tu czuję aż w kościach zgniłą wilgoć. Trzeba się strzec.

Anielka ze swej strony prosiła matkę o jak najdłuższe i najczęstsze listy. Zasyłała pocałunki ciotce i pannie Walentynie (ale ciotce więcej) i prosiła, aby matka wracała, jak tylko zobaczy się z babką.

Z rana pani powierzyła dzieci swoje Zającowi i jego żonie, zaklinając ich, aby dbali o nie jak o własne.

— Tak będziemy usługiwali panience i paniczowi, jak teraz — rzekł karbowy. — Złego im się przez ten czas nic nie stanie, byle tylko Pan Bóg dał, żebyście państwo wyjechali stąd prędzej, bo tu dla was złe powietrze...

Około siódmej przyjechał Szmul i popasał. Karbowa ofiarowała pani swoją dużą, kraciastą chustkę i nowe trzewiki. Wreszcie Zając wyniósł stołek przed dom, aby pani łatwiej było wsiąść. Józio zaczął płakać.

— Joseph! *ne pleure pas*... Któż znowu widział?... Mama niedługo wróci! — upominała go pani, blada jak wosk gromnicy.

Ni Anielka, ni sa mère ne dormirent de toute la nuit. La mère lui parla des richesses de leur tante, d'une école pour les jeunes filles où on la placerait certainement ; elle lui dit que ces quelques jours de séparation s'écouleraient très vite, lui recommanda Joseph, et lui fit promettre de veiller sur sa santé.

— Ne te promène pas le soir, fais faire du feu dans la cheminée, bois le moins d'eau possible ! C'est un étrange endroit que celui-ci ! Je sens l'humidité dans tous mes os. Il faut prendre soin de ta santé !

Anielka, de son côté, pria sa mère de leur écrire le plus longuement et le plus souvent possible, d'embrasser pour elle la cousine Anna et Mlle Valentine (surtout la cousine), et elle la supplia de revenir dès qu'elle aurait parlé à leur tante.

Le lendemain matin, Mme Jean remit ses enfants à la garde de Zaïone et de sa femme, les implorant d'en prendre soin comme des leurs propres.

— Nous servirons Mademoiselle et le petit monsieur comme maintenant, répondit le surveillant. Rien de mal ne leur arrivera, pourvu que Dieu permette que vous partiez tous d'ici au plus vite ; l'air vous est fatal.

Quand la voiture de Samuel fut arrivée devant la maison, la surveillante offrit à Mme Jean un grand châle à carreaux et une paire de souliers neufs. Zaïone porta un petit banc près de la voiture, afin que la voyageuse pût y monter plus facilement. Joseph se mit à pleurer.

— Joseph, *ne pleure pas*. Qu'as-tu ? Maman reviendra bientôt, dit sa mère, pâle comme un cierge de cire.

— Moja Zającowa! — dodała — zostawiam wam trzy ruble... Czuwajcie nad dziećmi... Wynagrodzę was, bardzo wynagrodzę, gdy Bóg odmieni nasz los...

— Mamo! my mamę odprowadzimy do lasu... — szepnęła Anielka.

— *Tres-bien, mes enfants!* odprowadźcie mnie. Mogę przejść się z wami... Tak długo będę siedziała... Jedź, Szmulu, naprzód...

Szmul zaciął konie i ruszył zwolna. O kilkanaście kroków dalej szła matka, trzymając Józia za rękę, a przy niej Anielka. Za nimi wlekli się oboje karbowi.

I matka i Anielka odsuwały ostatnią chwilę. Ciężko im było żegnać się.

— Prezesowa pewnie już jest w domu — mówiła matka. — Jutro zobaczę się z nią, a pojutrze przyjedzie po was ciocia Andzia. Józio niech będzie grzeczny, to mu kupię kozaka, takiego, jak miał.

Zagadywała tak siebie i dzieci, nie chcąc myśleć o rozstaniu. Patrzyła na drogę. Do lasu było jeszcze daleko. Szli wolno, drobnemi krokami, ociągając się.

— Tu nawet jest ładnie — mówiła matka. — W lesie będziecie mogli zbierać sobie jagody, w domu bawcie się z kurkami i królikami. Poprosicie kiedy Zająca, ażeby was podwiózł za las, tam zobaczycie wieś, będziecie w kościele...

— Ma chère Zaïone, ajouta-t-elle, je vous laisse trois roubles... Surveillez bien les enfants, je vous récompenserai... oui, je vous récompenserai comme vous méritez de l'être, quand Dieu nous aura fait un sort meilleur.

— Maman, voulez-vous que nous vous accompagnions jusqu'à la forêt ? demanda Anielka.

— Très bien, mes enfants, accompagnez-moi ! J'irai même aussi à pied... Je resterai si longtemps, ensuite ! plus tard... Samuel, va en avant !

Samuel toucha son cheval qui partit au pas. La mère, tenant Joseph par la main, et Anielka, qui marchait à côté d'elle, suivirent à une distance de quelques mètres. Les deux surveillants venaient derrière.

La mère et la fille voulaient retarder le plus possible l'instant de la séparation.

— La présidente est en ville, sans doute, disait la mère ; demain je la verrai, et après-demain cousine Anna pourra venir vous chercher. Joseph, si tu es sage, je t'achèterai un beau cosaque comme jamais encore tu n'en as eu !

Elle essayait ainsi de s'étourdir, se refusant à penser à l'instant fatal. Elle regarda la route, la forêt était loin encore ! Ils ralentirent le pas.

— Cet endroit est assez joli, — poursuivit-elle ; en été vous pourrez venir cueillir des baies dans la forêt ; et puis vous avez des poules et des lapins. Demandez à Zaïone de vous conduire un jour au delà de la forêt : vous verrez un village, vous pourrez entrer dans une église.

— Ale mama do nas zaraz napisze? — spytała Anielka.

— Naturalnie! Szmul jutro wróci, wszystko wam opowie... Kupię ci papieru, atramentu i piór i przyszlę, ażebyś i ty do mnie pisała. Szkoda, że tu tak poczta daleko... Przyszlę wam jeszcze książeczek, elementarz dla Józia... Ty, Anielciu, ażebyś miała rozrywkę, ucz go abecadła...

Była bardzo zmęczona. Karbowy więc podsadził ją na furmankę i dzieci obok niej, ażeby odprowadziły ją do lasu. Na brzegu Szmul stanął i oglądając się, rzekł:

— Ho! bo! jak stąd daleko do folwarku... Panienka i panicz muszą się już wrócić.

Anielka nie mogła łez powstrzymać. Klękła w ciasnej bryce i całowała kolana matki.

— Mama wróci do nas?... — szeptała. — Mama nie opuści nas tak, jak...

Nie mogła dokończyć.

Matka tuliła głowy obojga dzieci i nagle zawołała:

— Szmulu nawróć... Ja nie pojadę bez nich...

Szmul zaczął perswadować.

— Maman, vous nous écrirez tout de suite, n'est-ce pas ? interrogea Anielka.

— Certainement. Et Samuel vous racontera tout dès qu'il sera de retour. Je t'achèterai du papier, de l'encre et des plumes pour que tu puisses m'écrire aussi. C'est dommage que la poste soit si loin d'ici... Je t'enverrai aussi quelques livres et un abécédaire pour Joseph : et toi, Anielka, enseigne-lui l'alphabet, cela te sera une distraction...

Elle paraissait très lasse. Le surveillant l'aida à se mettre en voiture et installa les enfants près d'elle. Ils voulaient accompagner leur mère jusqu'à la forêt. À l'orée du bois, Samuel fit arrêter son cheval.

— Nous sommes loin de la ferme... Monsieur et Mademoiselle doivent s'en retourner.

Anielka ne put retenir ses larmes. Elle s'agenouilla dans l'étroite briska et embrassa les genoux de sa mère.

— Vous reviendrez, maman ? bégayait-elle... Vous ne nous abandonnerez pas comme notre...

Elle ne put achever.

La mère serra convulsivement la tête de ses deux enfants et ordonna :

— Samuel, retourne... Je ne partirai pas sans eux !

Samuel se mit en devoir de la persuader :

— Aj! jakie jaśnie państwo grymaśne!... Czy to ja nie odjeżdżam od moich dzieci?... Mnie interesa całemi tygodniami trzymają za domem... Nikt takich zbytków nie wyrabia jak jaśnie państwo. To nawet grzech!... Przecie tu chodzi o jaśnie panią i o dzieci, o ich los. Ja dziś odwiozę jaśnie panią, a za tydzień, może pojutrze, odwiozę panienkę i panicza. Teraz niech państwo nie myślą o tem, że źle jest żegnać się, ale o tem, że dobrze witać się. Ja wiem, że od tej pory Pan Bóg wszystko odmieni na dobre, bo na świecie nigdy tak nie jest, ażeby jednemu było wciąż źle.

— Nie płacz, Józiu! — rzekła Anielka. — Przecie Szmul często z domu wyjeżdża i zawsze wraca wesoły.

Karbowy zsadził Józia i Anielkę z wozu.

— Za kilka dni będziemy znowu z mamą — mówiła Anielka. — My tu zostajemy z karbowymi, ze swoimi... Mama także nie jest przecie sama, tylko Szmul z nią. Nikomu nie stanie się nic złego. Szmul nam wszystko opowie o mamie, a mamie o nas...

Pani przeżegnała dzieci i karbowych, Szmul zaciął konie. Chwilę jeszcze biegła za wozem Anielka, później stanęli oboje z Józiem, wyciągając ręce do matki.

Patrzyli oboje na wóz, a matka na nich. Potem Szmul skręcił.

— Comme les maîtres sont capricieux ! Est-ce que je ne quitte jamais mes enfants ? Mes affaires me retiennent des semaines entières hors de la maison, et personne ne fait d'histoires comme Madame... C'est un péché... Ne s'agit-il pas de l'avenir des enfants de Madame ? Je conduirai Madame là-bas, aujourd'hui, et dans quelques jours, après-demain peut-être, ce sera le tour de Mademoiselle et du petit monsieur d'aller la rejoindre. Pensez seulement combien on est heureux de se revoir, après s'être séparés ! Je suis sûr que maintenant Dieu changera tout en bien : car il n'est encore jamais arrivé qu'une même créature fût toujours malheureuse.

— Ne pleure pas, Joseph ! fit Anielka. Samuel s'absente souvent aussi, et il revient toujours gai !

Le surveillant fit descendre les enfants.

— Dans quelques jours, nous serons de nouveau ensemble, maman. Nous restons avec les Zaïone, ce sont des amis... Maman, vous n'êtes pas seule, non plus, Samuel est avec vous. Rien ne vous arrivera ! Samuel nous racontera tout de vous, et à vous tout de nous !

La mère embrassa une dernière fois ses enfants, dit au revoir aux surveillants, et la voiture se remit en marche. Anielka la suivit pendant quelques instants, puis elle s'arrêta, attendit Joseph et ils restèrent debout, au milieu du chemin, les mains tendues vers leur mère.

Ils regardèrent longtemps la voiture, et longtemps aussi la mère les regarda ; enfin, le chemin tourna et ils ne virent plus rien...

Karbowa już poszła ku domowi, karbowy został.

— Chodźta, panicze! — rzekł. — Pobiegajcie se po lesie i nazbierajcie jagód. Będzie wam weselej...

Dzieci usłuchały go. Karbowy porobił im pudełka z kory i oprowadzał po miejscach, gdzie rosły jagody czarne i poziomki w wielkiej obfitości. Pokazał im też dużego dzięcioła, który kuł w spróchniałą gałąź, aby wystraszyć robaki, a później wiewiórkę, która siedząc na szczycie sosny, obierała młode szyszki.

Oglądali także wielkie mrowiska, paproć, której kwiat daje ludziom wiedzę o ukrytych skarbach, i leżeli na mchu. Anielka mniej tęskniła, a Józio był zupełnie wesoły na tym spacerze. Umówili się z karbowym, że gdy mama będzie wracać, wyjdą naprzeciw niej z jagodami.

La surveillante regagna la maison, son mari resta avec les enfants :

— Allons, mes petits maîtres, dit-il, courez un peu dans la forêt, cueillez des baies, vous serez plus gais.

Les enfants lui obéirent. Le bon paysan leur fit une boîte en écorce et les conduisit dans une clairière où croissaient en abondance des myrtilles et des fraises. Il leur montra aussi un gros pic becquetant une branche vermoulue pour en faire fuir les vers, et un écureuil qui, tranquillement perché au haut d'un sapin, en cueillait les pommes.

Puis ils allèrent regarder une grande fourmilière et ils se reposèrent sur la mousse. Anielka quitta la forêt, le cœur un peu angoissé. Joseph avait recouvré sa gaieté. Ils décidèrent, avec Zaïone, que, lorsque leur mère reviendrait, ils iraient à sa rencontre avec une corbeille de fraises.

Rozdział 13

Smutne dnie

Nazajutrz przed wieczorem wrócił Szmul. Przywiózł papier, atrament i pióra do pisania listów, elementarz dla Józia i jakąś starą książkę z powiastkami i poezjami dla Anielki. Oprócz tego — chleba, ciasteczek i innych drobiazgów.

Mama nie pisała. Kazała tylko zawiadomić dzieci, że jest trochę zmęczona, i upomnieć je, aby cierpliwie oczekiwały na jej powrót.

Szmul od siebie powiedział Anielce na pociechę, że będzie wszystko dobrze. Wyjeżdżając jednak, skręcił na pole do karbowego.

— Jakże tam, szczęśliwieśta dojechali? — spytał chłop.

— Niech Bóg broni, co ja miałem za hecę! — odparł Szmul. — Pani przez całą drogę śmiała się, płakała i mdlała, a w mieście, to ledwieśmy ją z bryki zdjęli. Ja w chałupie nic nie mówiłem, bo pani zaklęła mnie, ażeby się o tem dzieci nie dowiedziały.

Chapitre 13

Jours tristes

Le lendemain soir, Samuel arriva à la ferme. Il apportait du papier, de l'encre et des plumes pour les lettres, un abécédaire à Joseph et quelques vieux livres de contes et de poésies pour Anielka.

La maman n'avait pas écrit, mais elle faisait savoir qu'elle était un peu fatiguée et leur rappelait qu'ils avaient promis d'attendre patiemment son retour.

Samuel ajouta, de sa part, que tout irait bien : mais, en partant, il passa par le champ où travaillait le surveillant.

— Eh bien! comment êtes-vous arrivés? Heureusement ? demanda celui-ci.

— J'en ai eu, du tintouin ! répondit Samuel. Madame a pleuré, a ri, a eu des syncopes pendant tout le trajet ; et, en ville, c'est à grand'peine que nous l'avons descendue de voiture. Je n'en ai pas parlé chez vous, car Madame m'a fait promettre que les enfants n'en sauraient rien...

Chłop pokiwał głową i obiecał, że milczeć będzie nawet przed żoną.

I znowu płynęły dnie, podobne jedne do drugich. Karbowy kosił trawę, karbowa kręciła się około bydła i nosiła mężowi jeść w pole. Dzieci z tego powodu siedziały same prawie po całych dniach.

Anielka chciała z początku uczyć braciszka abecadła. Ale Józio, który coraz bardziej zapominał o swojem osłabieniu, wolał biegać i bawić się, niż ślęczyć nad książką.

Dziwna rzecz, dziecku temu lepiej służyło zabójcze powietrze bagnisk przy ruchu i prostych potrawach, aniżeli ciągłe siedzenie i lekarstwa w domu. Zaczął nawet nabierać cery zdrowszej.

Anielka jednak była chora. Już same wyziewy tutejsze mogły podkopać jej zdrowie, a cóż dopiero, gdy z wpływem ich połączyła się tęsknota, na którą nie było lekarstwa. Delikatny kwiat w atmosferze nędzy, smutku i ciągłych wstrząśnień, poczynał się warzyć.

Choroba jej nie miała żadnych gwałtownych symptomów. Była to bardzo lekka, ale nieustająca gorączka. Czasami miewała Anielka przechodnie dreszcze i ból głowy, czuła upadek sił, ale to jej nie przestraszało, ponieważ niekiedy znowu czuła się silną jak nigdy.

Le paysan branla la tête et jura de se taire, même devant sa femme.

Et, de nouveau, des jours uniformes s'écoulèrent. Le surveillant était occupé à la fenaison, la surveillante vaquait aux soins du ménage et portait à manger à son mari dans les champs ; les enfants restaient seuls presque toute la journée.

Anielka voulut apprendre à lire à Joseph ; mais celui-ci, oubliant chaque jour davantage son ancienne faiblesse, préférait courir et jouer que de rester penché sur un livre.

Chose bizarre, l'air pestilentiel des marais, le mouvement et les mets simples valaient mieux pour cet enfant que la longue immobilité et les médicaments de la maison. Son teint même était plus frais, plus vermeil.

Anielka, au contraire, n'allait pas mieux. Les miasmes seuls de cet endroit auraient suffi à miner sa santé ; à plus forte raison devaient-ils y parvenir quand, à leur influence, venait s'ajouter une nostalgie contre laquelle il n'existe point de remède. La délicate fleur s'étiolait dans cette atmosphère de misère, de tristesse, et de secousses morales.

Sa maladie n'avait aucun symptôme très accusé. C'était une sorte de fièvre, légère, mais continue. Quelquefois, elle se plaignait aussi de maux de tête, de manque de forces, ou bien elle était toute secouée de frissons : mais tout cela ne l'inquiétait guère, car elle s'attendait toujours à recouvrer ses forces d'un jour à l'autre.

Karbowy i jego żona, patrząc na Anielkę, widzieli, że prawie co kilka dni staje się mizerniejszą. Była blada jak kreda, niekiedy z odcieniem żółtawym; usta jej robiły się blado-różowe, a czasem zupełnie traciły barwę. Palce rąk miała pół przeźroczyste, oczy — niebieskie. Chwilami znowu twarz jej oblewał silny rumieniec, oczy stawały się ciemnoszafirowe, usta karminowe. Lubiła wtedy biegać, chciała koniecznie coś robić, była weselsza i mówiła dużo.

W takich chwilach karbowa myślała, że są to objawy mocnego zdrowia, które zataiło się w Anielce przed smutkiem. Ale mąż jej więcej obawiał się tych rumieńców, niż bladości.

Józio często mówił o matce, niecierpliwił się, że nie wraca, i płakał. Anielka wówczas starała się zwrócić jego uwagę na inny przedmiot, sama zaś nie wspominała przy nim o matce nigdy. Tylko raz, późnym wieczorem, gdy już karbowa, ukończywszy roboty, siadła na progu, mówiąc pacierze, Anielka, zająwszy miejsce obok niej, położyła głowę na jej kolanach i płakała pocichu.

Tymczasem, choć już tydzień upłynął, ani matki, ani wiadomości od niej nie było. Nawet Szmul nie pokazywał się.

Częścią z potrzeby, częścią dla zapełnienia czasu, Anielka. O ile sił jej starczyło, wykonywała rozmaite prace. Zapalała ogień w piecu i gotowała w dwu garnkach obiad dla wszystkich, najczęściej kartofle i kaszę. Nosiła wodę ze studni.

Mais le surveillant et sa femme, qui l'observaient, la voyaient dépérir. Parfois elle était pâle comme un linge, pâle d'une pâleur terreuse ; ses lèvres aussi pâlissaient et se décoloraient même complètement. Ses doigts devenaient transparents, ses yeux bleu clair. Puis, quelques jours après, son visage reprenait ses belles couleurs, ses yeux redevenaient d'un bleu de saphir, ses lèvres pourpres. Elle aimait alors à courir, à s'occuper à quelque chose, elle redevenait gaie et bavarde.

La femme du surveillant pensait que c'étaient là les indices d'une bonne santé, indices disparaissant parfois sous le poids de la tristesse qui accablait la fillette : mais le mari, lui, était encore plus inquiet de ces belles couleurs que de la pâleur d'Anielka...

Joseph parlait souvent de sa mère, s'impatientait de ne pas la voir revenir et pleurait. Anielka essayait d'attirer son attention sur quelque autre sujet ; elle-même ne lui parlait jamais de leur mère. Mais un soir, très tard, alors que la surveillante, ayant fini sa besogne, s'était assise sur le seuil pour faire sa prière, Anielka vint se placer à côté d'elle, posa sa tête sur ses genoux, et pleura silencieusement...

Une semaine s'était écoulée ; la mère ne revenait pas, et on n'en avait aucune nouvelle. Samuel, lui-même, ne se montrait point.

Autant par nécessité que pour tuer le temps, Anielka s'occupait de différents travaux que ses forces lui permettaient. Elle faisait le feu et préparait, dans deux pots de terre, le dîner, composé le plus souvent de gruau et de pommes de terre. Elle allait chercher de l'eau au puits ;

Karmiła krowy, woły i drób. Usiłowała prać bieliznę Józiowi i sobie, co jej szło najciężej i udawało się najgorzej. Napróżno karbowa, widząc, że prace podobne męczą Anielkę, nie pozwalała jej na to. Rzuciwszy jedno zajęcie, brała się do drugiego z jakąś niepokonaną zaciętością, której nic osłabić nie mogło.

Trafiały się jednak dnie, w których nie była w stanie nietylko robić, ale nawet chodzić. Wtedy kładła się na tapczan i czytała przysłaną jej książeczkę, albo zamknąwszy oczy — marzyła.

Trudno byłoby poznać w niej ową niegdyś wesołą i szczęśliwą Anielkę. Pożółkła i schudła. Włosy, drapane połamanym grzebieniem i źle splatane, jeżyły się i motały. Jedyna, niegdyś różowa sukienka straciła barwę. Pończoszki, które jej ciotka przysłała, były za duże. Buciki darły się. Było to dziecko zawsze piękne, ale bardzo wynędzniałe i obdarte.

Nawet ojciec, gdyby zobaczył ją w tym stanie, zapłakałby nad nią.

Współcześnie z upadkiem sił fizycznych duch jej potężnie się rozwijał. Przybywało jej myśli i uczuć. Widywała jakieś zdarzenia, o których nikt jej nie opowiadał, słyszała muzykę, jakieś głosy. Słowem — ukazywał się jej inny świat, zapewne niebo, o którem myślała najczęściej.

elle donnait à manger à la volaille, aux vaches, aux bœufs. Elle avait même essayé de savonner son linge et celui de Joseph, ce qui lui avait été le plus pénible et lui avait le moins bien réussi. En vain la surveillante, voyant qu'une telle besogne la fatiguait trop, voulut la lui défendre. Dès qu'elle quittait un travail trop pénible, elle se mettait à un autre, avec une opiniâtreté que rien ne pouvait fléchir.

Mais des journées entières s'écoulaient, pendant lesquelles elle n'était pas en état de faire quoi que ce soit, même de marcher. Alors elle se couchait sur le grabat et lisait les livres que sa mère lui avait envoyés, ou rêvait, les yeux fermés.

Il eût été difficile de reconnaître en elle la fillette gaie et heureuse de jadis. Elle était si maigre et si pâle, maintenant ! Ses cheveux, grattés par un mauvais peigne et mal nattés, se hérissaient et s'emmêlaient ; son unique robe, jadis rose, avait perdu sa couleur ; ses bas, cadeau de la cousine Anna, étaient trop larges ; ses souliers, tout déchirés.

Si son père avait pu la voir en un tel état, il aurait certainement pleuré sur elle.

Mais, à mesure que ses forces physiques baissaient, son esprit se développait rapidement. Ses pensées étaient moins enfantines ; ses sentiments acquéraient plus de force. Elle voyait des choses dont nul ne lui avait parlé ; elle entendait de la musique, des voix. En un mot, elle entrevoyait un autre monde, le ciel sans doute, ce ciel vers lequel toutes ses pensées étaient tournées.

Nieraz pragnęła opowiedzieć komu swoje widzenia, ale wstyd jej było. Z drugiej znowu strony zdawało się, że nadmiar niewypowiedzianych uczuć rozerwie jej serce. Stan taki stał się szczególniej dokuczliwy od czasu, gdy zaczęła czytać poezyjki, zawarte w książce, którą jej Szmul przywiózł.

Jednego dnia opanowała ją tęsknota cięższa niż zwykle. Robić nic nie mogła, ani w domu usiedzieć. Czuła potrzebę powietrza i wybiegła na jeden ze wzgórków, otaczających w pewnej odległości folwark. Przebyła tam jakiś czas, patrzyła, słuchała, a potem usiadłszy w kąciku, zaczęła pisać.

Była to pierwsza poezja dziecka. Oto, co zawierało się w niej:

Żal mi domku mojego,
Co stał nad sadzawką...
Żal ogrodu, altanki
I kasztana z ławką;
Kwiatów, które mnie codzień
Zapachem witały,
Ptaszków, co się na obiad
Do mnie zlatywały.
Żal mi ich i dlategom
Smutna.

À plus d'une reprise, elle voulut confier ses visions à quelqu'un : mais une sorte de pudeur la retenait. Parfois il lui semblait que son cœur allait éclater, sous l'affluence de tant de sentiments cachés.

Un jour, une invincible nostalgie s'empara d'elle. Elle ne pouvait rien faire, pas même rester à la maison. Elle éprouvait le besoin de respirer de l'air frais ; et elle gravit un coteau, à une assez grande distance de la ferme. Elle y resta quelque temps, écoutant, regardant, puis elle s'assit et écrivit.

C'était la première poésie de la fillette. En voici le sens :

« Je regrette ma maison,
Celle qui était près de l'étang.
Je regrette le jardin, la véranda,
et le châtaignier et son banc,
les fleurs qui, chaque jour,
me saluaient de leurs parfums,
les oiseaux qui, pour dîner,
accouraient vers moi. —
Je les regrette, et c'est la cause de
ma tristesse.

Czasem płaczę.
Wyszłam dzisiaj na wzgórek,
Może dom zobaczę?...
Może się choć odległym
Nacieszę widokiem...
Niema nic...
Pan Bóg dom nasz
Zasłonił obłokiem.

Innego dnia znowu Józio przypomniał sobie matkę, zaczął płakać i prosić karbowych, ażeby go odwieźli do niej. Na próżno Anielka pocieszała go, pokazywała mu młode króliki. Nic nie pomogło. Dopiero, gdy zaczęła czytać głośno wiersze z książki, uspokoił się i usnął.

Wtedy rozżalona pisała:

Józio siostry już nie kocha,
Zamiast cieszyć — to ją smuci,
Zamiast bawić się — to płacze ...
Nie płacz, Józiu! mama wróci.

Przywiezie ci pudełeczek,
Ażebyś je znowu gubił;
Kupi lalkę z porcelany,
Którąś tak bawić się lubił.

« Parfois je pleure.
Aujourd'hui j'ai gravi le coteau.
Peut-être apercevrai-je, de là, ma maison ?
Peut-être, quoiqu'elle soit bien loin,
jouirai-je de sa vue.
Non, il n'y a rien...
Dieu a caché notre maison
derrière un nuage. »

Une autre fois, Joseph, se rappelant sa mère, se mit à pleurer et à supplier la surveillante de le conduire auprès d'elle. Anielka essaya en vain de le consoler ; elle le mena, enfin, voir de tout petits lapins : rien n'aida. Ce ne fut que quand elle lui eut lu quelques contes qu'il se calma et s'endormit.

Alors, très affectée, elle écrivit :

Joseph n'aime plus sa sœur,
Au lieu de la consoler, il l'attriste,
Au lieu de jouer, il pleure...
Ne pleure pas, Joseph, maman reviendra !

Elle t'apportera une boîte
Pour que tu la perdes encore.
Elle t'achètera une poupée de porcelaine.
Comme celle avec laquelle tu aimais tant à jouer.

Będziem znowu wszyscy razem,
Tatko już nas nie porzuci.
Będziem mieli dom z ogródkiem ...
Nie płacz, Józiu! mama wróci.

Cicho. Posłuchajmy lepiej,
Czy gdzie Karuś nie zawyje...
Ach! mój Józiu, ty nic nie wiesz,
Że on, biedak, już nie żyje...

Siądź. Będziem pisać wierszyki,
Prędzej nam złe dnie przeminą.
Czekaj, niech wprzód łzy obetrę,
Które mi wciąż z oczu płyną.

Gdy mocno osłabiona, nie mogła już wychodzić na dalsze spacery, siadała przed wrotami i całe godziny patrzyła na drogę, biegnącą od lasu. Widziała wówczas żółte bocianki, wychylające głowy z gniazd, jakby dla zwabienia rodziców, którzy polowali na bagnach. Słyszała narzekania karbowej za dziećmi, a niekiedy, siedząc tak w milczeniu, bez ruchu, owiewana surowym chłodem, doczekała nocy, i wraz z nią błędnych ogni, które pląsały nad bagnem.

Nous serons de nouveau réunis,
Papa ne nous abandonnera plus,
Nous aurons une maison et un jardin...
Ne pleure pas, Joseph, maman reviendra !

Tais-toi ! Écoutons plutôt
Si Karo ne gémit pas quelque part.
Ah ! mon Joseph, je suis sûre
Que le pauvret ne vit plus...

Assieds-toi ! Nous écrirons des vers,
Les jours mauvais passeront plus vite.
Mais attends que j'essuie d'abord les larmes
Qui me coulent des yeux !

Quand, très affaiblie, elle ne pouvait faire sa promenade quotidienne, elle restait des heures entières assise devant la porte, regardant le chemin qui menait à la forêt. Elle voyait alors les jeunes cigognes sortir leur tête du nid comme pour appeler leurs parents, occupés à pêcher dans le marécage ; elle entendait la femme du surveillant exhaler ses regrets sur la perte de ses enfants ; et parfois elle demeurait là, assise en silence, immobile, glacée, attendant la nuit et les feux follets qui dansaient là-bas, au-dessus de la plaine.

Od wyjazdu matki upłynęło prawie trzy tygodnie. Znikąd żadnej wiadomości. Karbowi nawet byli strwożeni, nietylko nieznanym losem pani, ale nadewszystko dolą powierzonych im dzieci. Fundusze wyczerpały się, zapasy śpiżarniane dobiegały kresu, i biedakom, na folwarku uwięzionym, groził jeżeli nie głód, to przynajmniej wielki niedostatek.

Anielka tak już osłabła, że nie podnosiła się z pościeli. Mało jadła, nie mówiła prawie nic, nie czytała książki, a nawet nie śmiała się z figlów Józia. Chłopiec obdarty biegał w dziurawych butach po całej okolicy, i tak go pochłaniały nieznane mu dotychczas wrażenia swobody, że zapomniał o chłodzie, spiekocie, wypoczynku, a nawet o siostrze i matce.

Wpadał do izby tylko wówczas, gdy mu się bardzo jeść zachciało. Resztę czasu przepędzał w lesie, albo nad wodą.

Wśród takich okoliczności ukazał się pewnego dnia na dworze chłopski jednokonny wózek, a na nim furman i kobieta ciemno ubrana. Karbowy, który zwoził siano w tym czasie, rzucił robotę i wybiegł naprzeciw, sądząc, że pani jedzie. Zbliżywszy się jednak, zobaczył osobę nieznaną mu, która go zapytała:

— A cóż dzieci?...

Karbowy popatrzył na nią i odparł:

— Panicz harcuje, ale panienka bardzo chora...

— Chora?... O, nieszczęście!... Cóż jej jest?...

Trois semaines s'étaient écoulées depuis le départ de la mère, et on était toujours sans nouvelles. Les surveillants étaient maintenant inquiets, non seulement sur le sort de Madame, mais surtout sur celui des enfants qui leur étaient confiés. L'argent était épuisé ; les provisions allaient manquer ; et les pauvres prisonniers étaient menacés, si ce n'est de la faim, au moins du manque des choses les plus nécessaires.

Anielka était si faible qu'elle ne se levait plus. Elle mangeait peu, ne parlait pas, ne lisait pas, et les espiègleries de Joseph ne parvenaient même plus à amener un pâle sourire sur ses lèvres décolorées. Le petit garçon, les vêtements en lambeaux, les chaussures déchirées, courait toute la journée ; la liberté, cette liberté inconnue de lui jusqu'alors, lui faisait oublier le froid, les ardeurs du soleil, le repos, et même sa mère et sa sœur.

Il ne revenait à la ferme que lorsque la faim le tourmentait. Il passait ses journées dans la forêt, ou auprès de l'eau.

Un beau jour, un chariot à un cheval entra dans la cour de la ferme. Il était occupé par un voiturier et une femme vêtue de noir. Zaïone, occupé à rentrer du foin, quitta son travail et accourut, croyant que c'était Mme Jean. Quand il fut près de l'équipage, il vit que cette personne lui était inconnue. La voyageuse lui demanda aussitôt :

— Que deviennent les enfants ?

Le tenancier la regarda, tout étonné, et répondit :

— Le petit monsieur va bien, mais Mademoiselle est très malade...

— Malade ?... Quel malheur !... Qu'a-t-elle ?

— Albo my wiemy, proszę łaski pani?... Chora tak, że z pościeli nie wstaje, i tylo.

Potem dodał:

— Czy może pani przybywa od naszej dziedziczki?... Jak tam z nią jest, bo panienka okrutnie tęskni i widzi mi się, że z tego nawet chora.

— Biedne dziecko! — szepnęła przyjezdna, ocierając oczy. Ale na pytania karbowego żadnej nie dała odpowiedzi.

Wózek ruszył z miejsca, a karbowy szedł obok. Przyjezdna parę razy zwróciła się do niego, jakby chcąc mu coś zakomunikować, czy też o coś spytać. Ale zawsze wporę umilkła.

Usłyszawszy turkot i krzyk karbowej, która myślała, że pani wraca, Anielka zwlekła się z tapczana i wyszła do sieni.

— Ciocia Andzia!... — zawołała dziewczynka, spojrzawszy na przybyłą.

Długo całowały się w milczeniu.

— Ciocia po nas, od mamy?...

Ciocia zawahała się.

— Nie, moje dziecko, jeszcze nie po was. Dostałam w tej okolicy miejsce gospodyni u jednego zacnego kanonika i jadę je objąć. Ale jak tylko rozmówię się z nim, za parę dni wrócę do was i zabiorę. Ale co tobie?...

— Nic, ciociu... Muszę położyć się... — odparła Anielka. — Co się dzieje z mamą?... Myśmy żadnego listu nie mieli...

— Est-ce que nous le savons, Madame ? Elle est si malade qu'elle ne se lève plus, voilà tout !

Puis il ajouta :

— Peut-être venez-vous de la part de notre dame ?... Comment va-t-elle ? Mademoiselle s'ennuie tant sans elle, et je crois que c'est même là ce qui la rend malade !

— Pauvre petite ! murmura la voyageuse, en essuyant deux larmes, et en évitant de répondre à la question de Zaïone.

La voiture avança de nouveau, Zaïone marchait près d'elle. La voyageuse se tourna vers lui à plusieurs reprises, comme si elle voulait ou lui communiquer ou lui demander quelque chose : mais elle se tut.

En entendant la surveillante crier que Madame arrivait, Anielka se traîna jusqu'à la porte.

— Cousine Anna ! s'écria-t-elle en apercevant la nouvelle venue.

Elles s'embrassèrent longuement en silence.

— Vous venez nous chercher de la part de maman ?...

La cousine parut hésiter.

— Non, mon enfant, pas encore. J'ai trouvé ici tout près une place de femme de charge chez un bon chanoine et je me rends chez lui. Mais dès que je lui aurai parlé, c'est-à-dire dans deux ou trois jours, je reviendrai vous prendre. Mais qu'as-tu ?

— Rien, ma cousine... je dois me coucher... Que fait maman ?... Nous n'avons reçu aucune lettre...

Ciotka, odprowadzając ją na tapczan, drżała. Ułożyła Anielkę i rozejrzała się po izbie.

— Boże! jaka tu nędza... — szepnęła.

A potem mówiła głośno, prędko i wesoło, jak to było w jej zwyczaju:

— Otóż widzisz, moje dziecko, co chciałam powiedzieć... babcia wasza, a ciotka twego ojca, kazała mamie natychmiast przyjechać do siebie do Warszawy...

— I mama pojechała?...

— A naturalnie, tego samego dnia. Z waszą babką niema żartów.

— To jest... powiem nawet, że zdrowsza, aniżeli była wtedy, kiedym to tak do was wpadła...

Anielka objęła ją za szyję, i znowu poczęły całować się.

— Moja złota, kochana ciocia! — szeptała dziewczynka. Dawno mama wyjechała?

Ciotka lekko drgnęła.

— Będzie... z tydzień. Tak — dziś tydzień.

— Ale dlaczego mama do nas nie pisała?...

— Bo widzisz, nie miała czasu. A zresztą wiedziała, że ja u was będę...

— Ale z Warszawy mama napisze?...

La cousine, qui la soutenait, se mit à trembler. Elle la conduisit jusqu'au grabat et jeta un regard sur la pièce.

— Mon Dieu ! Quelle misère... murmura-t-elle.

Et puis elle reprit, parlant haut et vite comme de coutume :

— Voici, mon enfant, ce que je voulais te dire... Votre tante, la tante de ton père, a fait savoir à votre mère d'aller la trouver immédiatement...

— Et maman y est allée ?

— Naturellement, elle est partie le même jour... on ne plaisante pas avec cette vieille tante.

— Et maman ? elle est bien portante ? demanda Anielka en la regardant dans les yeux.

— C'est-à-dire... je dirai même qu'elle se porte mieux que lorsque je l'ai vue chez vous...

Anielka lui jeta les bras autour du cou et la couvrit de baisers.

— Ma chère, ma chère cousine ! balbutia la fillette. Y a-t-il longtemps que maman est partie ?

La tante tressaillit légèrement.

— Il y a... à peu près... huit jours... oui, il y a huit jours aujourd'hui.

— Pourquoi ne nous a-t-elle pas écrit ?

— Vois-tu, chérie, le temps lui en a manqué. Et puis elle savait aussi que je viendrais vous voir bientôt.

— Maman nous écrira de Varsovie ?

— O, niezawodnie, ale nie zaraz, moje dziecko. Bo widzisz, przy waszej babce, to trzeba zawsze... trzeba ciągle kręcić się koło niej. Przytem — kuracja... Rozumiesz, moje dziecko?...

Przybiegł Józio, obejrzał ciotkę ostrożnie, jakby trzymając się zasad ojca, że z ubogimi krewnymi trzeba być zdaleka. Dopiero gdy dostał rogal i usłyszał, że niedługo opuści folwark, ożywił się nieco i pocałował ciotkę w rękę, ale bez nadmiaru czułości.

Anielka także zdawała się być zdrowsza i weselsza. Ubrała się nawet i przeszła parę razy po izbie, wypytując o szczegóły, dotyczące matki. Ciotka na wszystko odpowiadała w sposób zadawalniający.

Tak upłynęło im kilka godzin. Wreszcie i furka zatoczyła się przed dom.

— Ciotka odjeżdża?... — krzyknęła Anielka.

— Dziecino moja, muszę. Dziś chcę koniecznie stanąć u kanonika i prosić go, aby mi pozwolił wziąć was do siebie. Nie wiem, czy mi się to odrazu uda, ale najwyżej za parę dni przyjadę was zabrać.

Anielka położyła się na tapczanie i cicho odparła z płaczem:

— Mama także miała wrócić za parę dni... Tatko też...

— Certainement... mais pas encore maintenant, sans doute, parce que, vois-tu, ma chérie, quand on est chez votre tante... il faut... sans cesse s'occuper d'elle... Et puis sa cure... tu comprends, fillette ?...

Joseph accourut et se tint assez loin de sa cousine, comme se souvenant du principe de son père « qu'il faut toujours se tenir à distance des parents pauvres ». Quand, toutefois, sa cousine lui eut donné un croissant et lui eut appris qu'il quitterait bientôt la ferme, il s'apprivoisa un peu et lui baisa même la main, sans grande tendresse.

Anielka parut, aussi, mieux se porter. Elle recouvra sa gaieté. Elle acheva de s'habiller, fit deux fois le tour de la chambre en demandant des détails sur leur mère. La cousine répondit à tout d'une manière satisfaisante.

Quelques heures s'écoulèrent ainsi ; et enfin le chariot vint s'arrêter de nouveau devant la maison.

— Comment ! vous partez, ma cousine ? demanda anxieusement Anielka.

— Ma chère petite enfant, je dois partir. Il me faut absolument être aujourd'hui même chez le chanoine, pour le prier de me permettre de vous prendre avec moi. Je ne sais pas si je réussirai tout de suite, mais j'espère pouvoir revenir vous chercher d'ici deux à trois jours.

Anielka s'étendit sur le lit, et répliqua doucement, en pleurant :

— Maman aussi devait revenir au bout de deux ou trois jours... papa aussi...

Ciotka aż skoczyła.

— Dziecko moje! — zawołała. — Przysięgam ci na zbawienie duszy, że was nie opuszczę! A gdyby ksiądz kanonik nie chciał was przyjąć do domu, co niepodobna, to rzucę u niego miejsce i wrócę tu, choćbym miała razem z wami z głodu umrzeć. Dwa... trzy dni najdłużej nie będziesz mnie widziała. Potem już się nie rozłączymy, przysięgam ci!

— Trzy dni!... — powtórzyła Anielka.

Była już spokojniejsza, a raczej wpadła w poprzednią apatią. Nawet pożegnała się z ciotką obojętniej, choć dobra ta kobieta rzewnie płakała.

Wychodząc z izby, zamknęła ciotka za sobą drzwi i zbliżywszy się do karbowej, chciała jej coś powiedzieć. Ale powściągnęła się. Gdy wózek ruszył i już był we wrotach, ciotka zatrzymała furmana i skinęła na karbowę. Ta przybiegła pędem.

— Pani chce czego? — spytała.

Ciotka popatrzyła jej w oczy. Chwilę wahała się, ale wnet usiadła mocniej na siedzeniu i wyprostowała się, jakby robiąc w duszy postanowienie. Potem odparła:

— Nic... uważajcie tylko na dzieci.

— A jakże będzie z panienką?... My na doktora nie mamy, a jejby trzeba...

— Wrócę tu za parę dni, to i doktór znajdzie się — przerwała ciotka. — Dziś nic nie poradzę, bo sama grosza nie mam.

La cousine sursauta :

— Ma chère petite, je te jure sur le salut de mon âme de ne pas vous abandonner ! Si même le chanoine ne consentait pas à vous recevoir chez lui, ce qui est impossible, je planterais là tout et je reviendrais ici, dussé-je mourir de faim avec vous ! Je serai absente deux ou trois jours tout au plus : et nous ne nous séparerons plus après, je te le jure !

— Trois jours !... répéta Anielka.

Elle paraissait calmée ; ou plutôt elle était retombée dans son apathie habituelle. Elle prit même congé de sa cousine assez indifféremment, quoique cette brave femme pleurât à chaudes larmes.

La cousine sortit de la chambre en refermant la porte derrière elle. Lorsque le chariot fut sur le point de franchir la porte cochère, elle arrêta le voiturier, et appela la surveillante. Celle-ci accourut à toutes jambes.

— Vous désirez quelque chose, Madame ?

La cousine la regarda fixement ; elle eut un instant d'hésitation, puis s'assit plus commodément et se redressa, comme si elle hésitait. Enfin elle répondit :

— Non, prenez soin des enfants, seulement !

— Et que ferons-nous avec Mademoiselle?... nous n'avons pas d'argent pour payer un médecin, et pourtant elle en a bien besoin...

— Je reviendrai dans deux ou trois jours ; et alors nous trouverons un médecin, interrompit la cousine. Aujourd'hui je ne puis rien faire, je ne possède pas un liard, moi-même.

Nagła wizyta ciotki i całe postępowanie jej wydało się obojgu karbowym dosyć dziwne. Ani domyślali się jednak, że oczekują ich jeszcze większe niespodzianki.

Cette visite inattendue, et toute la conduite de la cousine en général, parurent singulières aux tenanciers. Ils ne se doutaient point que de plus grandes surprises leur étaient réservées.

Rozdział 14

Początki choroby

Anielka, ocknąwszy się, poczęła myśleć.

Więc to już zima?!

Chłodne powietrze mrozi płuca. Dokoła leży gruba warstwa śniegu. Tonie się w nim jak w puchu, do kostek, do kolan, do pasa nawet, do ramion... Już nie widać nic, tylko do nóg, do piersi sunie się przejmujące zimno, powoli, szeroko...

Jakim sposobem wpadła w śnieg?

Nie, ona przecie nie leży w śniegu, tylko w swoim pokoju na łóżku. Jak tu dobrze! Jest wprawdzie zimno, ale — to na dworze zimno. Jej przecie gorąco. Dotyka ręką czoła... Jak pali... Ale co?... czoło czy ręka?...

Podczas zimowego poranka doskonale jest leżeć w ciepłej pościeli i przysłuchiwać się skrzypiącemu na dworze śniegowi. Która też godzina?...

CHAPITRE 14

LA MALADIE

Dès qu'Anielka eut ouvert les yeux, elle se mit à réfléchir.

Alors l'hiver est venu !...

L'air glacé pénètre les poumons. Tout autour de la maison, une épaisse couche de neige recouvre le sol ; Anielka y enfonce comme dans le duvet, jusqu'aux chevilles, puis jusqu'aux genoux, et puis jusqu'à la ceinture et même jusqu'au cou... On ne voit plus rien, mais le froid pénétrant monte lentement des jambes à la poitrine.

Comment est-elle tombée dans la neige ?

Mais non, elle n'est pas étendue sur la neige, mais dans la chaumière, sur son lit. Qu'il y fait bon ! Il fait froid, c'est vrai, mais c'est dehors qu'il fait froid. Elle, elle a chaud... Elle porte la main à son front... Comme il brûle... Mais qu'est-ce qui brûle ? sa main ou son front ?

Comme il fait bon rester ainsi, par un matin d'hiver, enfouie dans son lit chaud à écouter le craquement de la neige dans la cour ! Quelle heure est-il ?

Anielce nie chce się wstać. Na wspomnienie chłodnej jak lód podłogi przebiega ją dreszcz od stóp do głów, a potem wdziera się do głębi i przeszywa nawskróś. Niema w niej ani jednej fibry, któraby nie drżała.

Może ją zaraz zbudzą?... Która to może być godzina?... Czy ma wysunąć głowę z pod kołdry i spojrzeć, czy też czekać, aż zegar sam wybije?... Musi być jeszcze rano...

Poczęła myśleć o lekcjach. Co to dziś mamy?... Dziś mamy... dziś mamy... Dziś mamy...

Świadomość jej nie mogła wyjść poza obręb dwu wyrazów. Jakie to dziwne, ażeby człowiek powtarzał wkółko dwa wyrazy i nie wiedział nic już ani przed niemi, ani za niemi...

Trzeba sobie przepowiedzieć historją. Co to było?... Zaraz... A!...

„Dzieło, zaledwie rozpoczęte przez Karola Martela i Pepina, rozszerzył i dokończył Karol Wielki. Nietylko posiadał on więcej genjuszu, niźli ojciec i dziad, ale okoliczności..."

Anielka usiadła, odrzuciła kołdrę i poczęła na cały głos wołać:

— Panno Walentyno!

Na chwilę otworzyła oczy, ale wnet przymknęła, bo ją raził blask tak silny, że powieki nie stanowiły dostatecznej ochrony od niego. Oparła twarz na rękach i zacisnęła oczy końcami bladych palców.

— Czego ty chcesz, Anielciu? — odezwał się Józio.

Anielka ne voudrait pas encore se lever... À la seule pensée du plancher froid comme de la glace, un frisson la parcourt, de la tête aux pieds, puis il pénètre plus profondément, la secoue toute.

Peut-être va-t-on venir l'éveiller ? Quelle heure peut-il bien être ? Doit-elle sortir sa tête de dessous la couverture et regarder à l'horloge, ou vaut-il mieux attendre que l'heure sonne ?... Il doit être très tôt, encore...

Elle pensa à ses leçons. Quel jour, aujourd'hui?... c'est... c'est... Aujourd'hui c'est...

Elle ne pouvait parvenir à se souvenir. Comme c'est étrange ! on répète deux mots, et en dehors de ces deux mots on ne peut rien se rappeler.

Il faut répéter la leçon. Qu'a-t-on donné à apprendre ?... Tout de suite... Ah ! c'est ça !...

« L'œuvre commencée par Charles Martel et Pépin le Bref fut achevée par Charlemagne. Non seulement cet empereur était doué d'un génie supérieur à celui de son père et de son aïeul, mais les circonstances... »

Anielka se mit sur son séant, rejeta la couverture, et appela de toutes ses forces :

— Mademoiselle Valentine !...

Elle ouvrit les yeux, mais les referma aussitôt, car la lumière lui fit mal. Elle se couvrit le visage de ses mains, et appuya fortement sur ses yeux l'extrémité de ses doigts pâles.

— Que veux-tu, Anielka ? demanda Joseph.

Czy nie mogła poznać głosu brata, czy nie obchodziło ją pytanie, dość — że milczała. Józio targnął ją za rękę.

— Co tobie jest? — pytał. — Co ty mówisz?

— Która godzina? — odparła Anielka, nie odsłaniając twarzy.

A potem mówiła jakby do siebie:

— Czy panna Walentyna... Czy panna...

— No, Anielciu! — wołał Józio. — Co ty robisz?... Nie figluj tak... Ty przecie wiesz, że ja się boję...

Anielka upadła na poduszkę, odwracając się od niego.

— Karbowa! chodźcie-no tu — wołał Józio. — Zobaczcie, co Anielci jest...

Anielcia uczuła, że ją ktoś łagodnie unosi na rękach, szepcząc:

— Panienko!... paniunciu!...

Otworzyła oczy.

Izba odrapana. Przez otwarte drzwi widać sień i kawałek podwórka. Przez małe okienko zagląda wesoło słońce i rzuca złoty blask na czarne klepisko.

Teraz Anielcia poznała karbowę, a za nią — przestraszonego Józia. Przypomniała sobie, że jest na folwarku i że niedawno widziała się z ciotką.

N'avait-elle pas reconnu la voix de son frère, ou la question lui importait-elle peu ? toujours est-il qu'elle se taisait. Joseph la tira par la manche.

— Qu'as-tu ? Que dis-tu ?

— Quelle heure est-il ? demanda-t-elle enfin, sans ôter les mains de son visage.

Et puis, comme se parlant à elle-même, elle ajouta :

—Est-ce que mademoiselle Valentine.... est-ce que mademoiselle...

— Anielka ! appela Joseph, que fais-tu ? Ne plaisante pas ainsi... tu sais que j'ai peur...

Anielka retomba sur son oreiller, la tête tournée vers le mur.

— Venez vite, cria Joseph à la surveillante, regardez Anielka... Qu'a-t-elle ?

Anielka sentit que quelqu'un la soulevait délicatement en murmurant :

— Mademoiselle... ma petite mademoiselle...

Elle rouvrit les yeux.

C'était bien la même pièce aux murs passés au lait de chaux ; par la porte entr'ouverte on apercevait le vestibule et un coin de la cour. Le soleil entrait gaiement par la fenêtre et ses rayons dorés traçaient un rayon lumineux sur la terre battue.

Anielka reconnut enfin la surveillante ; Joseph se cachait derrière elle. Elle se rappela alors qu'elle était toujours à la ferme, et que, peu de temps auparavant, elle avait vu sa cousine Anna.

— Czy tu była ciocia?

— Była wczoraj — odpowiedziała karbowa.

— A która godzina?

— Rano jeszcze, niech panienka śpi...

— Co tobie, Anielciu? — pytał Józio.

— Mnie?... Nic... Albo ja wiem!... — odparła z uśmiechem. Potem dodała:

— Przecież śniegu niema na dworze?...

— Dlaczego ty tak mówisz?... Co ty mówisz, Anielciu?... — wołał zatrwożony Józio.

— Gorączkę ma panienka — rzekła karbowa. Pali paniuncię we środku?...

— Pali.

— I trzęsie.

— Trzęsie.

— Pić się paniunci chce?...

— O, pić!... pić!... dajcie pić!... Prawda, zapomniałam, że mi się pić chce... — odparła Anielka.

Józio wybiegł do sieni i przyniósł garnuszek wody. Anielka zaczęła ją pić chciwie, lecz wnet odtrąciła z obrzydzeniem.

— Gorzka woda! — szepnęła.

— Est-ce que cousine Anna est venue ?

— Oui, elle est venue hier.

— Et quelle heure est-il donc ?

— Il est très tôt encore, que Mademoiselle dorme...

— Qu'as-tu, Anielka ? demanda Joseph.

— Moi ? mais rien... Est-ce que je sais ? répondit-elle en souriant.

Puis elle ajouta :

— Il n'y a pas de neige dehors, n'est-ce pas ?

— Pourquoi dis-tu toutes ces choses ?... pourquoi parles-tu ainsi, Anielka ? questionna le petit garçon, effrayé.

— Mademoiselle a la fièvre, expliqua la surveillante. Ça vous brûle en dedans. Mademoiselle ?

— Ça me brûle.

— Et vous grelottez ?

— Je grelotte.

— Voulez-vous boire ?

— Oh oui ! boire... boire... donnez-moi à boire... C'est vrai, j'avais oublié que j'ai soif...

Joseph courut dans le vestibule et en rapporta une cruche pleine d'eau. Anielka but avidement d'abord, mais bientôt elle repoussa la cruche avec dégoût.

— L'eau est amère, balbutia-t-elle.

— Nie, Anielciu, to dobra woda!... — upewnił Józio.

— Dobra woda?... Tak... Ale ja nie chcę pić, tylko jeść... Zresztą nic nie chcę... Spać pójdę...

Karbowa ułożyła ją ostrożnie, otuliła, a potem wyprowadziła Józia na podwórko. Chłopcu zbierało się na płacz.

— Anielcia jest chora — mówił. — Trzeba mamie dać znać. Dlaczego mama nie przyjeżdża?...

— Cicho, paniczu!... Anielcia ma gorączkę i wydają się jej różne rzeczy. Ale to minie, żeby tylko pani ciotka szczęśliwie wróciła i zabrała was stąd. Ty, paniczu, biegaj se po dworze i nie wchodź do izby; ja sama Anielci dojrzę...

Zostawszy na dziedzińcu, Józio wciąż myślał: co może być Anielce? i machinalnie zbliżył się do studni. Zbutwiała, zieloną pleśnią okryta cembrowina tak niewysoko wznosiła się nad ziemię, że chłopczyk mógł zajrzeć do wnętrza.

Zobaczył taflę wody, podobną do czarnego lustra, a w niem swój wizerunek jakby w ramy ujęty, na tle pogodnego nieba, które w głębi zdawało się być ciemniejsze niż na dworze. Ze starych desek cembrowiny krople niekiedy padały na wodę, wydając różnej wysokości tony ciche. Były one podobne do brzęku odległych dzwonków. Niekiedy ptak przelatywał nad studnią, a wówczas zdawało się Józiowi, że to tak głęboko coś lata.

— Non, Anielka, l'eau est bonne ! assura Joseph.

— L'eau est bonne ?... Elle est si amère !... mais je ne veux pas boire... je veux manger... mais je ne veux rien... je vais dormir...

La surveillante la reposa doucement sur le lit, la borda, et sortit, suivie de Joseph. L'enfant avait les larmes aux yeux.

— Anielka est malade, dit-il, il faut le faire savoir à maman... Pourquoi maman ne vient-elle pas ?...

— Plus bas, mon petit monsieur... Anielka a la fièvre, et tout lui semble étrange, mais cela passera, pourvu seulement que la tante de Monsieur revienne et vous prenne chez elle... Écoutez, mon petit monsieur, courez ici autour de la maison, mais n'entrez pas dans la chambre, j'irai moi-même voir ce que fait Anielka...

Resté seul, Joseph se demanda d'abord ce que pouvait avoir sa sœur ; puis il s'approcha machinalement du puits. La charpente intérieure, recouverte d'une sorte de mousse pourrie et verdâtre, ne s'élevait que très peu au-dessus du sol : aussi le petit garçon put-il regarder dans le puits.

Il y vit une table de verre pareille à un miroir noirâtre ; son image s'y reflétait, comme encadrée, sur le fond bleu du ciel qui paraissait là plus sombre qu'au-dessus de la cour. Des gouttes, découlant de la charpente, tombaient par intervalles dans l'eau en rendant des sons différents, et ces sons semblaient être le tintement de cloches lointaines. De temps à autre, un oiseau passait en volant au-dessus de ces points, et alors il semblait à Joseph que quelque chose voletait, là-bas, au fond.

— Czy to jest tamten świat? — myślał Józio i w dalszym ciągu wyobrażał sobie srebrne pałace ze złotemi dachami, drzewa, rodzące drogie kamienie, i ptaki, które przemawiały ludzkim językiem. Słyszał on niegdyś o tych rzeczach od piastunki, a może i od matki. Pamiętał nawet, że kraje te zwiedził pewnego razu chłopczyk w jego wieku i przyniósł z nich lampę czarodziejską. Ułożył sobie projekt, że gdy urośnie, to puści się do podziemnej krainy. Dopieroż będzie miał o czem opowiadać!... Tymczasem spojrzał jeszcze raz na chatę, w której leżała chora siostra, a potem — wziąwszy stare sito, poszedł między kępy ryby łapać. Wkrótce zapomniał o chacie, siostrze i tamtym świecie, pogrążony w zabawie.

Anielka wciąż bredziła.

Chwilami wiedziała, gdzie jest, patrzyła na karbowę, krzątającą się około komina, i słyszała żwawe gulgotanie gotującego się krupniku. Potem, zdawało się jej, że chodzi po cienistym lesie, po mchu ciemno-zielonym i miękkim, i że niewiadomo skąd dolatuje ją zapach malin. To znowu nie widziała, nie słyszała i nie czuła nic.

Znęcone ciszą, wysunęły się na środek izby dwa białe króliki. Większy znalazł kilka listków zieleniny i jadł ją, zwróciwszy na Anielkę czerwone oko. Mniejszy chciał także skosztować, ale ponieważ był nieśmiały, więc ruszał tylko długiemi wąsami i co chwilę służył jak piesek.

« Est-ce que c'est là *l'autre monde ?* » se demanda-t-il. Et il se figurait des palais d'argent aux toits en or, des arbres portant des pierres précieuses, des oiseaux parlant un langage humain. Jadis sa mère ou sa bonne lui avaient conté ces merveilles. Il se souvenait même qu'un garçon de son âge, étant allé visiter ces lieux, en était revenu rapportant une lampe merveilleuse. Et il forma le projet de descendre dans les régions souterraines, quand il serait grand. Que de choses n'aurait-il pas à conter après cette exploration !... Il regarda encore une fois la chaumière où reposait sa sœur malade, puis il alla à la recherche d'un vieux filet et se dirigea vers le marais pour y pêcher de tout petits poissons. Il oublia bientôt la chaumière, sa sœur, et « l'autre monde », tout absorbé par son agréable occupation.

Anielka délirait toujours.

Il y avait des instants où elle savait chez qui elle était ; elle suivait alors des yeux la femme du surveillant vaquant à quelque occupation ; elle entendait le gruau mijoter devant le feu. Un instant après, elle croyait traverser une forêt ombreuse ; elle marchait sur de la mousse vert foncé et excessivement molle ; un parfum de framboises montait vers elle, puis elle n'entendait plus rien, ne sentait plus rien.

Tout à coup, encouragés par le silence qui régnait dans la vaste pièce, deux lapins s'avancèrent. Le plus gros, ayant trouvé quelques feuilles, se mit à les ronger, son œil rouge fixé sur Anielka ; le plus jeune aurait bien voulu les goûter aussi ; mais, comme il était très timide, il se contentait de remuer ses longues moustaches et de se dresser sur ses pattes de derrière, comme un petit chien.

— Karuś! — zawołała Anielka, patrząc na nich.

Króliki nadstawiły długich uszu i zobaczywszy wyciągniętą rękę dziewczynki, uciekły do swej nory, mocno rzucając tylnemi nogami.

— Karusek! — powtórzyła Anielka.

Przybiegła karbowa.

— To króliki, panienko!... cicho!... cicho!... Nie boli paniuncię główeńka?...

Anielka, patrząc błyszczącemi oczyma w twarz karbowej, rzekła z uśmiechem:

— Nie żartujcie!... Przecież tu był Karusek w tej chwili... lizał mnie nawet po ręku... O! patrzcie, jeszcze wilgotna...

I zbliżyła do oczu swoją szczupłą, rozpaloną rączynę. Kobieta pokiwała głową.

— Czekaj, paniunciu, przyrządzę ci lekarstwa. Zaraz złe odejdzie.

Wówczas karbowa zapaliła gromnicę, nakapała wosku w garnuszek z wodą, a później kazała to wypić Anielce. Chora machinalnie połknęła wodę, dziwiąc się jej metalicznemu smakowi.

— Nie lepiej ci, paniunciu?...

— Och!...

Karbowa postanowiła uciec się do najsilniejszego środka. Ująwszy w obie ręce swój fartuch, zwinęła na nim trzy fałdy, mówiąc powoli i z przerwami:

— Karo ! appela Anielka en le regardant.

Les lapins dressèrent leurs longues oreilles, et aperçurent la main tendue de la fillette ; effarouchés, ils regagnèrent en hâte leur terrier.

— Karo ! répéta Anielka.

La surveillante accourut.

— Ce sont des lapins, Mademoiselle... chut... chut... La tête ne vous fait-elle pas mal ?

Anielka fixa des yeux brillants sur la surveillante et dit avec un sourire :

— Ne plaisantez pas... je sais très bien qu'il était ici il y a un instant... il m'a même léché la main... voyez plutôt, elle est encore toute mouillée.

Et elle approcha de ses yeux sa petite main maigre et brûlante. La femme hocha la tête.

— Attendez un peu. Mademoiselle, je vais vous préparer un remède. Le mal s'en ira tout de suite.

La surveillante alluma alors un cierge, versa de l'eau dans quelques pots de terre, y fit couler quelques gouttes de cire, et pria Anielka de boire de cette eau ; la fillette but machinalement, et trouva à l'eau un goût de métal.

— N'êtes-vous pas mieux. Mademoiselle ?

— Pas beaucoup !

Alors la brave femme résolut de recourir aux grands moyens. Prenant son tablier à deux mains, elle y fit plusieurs plis, en disant, lentement et avec des pauses :

Miała święta Otalja trzy córki:
Jedna przędła...
Druga motała...
A trzecia urok...
Świętym pańskim odczyniała.

Przy ostatnich słowach rozwinęła z szelestem fartuch przed oczyma Anielki.

— Nie lepiej ci, paniunciu?...

— Czy ciocia jest jeszcze?... — spytała chora. Karbowa po raz drugi poczęła zwijać fałdy na fartuchu.

Miała święta Otalja trzy córki:
Jedna przędła...
Druga motała...

> *Sainte Otalie avait trois filles :*
>   *L'une filait,*
>   *L'autre dévidait,*
> *La troisième chassait les maléfices*
> *Au nom du Saint du Seigneur...*

À ces derniers mots, elle déploya bruyamment son tablier devant les yeux d'Anielka.

— N'êtes-vous pas mieux, Mademoiselle ?

— Ma cousine est-elle encore ici' ? demanda la malade.

La surveillante refit pour la seconde fois des plis à son tablier :

> *Sainte Otalie avait trois filles :*
>   *L'une filait,*
>   *L'autre dévidait...*

Rozdział 15

Pomoc nadchodzi

Karbowy szedł na południe do chaty, myśląc, że zboże w tym roku obrodzi w słomę, ale nie wyda ziarna, gdy wtem doleciał go z lasu szczególny łoskot. Coś tętniło, toczyło się i kołysało, to znowu milkło, a czasami parskało.

Chłop stanął, obrócił się w stronę lasu i przysłonił oczy ręką. Wdali zobaczył dwie pary łbów końskich i świecący kapelusz, umieszczony gdzieś bardzo wysoko, a nad nim, jeszcze wyżej, biały bat.

Poszperawszy we wspomnieniach, począł domyślać się, że musi to być karyta. Właściwie był to odkryty powóz szeroki, głęboki i bardzo wykwintny.

Na szczupłej i nierównej grobelce ekwipaż zwolnił biegu i począł się mocno chwiać. Karbowy przypatrzył mu się lepiej i otworzył usta. Na koźle siedział lokaj i furman, ubrani z pańska, w tabaczkowej liberji ze złocistemi guzami.

Chapitre 15

Le secours

Le surveillant regagnait sa demeure, vers midi, en se disant que le seigle poussait tout en paille cette année, et qu'il ne rendrait que bien peu, lorsqu'un singulier bruit lui arriva de la forêt. Quelque chose résonnait, roulait, se balançait, puis tout à coup le bruit cessait, pour reprendre l'instant d'après avec plus d'intensité.

Le paysan s'arrêta, se tourna vers la forêt et interrogea le chemin. Il aperçut alors les têtes de deux chevaux, un chapeau luisant perché quelque part, bien haut et, plus haut encore, un fouet blanc.

Après avoir fouillé dans ses souvenirs, il se dit que cela pourrait bien être une calèche. C'était effectivement une large et profonde calèche, très élégante.

Arrivée sur la digue étroite et couverte d'ornières, la voiture ralentit le pas et pencha fortement tantôt d'un côté, tantôt d'un autre. Le surveillant regarda plus attentivement et resta bouche bée. Le siège était occupé par un cocher et un valet de pied, vêtus d'une livrée havane à boutons d'or.

Przed nimi biegło cztery piękne konie w lśniącej uprzęży, a na końcu, za końmi i służbą, widać było, pod parasolką, damę średnich lat, głęboko osadzoną w powozie.

W pewnej odległości za ekwipażem, toczyła się wygodna bryczka, w której siedział tylko furman. Karbowy przetarł oczy, sądząc, że zaczyna mu się mieszać w głowie. Jak świat światem, nic podobnego nie widziano na tej grobelce.

— Czyby jaśnie pan z jaśnie panią przyjeżdżali po dzieci? — myślał. — Coprawda, pana nie widać, ale skądby znowu pani miała dziś karetę, kiedy niedawno wyjechała stąd z Żydem? A może jaśnie pan został w lesie, aby porachować, ile mu Zając sosen wyciął?...

Tymczasem powóz stanął.

— Tee!... Gapiu!... — zawołano z kozła.

— Niby ja?... — spytał karbowy, zdejmując kapelusz.

— Jużci że ty, kiedy mówię do ciebie. A niema do was lepszej drogi?...

— Skądby zaś!...

— Ale tu powóz może się wywrócić...

— Może i może... — odparł chłop, nie wiedząc co gada.

Devant eux couraient quatre chevaux couverts de harnais reluisants ; et à l'autre bout, derrière les chevaux, derrière le cocher et le valet de pied, on apercevait, sous une ombrelle, une dame entre deux âges, étendue commodément sur de moelleux coussins.

À une certaine distance de la voiture s'avançait une confortable *briska* occupée par un cocher seul. Le surveillant se frotta les yeux, croyant que ses idées se brouillaient. Depuis que le monde était monde, jamais pareil équipage n'avait passé cette petite digue.

— Ne serait-ce pas Monsieur et Madame qui viendraient chercher les enfants ? se demanda-t-il. À vrai dire, on ne voit pas Monsieur ; et puis où Madame aurait-elle pris une si belle calèche, quand, il y a quelques semaines, elle a dû partir d'ici avec un Juif ? Mais peut être Monsieur est-il resté dans la forêt, à compter combien de sapins Zaïone lui a coupés ?

La voiture s'arrêta.

— Hé !... appela-t-on du siège.

— Est-ce moi ? demanda le surveillant en ôtant son chapeau.

— Naturellement c'est toi, puisque je te parle. N'y a-t-il pas un autre chemin jusqu'à la ferme ?

— Où y en aurait-il un autre ?

— Mais une voiture peut verser, ici !

— Qu'elle le peut, oui, elle le peut ! répliqua le paysan, ne sachant même plus ce qu'il disait.

— To bydlę! — mruknął ubrany zpańska, a potem znowu wrzeszczał:

— Jakże, więc jaśnie pani musi iść do folwarku piechotą?

— Musi chyba, że tak...

— Krzysztofie! ja wysiądę... — odezwała się dama.

Pan zeskoczył z kozła i otworzywszy drzwiczki, pomógł pani wysiąść z powozu. Potem cofnął się nabok, a ponieważ droga była pełna wybojów i kijów, idąc za panią podpierał jej łokieć trzema palcami i mówił:

— Jaśnie pani pozwoli na prawo...

Jaśnie pani raczy stąpić na tę kępę...

Panie Piotrze! zaczekasz, dopóki jaśnie pani nie przejdzie. Potem zwolna zajedziesz na podwórze...

Jaśnie pani pozwoli teraz na tę stronę, tu już jest ścieżka...

Karbowy, słysząc gadaninę tego pana, przypuszczał, że wielka dama musi być ślepa i drogi nie widzi. Potem zastanawiał się, czy wobec tej procesji nie wypada mu uklęknąć na grobli... Pani tymczasem zbliżyła się do niego i spytała:

— Dzieci są?

— Ha?

— Jaśnie pani pyta się: czy dzieci są? — powtórzył pan, ukazując mu nieznacznie tęgą pięść w popielatej rękawiczce.

— Niby naszych dziedziców dzieci? — rzekł chłop. — Jużci są.

— Voilà un animal ! murmura l'homme en livrée.

Puis il reprit tout haut :

— Alors, Madame devra aller à pied jusqu'à la ferme ?

— Sans doute qu'elle le devra...

— Christophe, je descendrai... fit la dame.

L'homme sauta à bas du siège, ouvrit la portière, et aida sa maîtresse à mettre pied à terre, puis il s'écarta légèrement, mais, comme le chemin était couvert d'ornières, il la suivit, en lui soutenant le coude avec trois doigts, et en disant :

— Que Madame aille à droite !

« Que Madame daigne poser le pied sur cette place sèche...

« Monsieur Pierre, attendez ici jusqu'à ce que Madame ait passé la digue, puis suivez lentement !

« Que Madame daigne maintenant passer de l'autre côté : il y a enfin un sentier.

Le surveillant, en entendant le verbiage de cet homme, supposa que la grande dame devait être aveugle et ne voyait pas le chemin à suivre. Mais, au moment où il restait ainsi perplexe, la dame s'approcha de lui et demanda :

— Les enfants sont là ?

— Hein ?

— Madame demande si les enfants sont là, répéta l'homme, en lui montrant à la dérobée un robuste poing enveloppé dans un gant gris.

— Les enfants de nos maîtres ? Oui, ils y sont.

— Zdrowe? — spytała pani.

— Panienka to musi wcale niezdrowa. Wciąż leży...

— Czy był tu kto?

— Była jakaś ciotka...

— Nie wiesz, czy mówiła co dzieciom o matce?...

— Mówiła, że matka, niby nasza dziedziczka, pojechała do Warszawy.

— A!... I nic więcej?...

— Jeszcze, że się kazała kłaniać i że niedługo zabierze ich odtela...

— A!...

Pani poszła dalej ku folwarkowi, a pan za nią — wciąż mamrocząc. Dama była w czarnej, powłóczystej sukni i aksamitnej narzutce.

Nad zadumanym karbowym parsknął koń licowy. Chłop cofnął się i począł zwolna iść za powozem.

— To ci muszą być państwo, kiedy jeżdżą lustrzaną karytą! — myślał chłop. — Jak się to jucha błyszczy! Przejrzećby się można w tem dziwowisku...

Tymczasem dama weszła do chaty, a jej kamerdyner zatrzymał się na progu. Właśnie karbowa poczęła trzeci raz zamawiać choroby Anielki, kiedy szelest powłóczystej sukni odwrócił jej uwagę od chorej. Obejrzała się i struchlała, zobaczywszy obcą damę, od której aż pachła jaśniepańskość.

— Ils se portent bien ?

— Mademoiselle n'est pas du tout bien portante. Elle est toujours couchée...

— Quelqu'un est-il venu les voir ?

— Une cousine est venue, il y a quelques jours.

— Ne sais-tu si elle a parlé aux enfants de leur mère ?...

— Oui, elle leur a dit que leur mère, c'est-à-dire notre dame, était partie pour Varsovie.

— Ah !... elle n'a rien dit de plus ?

— Si, elle a encore dit qu'elle les emmènerait bientôt chez elle.

— Ah !

La dame continua son chemin vers la ferme, suivie de l'homme en livrée, qui marmottait toujours... La dame était vêtue d'une robe noire à traîne et d'un mantelet de velours.

Un cheval s'ébroua sur le surveillant, toujours ébahi ; le paysan recula de quelques pas, puis il se mit à suivre la voiture.

— Ce sont sans doute des seigneurs, pour aller dans une telle calèche ! se disait-il. Et comme ça reluit !... On pourrait se regarder, dans cette merveille...

Mais la dame avait enfin atteint la ferme, et était entrée dans la maison, laissant le valet de pied planté sur le seuil. La surveillante était précisément occupée à conjurer la maladie d'Anielka quand le bruissement d'une robe attira son attention. Elle se retourna et resta tout ahurie en apercevant cette étrangère qui avait un air de grande dame.

Pani, nie uważając na zdziwienie karbowej, zbliżyła się do Anielki i z wyrazem niekłamanego współczucia na twarzy, przystojnej jeszcze choć nieco zwiędłej, ujęła dziecko za rękę.

— Anielciu!... — rzekła głosem łagodnym.

Dziewczynka, jak sprężyną rzucona, usiadła na łóżku i błędnemi oczyma przypatrywała się damie. Skupiała rozpierzchnięte wspomnienia, lecz osoby tej poznać nie mogła. Nie dziwiła się przecie, może biorąc nieznajomą damę za jedno ze swych gorączkowych przywidzeń.

— Anielciu! — powtórzyła dama.

Dziewczynka uśmiechnęła się, ale milczała.

— Ma gorączkę... gada od rzeczy... — szepnęła karbowa.

Dama spostrzegłszy w garnuszku wodę, umoczyła w niej batystową chusteczkę i natarła czoło i skronie Anielki. Potem złożyła płatek w kilkoro i okryła wierzch głowy chorej. Pod wpływem chłodu dziecko oprzytomniało nieco i poczęło mówić:

— Czy pani jest babcia nasza, czy druga ciocia? Czy pani od mamy przychodzi?...

Dama drgnęła.

— Przyjechałam zabrać was. Czy pojedziesz ze mną?...

— A gdzie to?... Do mamy?... Czy może już do naszego domu?... Takbym chciała być w ogrodzie... Taki chłód...

Celle-ci, sans même paraître remarquer son étonnement, s'approcha d'Anielka, avec un sentiment de compassion non feinte sur son visage, encore beau, quoique légèrement fané, et prit la main de l'enfant.

— Anielka ! appela-t-elle d'une voix douce.

La fillette, comme mue par un ressort, se mit sur son séant et fixa des yeux égarés sur la dame. Elle eut beau rassembler ses souvenirs dispersés : elle ne put se rappeler qui c'était. Mais elle ne s'étonna pas, la prenant pour une de ses visions.

— Anielka ! répéta la dame.

L'enfant sourit, mais garda le silence.

— Elle a la fièvre... elle délire, murmura la surveillante.

La dame aperçut un pot avec de l'eau, elle y trempa son mouchoir de batiste et mouilla les tempes et le front d'Anielka, puis elle plia ce mouchoir et le posa sur la tête de la malade. Sous l'influence de l'eau fraîche, la fillette revint à elle et balbutia :

— Êtes-vous notre tante ou une autre cousine ? Venezvous de la part de maman ?

La dame tressaillit.

— Je suis venue vous chercher. Veux-tu venir avec moi ?

— Et où donc ? chez maman ?... Peut-être chez nous ?... Dans notre maison... Je voudrais tant retourner au jardin... Il y fait si frais !...

— Czego ty płaczesz, dziecino? — pytała dama, pochylając się nad nią. Wtem cofnęła się. Zaleciał ją gorączkowy oddech dziecka. Ale gdy spojrzała na twarz Anielki, białą, chorobliwym rumieńcem oblaną, na jej oczy wielkie, dobre i smutne, gdy pomyślała o niezmiernem nieszczęściu dziecka bez winy, odwróciła głowę — nie mogąc łez powstrzymać.

Po chwili Anielka przymknęła powieki. Zdawało się, że wysilona rozmową, drzemie. Pani po raz drugi maczaną chustką owinęła jej główkę, a potem wyszła do sieni.

— Krzysztofie — rzekła do onego, co był zpańska ubrany — jedź natychmiast do domu bryczką.

— Słucham jaśnie pani.

— Każ w salonie od ogrodu ustawić na środku łóżko... Poszlij po doktora do miasteczka i telegrafuj do Warszawy po drugiego. Rządca da ci adres.

Kamerdyner ukłonił się, ale stał, jakby pragnąc zrobić swoją uwagę.

— Chcesz co powiedzieć?...

— Sądzę — odparł z deklamacją — że jaśnie pani nie może tu zostać bez usługi.

— Kiedyż my zaraz wszyscy stąd wyjeżdżamy, byle tylko chora uspokoiła się trochę.

— Jaśnie pani nie wypada jeździć z chorymi. To rzecz doktorów i zakonnic.

— Pourquoi pleures-tu, ma fillette ? demanda la dame en se penchant vers la malade ; mais elle se redressa aussitôt, car le souffle brûlant d'Anielka lui faisait peur. Cependant quand elle eut examiné attentivement le maigre visage pâle, tacheté de plaques rouges, les bons grands yeux tristes d'Anielka, quand elle se fut rappelé l'immense malheur qui atteignait l'enfant innocente, elle détourna la tête et ne put plus retenir ses larmes.

Quelques instants après, Anielka ferma les yeux ; elle parut même s'endormir, comme épuisée par la conversation. La dame trempa alors une seconde fois son mouchoir dans l'eau et lui enveloppa la tête, puis elle sortit de la chambre.

— Christophe, dit-elle à l'homme en livrée, retourne immédiatement à la maison avec la briska !

— Je suis aux ordres de Madame.

— Fais disposer un lit au milieu du salon donnant sur le jardin... Envoie chercher un médecin, et télégraphie à Varsovie à un autre médecin, dont le régisseur te donnera l'adresse.

Le valet de pied s'inclina, mais resta là, comme s'il voulait faire une observation.

— Que veux-tu ?

— Je crois, dit-il avec emphase, que Madame ne saurait rester ici sans domestique.

— Nous partirons bientôt, aussitôt que la malade sera un peu plus calme.

— Il ne convient pas que Madame voyage avec des malades. C'est l'affaire des docteurs et des religieuses.

Dama zarumieniła się i zawahała, jakby uznając biegłość Krzysztofa w sprawach tego rodzaju. Z drugiej przecie strony nie podobały się jej te uwagi, więc odparła sucho:

— Rób, co każę!...

— Skoro jaśnie pani każe, jadę; ale za nic nie odpowiadam! — odezwał się Krzysztof z zimnym ukłonem. Zresztą — dodał — muszę pozwolić koniom, aby wytchnęły.

Pani wróciła do Anielki, rozmyślając nad niestosownością obsługiwania chorych. Potem usiadła przy tapczanie i z rzewnem uczuciem wpatrywała się w oblicze dziecka.

— Jak ona podobna do niego! — mówiła sobie. — Te same usta... Ta krew... Biedny człowiek! muszę mu wynagrodzić wszystko, co dziś cierpi...

I w wyobraźni swej zobaczyła piękną postać ojca Anielki. Teraz już nie wahała się obsługiwać chorej. To przecież jego dziecko, to dla niego!...

Stangret, przymocowawszy lejce do kozła, zstąpił uroczyście z wyżyn powozu na folwarczny padół płaczu i — po stangrecku założył ręce na brzuchu. Podszedł do niego pan Krzysztof, gładzący ładnemi palcami angielskie faworyty.

Zimne okłady o tyle ulżyły Anielce, że można było wytłomaczyć jej, iż zaraz stąd wyjadą. Wiadomość tę przyjęła obojętnie i pozwoliła się ubrać.

La dame rougit et hésita un instant, comme si elle reconnaissait la compétence supérieure de Christophe en ces sortes d'affaires ; mais comme, d'un autre côté, une telle remarque n'était point de son goût, elle repartit sèchement :

— Fais ce que je t'ai commandé !

— Puisque Madame l'ordonne, je pars ; mais je ne réponds de rien ! répliqua Christophe en s'inclinant froidement. Au reste, ajouta-t-il, je dois laisser reposer un peu les chevaux.

La dame revint auprès d'Anielka en se demandant s'il convenait à une dame comme elle de s'occuper des malades ; elle s'assit sur le lit et interrogea avidement le visage de la fillette.

— Comme elle lui ressemble ! se dit-elle. Ce sont les mêmes lèvres... Le même sang... Pauvre homme ! je dois tant le dédommager pour tout ce qu'il souffre !

Et la belle figure du père d'Anielka se présenta à son imagination. Maintenant elle n'hésiterait plus à donner ses soins à la malade. N'était-ce pas son enfant, à lui ? Ne le faisait-elle pas pour lui ?

Le cocher, ayant attaché les guides au siège, descendit solennellement des hauteurs de la voiture jusqu'à la vallée de larmes de la ferme, et se croisa les bras, à la manière des cochers. Christophe s'approcha de lui en caressant ses longs favoris à l'anglaise.

Les compresses froides firent tant de bien à Anielka qu'on put enfin lui annoncer leur départ immédiat. Elle accueillit cette nouvelle avec indifférence et se laissa habiller.

Jechali wolno. Owiana świeżem powietrzem, Anielka oprzytomniała nieco, poczęła oglądać się i rozmyślać. Kto jest ta dobra pani?... Dokąd jadą? A może w nowem miejscu czeka na nią mama, która chce im zrobić niespodziankę?...

Patrzyła na schyloną trzcinę i równy, szeroki płat bagien, upstrzonych kępami. Gdy wjechali w las, przysłuchiwała się jego jednostajnemu szumowi. Potem, zdawało się jej, że drzewa wyciągają do niej konary i coś szepczą. Lecz nim zdążyła uchwycić pierwszą sylabę tej mowy, powóz minął drzewo.

— Co one chcą powiedzieć?...

Natężała słuch. Już, już coś rozumie. Jest to jakaś tajemnica, ani smutna, ani wesoła, tylko rozległa, ważna, którą cały las powtarza, lecz której ona dowiedzieć się nie może.

Ciągły, powolny ruch i zmiana widoków poplątanych, nieokreślonych, poczęły drażnić Anielkę. Przymknęła oczy, ale wtedy zdawało jej się, że powóz nagle staje. Spojrzała — znowu jadą, i tylko ktoś z poza konarów zagląda do niej ciekawie. Kto to?... Co to?... Jakieś mnóstwo widziadeł, nie mających kształtów ani barwy, cichych, rojących się.

Podróż ciągnęła się bez końca. Minęli las. Jakież to niebo ogromne i głębokie, a ona leży nad tym bezmiarem, nieprzywiązana do niczego. Ogarnęła ją obawa przestrzeni.

La voiture allait lentement. À l'air frais, Anielka reprit un peu ses sens, regarda autour d'elle et se demanda quelle était cette bonne dame ?... où on allait ? puis elle pensa que peut-être leur mère, voulant leur réserver une bonne surprise, les attendait là-bas, où ils allaient...

Elle regarda les osiers ployés en deux, et le large marais uni, coupé çà et là de touffes d'herbes et d'îlots. Quand ils s'engagèrent sous bois, elle écouta le monotone murmure des arbres ; il lui sembla alors qu'ils étendaient leurs rameaux vers elle et lui murmuraient quelque chose ; mais, avant qu'elle fût parvenue à saisir la première syllabe, la voiture l'avait emportée plus loin.

— Que veulent-ils donc me dire ?

Elle tendit l'oreille... Maintenant elle pouvait enfin comprendre... C'était un secret, ni triste, ni gai, mais très important, très grand, que la forêt entière répétait, mais qui devait rester ignoré d'elle, Anielka.

Le mouvement lent et continu, le changement d'aspects, toujours vagues, embrouillés pour elle, agacèrent la fillette. Elle ferma les yeux, mais soudain il lui sembla que la voiture s'était arrêtée. Elle regarda, mais non, ou allait toujours et quelqu'un la regardait curieusement, caché derrière les arbres. Qui donc était-ce ? Qu'était-ce ? Quantité de visions sans formes ni couleurs, silencieuses, mobiles.

Le voyage était interminable. On avait dépassé la forêt. C'était à présent un ciel immense, profond. Anielka était étendue sur cette immensité sans être retenue par quoi que ce fût. La peur de l'espace s'empara d'elle ;

Zdawało jej się, że spadnie gdzieś, to znowu, że pustka jest jakimś zbitym materjąłem, który ją przytłacza.

Anielka jęknęła.

— Co tobie, moje dziecko? — zapytała dama.

— Boję się... Ja spadnę tam! — mówiła, wskazując ręką na sklepienie niebieskie. O, trzymajcie mnie!...

Pani kazała podnieść budę nad powozem, i to uspokoiło nieco Anielkę. Lecz zaledwie przejechali paręset kroków, dziewczynka zaczęła płakać i prosić:

— O, zostawcie mnie tutaj!... Połóżcie mnie na polu, niech ja już umrę... Tak wszystko we mnie drży... tak się strasznie huśtam... Nie wiem, oo mi jest, nie wiem, gdzie mnie wieziecie... Przecie ja nikomu nic złego nie zrobiłam... zacóż mnie tak męczą?... O, mamo!... mamo!...

Do dworu było już niedaleko. Zawołano ludzi i przeniesiono Anielkę na rękach. Józio i karbowa płakali, dama była bardzo niespokojna.

il lui sembla qu'elle allait tomber là, quelque part ; puis ce désert lui parut recouvert d'un tissu qui l'enveloppait, la retenait.

Elle laissa échapper un léger gémissement.

— Qu'as-tu, mon enfant ? demanda la dame.

— J'ai peur... Je vais tomber là ! répondit Anielka, en indiquant du doigt la voûte céleste. Retenez-moi !

La dame fit lever la capote, ce qui parut rassurer Anielka. Mais, deux cents pas plus loin, elle se prit à pleurer, à supplier.

— Laissez-moi ici... Déposez-moi dans ce champ pour que j'y meure... Tout tremble en moi... Je ne sais pas ce que j'ai... je ne sais pas où vous me conduisez... Je n'ai rien fait de mal... à personne... Pourquoi me tourmente-ton ainsi ?... Maman !... Maman !...

Le château n'était qu'à une petite distance. On appela des domestiques et on porta Anielka jusque-là. Joseph et la surveillante pleuraient silencieusement. La dame paraissait très inquiète...

Rozdział 16

Pod troskliwą opieką

W obszernym pokoju, na fotelu skórą obitym, siedzi pan Dragonowicz, powiatowy lekarz, a obok, na taburecie, pani Wichrzycka, poufna tej damy, która zabrała do siebie Anielkę i Józia.

Doktór Dragonowicz jest niski, dobrze zakonserwowany i dokładnie ogolony staruszek, w długim, szaraczkowym surducie.

Pani Wichrzycka jest osobą pobożnie szczupłą, nosi suknią czarną, włosy gładko uczesane i watę w uszach.

Rozmawiają półgłosem.

— Także był sens sprowadzać takiego młokosa z Warszawy, jak gdyby u nas brakowało zarozumialców! — mówi gniewnie doktór, pocierając krótką ręką szpakowate włosy. — Nic to, panie, nie poradzi, chorą zgubi, a policzy sobie z paręset rubli...

CHAPITRE 16

Soins affectueux

Enfoncé commodément dans un grand fauteuil recouvert de cuir, M. Dragonowicz, le médecin de district, s'entretient avec Mme Wichrzycka, la confidente de la dame qui a pris chez elle Joseph et Anielka.

Le docteur Dragonowicz est un vieillard de petite taille, bien conservé, rasé de frais et vêtu correctement d'une redingote grise.

Mme Wichrzycka est une femme dévotement maigre ; elle porte une robe noire, ses cheveux sont coiffés en bandeaux très lisses ; elle se met de la ouate dans les oreilles.

Ils causent à voix basse :

— Est-ce la peine de faire venir un tel blanc-bec de Varsovie ? C'est à croire que les bons médecins manquent chez nous ! disait le docteur d'une voix irritée, en caressant ses cheveux grisonnants. Il ne sera d'aucun secours ; au contraire, il fera du tort à la malade et emportera quelques centaines de roubles, rien de plus...

— Cóż robić, panie konsyljarzu, kiedy się uparła?... Ona dałaby i parę tysięcy rubli, byle tylko małą wyleczyć. Ma pieniądze, więc dogadza fantazjom! — odparła pani Wichrzycka. Ja jej wyraźnie mówiłam — ciągnęła dalej — że jeżeli pan konsyljarz nie pomoże, to nikt nie pomoże, bo przecie pamiętam, jak mnie pan dobrodziej na to nieszczęśliwe ucho trafnie leczył. Ale cóż — uparła się!... Czy ja mam, panie konsyljarzu, brać dalej te pigułki?

— Trzeba! trzeba! — mruknął doktór. — Od czasu, jak kolej zaprowadzili, wszystkim się przewróciło w głowach z tą Warszawą. Suknie, panie, z Warszawy, cukry z Warszawy, medycy z Warszawy, a ty, biedaku miejscowy, idź w kąt!...

Skrzypnęły drzwi, i wyszedł przez nie młody szatyn, niewielkiego wzrostu. Czarno ubrana pani zerwała się z taboretu, układając bladą twarz do wdzięcznego uśmiechu.

— Jakże pan konsyljarz znalazł naszą chorą? — spytała. — Biedny aniołek!... Widziałam w życiu mojem tysiące chorych, ale żaden jeszcze nie zrobił na mnie tak bolesnego wrażenia...

Młody doktór przerwał potok wynurzeń.

— Właśnie naradzimy się z szanownym kolegą nad stanem chorej — rzekł i ukłonił się wdzięcznej damie, która uśmiechnęła się jeszcze piękniej i — ująwszy fałdy sukni w obie ręce, zrobiła pensjonarski dyg.

— Que pouvais-je faire, monsieur le docteur ? Elle s'est entêtée, voilà tout. Elle donnerait même des milliers de roubles pour qu'on guérisse la petite. Elle a de l'argent, pourquoi ne pas se permettre de telles fantaisies ? répliqua Mme Wichrzycka. Je lui ai dit catégoriquement, poursuivit-elle, que si vous, monsieur le docteur, n'aviez pu rien faire, nul ne ferait rien : car je me rappelle toujours comme vous m'avez soigné cette malheureuse oreille. Mais, que faire, quand elle s'opiniâtre ?... Monsieur le docteur, dois-je continuer ces pilules ?

— Il le faut... il le faut ! marmotta le docteur. Depuis qu'on a construit ce chemin de fer, ils ont tous ici la tête à l'envers avec leur Varsovie ! On fait venir ses robes de Varsovie, son sucre de Varsovie, ses médecins de Varsovie ; et toi, pauvre provincial, reste dans ton coin !

La porte tourna sur ses gonds, et un jeune homme, châtain, de taille moyenne, parut dans l'embrasure. La dame en noir se leva précipitamment et amena sur ses lèvres le plus mielleux des sourires.

— Comment avez-vous trouvé notre malade, monsieur le docteur ? demanda-t-elle. Pauvre ange !... J'ai vu des milliers de malades pendant ma vie, mais aucun d'eux ne m'a causé la pénible impression qui...

Le jeune docteur arrêta ce déluge de paroles.

— Nous allons justement en conférer, mon respectable collègue et moi, dit-il en saluant l'aimable dame, qui sourit plus doucement encore.

Puis elle prit sa robe du bout des doigts et fit une révérence de pensionnaire.

— Chciałam się jeszcze zapytać pana konsyljarza, co życzy sobie na śniadanie?... Może być polędwica, drób, wędliny, jaja... wino, porter...

— Cokolwiek, proszę pani! — odparł młody doktór i ukłonił się po raz drugi, ale tak stanowczo, że dama uznała już za niezbędne wyjść z pokoju.

— Pan dobrodziej przybywa z Warszawy? — spytał Dragonowicz, splótłszy palce rąk i patrząc przez ramię na szatyna. — Czy i tam panuje susza jak u nas?...

Wywzajemniając się, szatyn spojrzał zgóry na staruszka i niedbale rzucił się na drugi fotel.

— U nas, po suszy, trafiają się niekiedy deszcze — odparł. — A jakże szanowny kolega wczoraj znalazł chorą?

Owe: „jakże" — stropiło Dragonowicza.

— Jak zwykle przy początkach zapalenia płuc — odparł niechętnie. — Gorączka, dreszcze, język obłożony, puls prędki... Innych objawów...

— A co kolega ordynował, jeżeli wolno spytać?...

Dragonowiczowi coraz mniej podobał się egzamin.

— Ordynowałem to, co zwykle w podobnych wypadkach — odburknął. — Na nieszczęście, opiekunka chorej nie pozwala stawiać ciętych baniek...

— Je voudrais encore demander ce que monsieur le docteur désire à déjeuner ? Nous pouvons lui offrir du filet, de la volaille, du jambon, des œufs, du vin, du porter.

— N'importe quoi, Madame ! répondit le jeune médecin en s'inclinant pour la seconde fois, mais d'une manière si péremptoire que la dame comprit qu'elle devait quitter la chambre.

— Vous venez directement de Varsovie, Monsieur ? demanda Dragonowicz, les doigts entrelacés, et en toisant le jeune homme. Est-ce qu'il y règne la même sécheresse qu'ici ?

Par réciprocité, le jeune homme châtain toisa également le vieux médecin, et se jeta nonchalamment dans un second fauteuil.

— Après les longues sécheresses, nous avons parfois de la pluie, répondit-il. Et comment mon respectable collègue a-t-il trouvé la malade hier ?

Ce « comment » décontenança Dragonowicz.

— Comment ? mais comme toujours au début d'une fluxion de poitrine, répondit-il aigrement. De la fièvre, des frissons, la langue chargée, le pouls accéléré, les autres symptômes.

— Et qu'avez-vous prescrit ? Puis-je me permettre de le demander ?

L'entretien était de moins en moins au gré de Dragonowicz.

— J'ai prescrit ce qu'on donne toujours en de pareils cas ! bougonna-t-il. Malheureusement, la protectrice de la malade n'a pas permis les ventouses.

— I słusznie! — wtrącił szatyn półgłosem.

— Hę? — spytał Dragonowicz.

— Chora jest anemiczna; krew musimy bardzo szanować...

— Więc pan dobrodziej nawet przy zapaleniu płuc nie stawiasz baniek?... — zawołał Dragonowicz. — A to coś nowego słyszę!

I począł się śmiać, zacierając ręce.

— Tu niema zapalenia płuc...

— Jakto niema?... A co mówi lewe płuco...

— Lewe nic nie mówi. Prawe jest cokolwiek zajęte...

— Jakto prawe?... — krzyknął Dragonowicz. — Ja mówię, że lewe!...

— A mnie auskultacja mówi, że prawe...

Dragonowicz tak się zaperzył, że na chwilę oniemiał. Opanował jednak wzruszenie i zaczął mówić ciszej, siląc się na ironją.

— Dobrze!... prawe!... dobrze... niech i tak będzie... A jakże wedle swojej nomenklatury nazwiesz pan chorobę?

— Malarja! — odparł szatyn krótko, już nie patrząc na Dragonowicza.

— Ma-la-rja?... — powtórzył po sylabie stary doktór, wstając z fotelu. — Wiem, jest to, panie, choroba warszawska,

—Elle a eu grandement raison, objecta le jeune homme châtain à mi-voix.

— Hein ?

— La malade est anémique, il faut ménager son sang.

— Alors vous ne faites pas poser des ventouses dans les fluxions de poitrine ? s'écria Dragonowicz. J'entends cela pour la première fois !

Et il éclata de rire en se frottant les mains.

— Il n'y a pas ici de fluxion de poitrine...

— Comment, il n'y en a pas ? Et que dit le poumon gauche ?...

— Le poumon gauche ne dit rien. Le droit est un peu pris.

— Comment, le droit ? cria Dragonowicz. Et moi je vous dis que c'est le gauche !

— Et, à moi, l'auscultation dit que c'est le droit !

Dragonowicz en resta muet pendant un instant ; mais il domina bientôt son émotion, et il repartit, en scandant ses paroles et en s'efforçant de donner à sa voix une note ironique :

— C'est bien... le droit... très bien... qu'il en soit ainsi !... Et quel nom, d'après votre nomenclature, donnez-vous à cette maladie ?

— La malaria, répondit le jeune médecin, sans même regarder Dragonowicz.

— La ma-la-ria ? répéta le vieux docteur en se levant. Oui, je sais que c'est une maladie varsovienne,

wynalazku wielkiego Baranowskiego, czy wielkiego Chałubińskiego, co to leczą chorych mlekiem i świeżem powietrzem... Znam tych panów! Posłałem im raz pacjenta z palpitacjami, a oni powiedzieli, że to katar żołądka, wynaleziony także przez nich. Cha! cha!... katar żołądka... Szkoda, że mu nie zapisali tabaki, ażeby się wykichał!...

Teraz szatyn zerwał się z fotelu.

— Pozwól sobie powiedzieć, szanowny kolego — rzekł rozdrażniony — że jedna diagnoza tych panów więcej znaczy w świecie lekarskim, aniżeli wszystkie autorytety pacanowskie... Co zaś do kataru żołądka...

Ale Dragonowicz już nie słuchał. Chwycił czapkę z biurka, włożył ją jeszcze w pokoju na głowę i wyszedł, trzaskając drzwiami. W kredensie nazwał młodego szatyna elegantem i zażądał koni. Na szczęście dla cierpiącej ludzkości, schwyciła go pani Wichrzycka i w celu ułagodzenia zaprowadziła do dwu chorych parobków, którym zapisał po dwie sążniste recepty i po pół kopy ciętych baniek na chłopa.

Tymczasem młody doktór, zmęczony podróżą z Warszawy, siadł głębiej w fotelu i oparłszy głowę na ręku, począł obmyślać sposób leczenia chorej.

— Mamy gorączkę, lekkie zajęcie płuc i mózgu i upadek sił. Pacjentka mieszkała w okolicy bagnistej... Zadawać musimy przedewszystkiem chininę, która, naturalnie, będzie fałszowana... Stare wino...

la découverte de grand Baranowski ou du grand Chalubinski, ceux qui guérissent avec du lait et de l'air frais. Je connais ces messieurs ! Je leur ai envoyé une fois un malade souffrant de palpitations de cœur ; et ils ont trouvé que c'était un catarrhe de l'estomac, encore une de leurs découvertes. Ha !... ha !... un catarrhe de l'estomac !... C'est vraiment dommage qu'ils ne lui aient pas prescrit de tabac à priser, pour le faire éternuer !...

Le jeune médecin se leva à son tour.

— Permettez-moi de vous dire, mon cher collègue, fit-il, énervé, qu'un diagnostic de ces messieurs vaut plus dans le monde médical que toutes les autorités de clocher. Quant au catarrhe de l'estomac...

Mais Dragonowicz ne l'écoutait plus. Prenant sa casquette, posée sur le bureau, il s'en couvrit et sortit de la chambre en poussant la porte. À l'office, il déclara que le jeune médecin était un sot et il demanda des chevaux. Heureusement pour l'humanité souffrante, Mme Wichrzycka le prit par la main et le mena voir, pour l'apaiser, deux valets de ferme malades. Il leur écrivit une ordonnance longue d'une demi-toise, et leur prescrivit en outre, à chacun, une trentaine de ventouses.

Pendant ce temps, le jeune docteur, fatigué de son voyage, s'était enfoncé commodément dans un fauteuil et réfléchissait, la tête appuyée sur sa main, aux mesures à prendre en pareil cas.

— Nous avons de la fièvre, le poumon droit est légèrement pris, le cerveau aussi ; nous avons, en outre, un grand affaiblissement. La malade a habité une contrée marécageuse... Il faut donc, avant tout, donner du quinquina qui, naturellement, sera falsifié... Du vin vieux...

Czy aby mają stare wino?... Może arszenik?... Dać spokój!... Jak tu parno w pokoju... Acidum carbolicum cristalisatum?... Nanic... Gorączka... Acidum salicilicum? Do czego?...

Tak nurzając się w odmętach farmakopei, młody lekarz szukał coraz to nowych środków. Już... już chwytał jakiś oryginalny, a całkiem skuteczny sposób leczenia. Już gorączkę zmniejszył, siły wzmocnił, rozdrażnienie uspokoił...

Wtem zasnął twardo.

Z tej komnaty wysokie podwoje, ozdobione złoceniami, prowadziły do sali, w której leżała Anielka. Część mebli wyniesiono stąd, resztę ustawiono wzdłuż ścian i zasłonięto pokrowcami. Okna były otwarte, żaluzje zamknięte. Panował mrok. Na środku stało wielkie rzeźbione łóżko z czarnego dębu, a na niem — Anielka, cała w bieli. Pilnowała jej karbowa.

Biedna kobiecina sama siebie poznać nie mogła. Czem ona jest? gdzie ona jest? Wielkość sali, mrok i mnóstwo nieznanych sprzętów przestraszyły ją. Przypomniały się jej legendy o zaklętej królewnie i innych rzeczach, które w opowiadaniu są bardzo ciekawe, ale przy zetknięciu się z niemi napędzają dużo kłopotów i trwogi.

Czarne łóżko wygląda jak katafalk, sprzęty w pokrowcach jak umarli w całunach, fortepian jak trumna, do której wnet karbowę włożą. A tu nawet, o Jezu! i uciekać nie można, bo podłoga śliska jak lód i nim Zającowa krok zrobi, już ją złapią, naturalnie ci, którzy łapać zechcą.

mais auront-ils du bon vin, ici ? Peut-être faudrait-il prescrire de l'arsenic ?... Laissons cela... Qu'il fait chaud ici !... *Acidum carbonicum cristallisatum* ?... Non, cela n'est pas indiqué... La fièvre... *Acidum salicium*... Contre quoi ?...

Et le jeune homme appelait à la rescousse tous ses souvenirs de pharmaceutique, essayant d'y découvrir quelque nouveau moyen... Enfin... il en tient un très original... très efficace... La fièvre diminue, les forces reviennent... l'énervement se calme...

Et, sur ce, il s'endormit profondément.

Cette pièce communiquait avec le salon, où était installée Anielka, par une haute porte à deux vantaux, toute ornée de dorures. Les meubles de ce salon avaient été ou enlevés ou disposés le long des murs, et recouverts de housses. Les fenêtres étaient grandes ouvertes, les persiennes closes. L'obscurité la plus profonde régnait dans cette pièce, au milieu de laquelle on avait dressé un lit en bois de chêne noir sculpté. Anielka, toute vêtue de blanc, reposait sur son lit. La surveillante la veillait.

La pauvre femme ne se reconnaissait plus elle-même. Qui était-elle ? Où était-elle ? La vaste pièce, la quantité de meubles inconnus, l'obscurité l'effrayaient. Elle se rappelait la légende de la princesse enchantée et d'autres encore, très intéressantes quand on les raconte, mais qui ne causent qu'ennui et effroi quand on les rencontre face-à-face.

Le lit noir ressemblait à un catafalque, les meubles, recouverts de housses, avaient l'air de morts ensevelis, le piano avait l'aspect d'un cercueil dans lequel on allait la mettre sous peu. Et elle ne pourrait même pas s'échapper, ô doux Jésus !

Anielka po większej części leżała spokojnie z zamkniętemi oczyma, odurzona. Po wielkich wstrząśnieniach opanowała ją teraz senność i apatja. Gorączkowe obrazy pierzchły, gwałtownie wybuchające uczucia przygasły. Jeżeli mówiła, to powoli, cicho, urywanemi zdaniami.

Gdy wiatr powiał od ogrodu, sala napełniała się wonią kwiatów, świegotaniem ptaków, a niekiedy — dalekiemi odgłosami wesołej rozmowy ludzi zdrowych. Zwykle jednak, przez wąskie otwory żaluzyj widać tylko było mnogie cienie chwiejących się liści, które wydawały szelest jak woda strumienia, prędko uciekającego po kamykach. Istny obraz wieczności!

Czasami znowu stawał kto za oknem i zapuszczał ciekawy wzrok do wytwornej świątyni nieszczęścia. Na widok tych figur tajemniczych, które ukazywały się i znikały bez szelestu, karbowej przechodziło przez głowę, że może to śmierć do nich zagląda, badając, czy już czas?...

— Pić... — szepnęła Anielka.

Karbowa zerwała się z fotelu i przyłożyła chorej do ust jakąś miksturę słodką i chłodzącą.

— Czy to już wieczór?

— Nie, paniunciu, jeszcze nie wołali na południe.

Milczenie.

— Co to tak płynie za oknem?

Anielka restait le plus souvent calme, les yeux fermés, comme inconsciente. Après ses violentes secousses, elle n'éprouvait plus qu'un grand besoin de repos, et elle était retombée dans une profonde apathie. Les visions fiévreuses s'étaient évanouies, l'effervescence de ses sentiments s'était calmée. Quand elle parlait, c'était par phrases hachées, débitées lentement, d'une voix à peine perceptible.

Lorsque le vent soufflait du jardin, le salon s'emplissait du parfum des fleurs, du gazouillement des oiseaux et, de temps à autre, des échos lointains des rires joyeux des gens bien portants ; mais ordinairement on n'entrevoyait entre les lamelles des persiennes que les ombres des innombrables feuilles, faisant entendre, en se balançant, un bruit pareil au murmure de l'eau d'un ruisseau courant sur des galets. Image de l'éternité.

Parfois aussi quelqu'un s'arrêtait devant la fenêtre et jetait un regard curieux à l'intérieur du salon. En apercevant ces ombres mystérieuses, qui apparaissaient sans bruit, la surveillante se demandait si ce n'était pas la mort qui les guettait, et venait voir si l'heure avait sonné…

— À boire ! murmura Anielka.

La surveillante se leva vivement et approcha des lèvres de la malade une mixture rafraîchissante.

— Est-ce que c'est le soir ?

— Non, mademoiselle, il n'est pas encore midi.

Nouveau silence.

— Qu'est-ce qui coule près de la fenêtre !

— To drzewa, paniuńciu, w ogrodzie szelepią.

— A!... Jak tam musi być ładnie... A mnie tak nudno, ja taka chora...

— Niech się panienka nie boi, będzie zdrowa! Już był tu drugi doktór, pono z Warszawy. Obejrzał panienkę (aż koszulę para odpinał!) i mnie się o wszystko wypytał. Jakiem mu zaś wzięła gadać (jeszczem niejedno, Boże odpuść! zełgała), to aż ci się za głowę chwycił i poszedł radzić z tamtym. Ho! ho!... oni dopiero coś uradzą. Wykrzykiwały przecie tak, że myślałam: czy się nie biją?...

Anielka splotła chude rączki i przymknęła powieki, oddychając szybko i krótko.

Za ogrodem rozległ się powolny turkot bryczki, po bitej drodze i — ciężki stęp koni.

— Ktoś jedzie!...

Orzeźwiło to karbowę, że w swojej kłopotliwej ciemnicy słyszy przynajmniej jakieś odgłosy, które przypominają jej, iż poza obrębem pałacu istnieje świat, a na nim folwark, za którym tak tęskniła.

Turkot ucichnął.

— To do nas przyjechali! — pomyślała karbowa. — Lecz kto przyjechał? — odgadnąć nie mogła.

W tym samym czasie pani Wichrzycka, wracająca z oficyny do pałacu, zobaczyła przed bramą wielką bryczkę, konie spasione jak gałki, a na koźle woźnicę, ubranego po chłopsku, lecz wygolonego po księżowsku. Z bryczki tej wysiadła jakaś jejmość i bardzo rezolutnie szła ku drzwiom pałacu.

— Ce sont les arbres du jardin qui bruissent.

— Ah !... comme il doit y faire beau... et moi, je m'ennuie tant !...

— Calmez-vous, ma chère petite demoiselle, vous guérirez vite, maintenant ! Un autre médecin est arrivé de Varsovie... Il vous a regardée (il a même déboutonné votre chemise) et il m'a dit de tout lui raconter... puis il s'est pris le ventre à deux mains, et est allé parler à l'autre. C'est à présent seulement qu'ils vont faire quelque chose de bien, parce qu'ils ont tant crié, mais tant crié, qu'on aurait pu les croire prêts à se battre !

Anielka joignit les mains et ferma les yeux ; sa respiration était courte et rapide.

Le roulement d'une voiture, le pas lourd d'un cheval, résonnèrent, là-bas, sur la route caillouteuse.

— Quelqu'un arrive...

Cette pensée ranima quelque peu la paysanne. Ce bruit, perçu dans l'obscurité où elle était plongée, lui rappelait qu'au delà du palais il existait un monde, et, dans ce monde, une ferme vers laquelle elle soupirait tant !

Le bruit se tut.

— C'est chez nous qu'on est venu, pensa la surveillante, ne parvenant pas toutefois à deviner qui pouvait être arrivé.

En ce moment même, Mme Wichrzycka, qui traversait la cour séparant la cuisine du château, aperçut près de la grille une grande brisa, des chevaux gras à lard, et sur le siège un conducteur paysan, mais rasé comme un prince. Une femme descendit de la voiture et se dirigea résolument vers le perron d'honneur.

Była to ciocia Andzia, która poznawszy w Wichrzyckiej osobę swojej kondycji, zwróciła się przedewszystkiem do niej z rekomendacją i pytaniami.

— Jestem Anna Stokowska — mówiła prędko. — Dowiedziałam się, że tu są dzieci pana Jana: Anielka i Józio. To moi siostrzeńcy...

— A!... — szepnęła pani Wichrzycka, robiąc dyg z pochyleniem głowy nabok.

— Właśnie jechałam na folwark, aby dzieci przewieźć do siebie, ale spotkałam w drodze tamtejszego karbowego, który mi powiedział, że one są tutaj. Niech sobie pani wyobrazi, że człowiek ten z całym dobytkiem folwarcznym jedzie do państwa.

— Wiem... jego żona pilnuje chorą Anielcię — przerwała Wichrzycka — bardzo ordynaryjna kobieta, którą, gdyby nie opór pani baronowej...

— Baronowa? — pomyślała ciotka, a potem rzekła głośno:

— Chciałabym widzieć się z panią baronową. Podziękuję jej za opiekę nad dziećmi i zabiorę do siebie.

Pani Wichrzycka pokręciła trochę głową, ale nie odpowiedziała nic. Wprowadziła ciotkę do pokoju, sama zaś poszła uprzedzić baronowę o zamiarach przyjezdnej.

Ciotka Andzia usiadła na aksamitnej kanapie i usiłowała zabić czas, przypatrując się cackom na stolikach, albo obrazom, między któremi był portret mężczyzny w mundurze intendenckim.

C'était la cousine Anna. Ayant reconnu dans Mme Wichrzycka une personne de sa condition, elle l'aborda :

— Je suis Anna Stokowska. J'ai appris que les enfants de M. Jean, Anielka et Joseph, sont ici… Ce sont mes parents…

— Ah ! fit Mme Wichrzycka en faisant une révérence, la tête inclinée de côté.

— Je me rendais à la ferme pour les y chercher, mais j'ai rencontré en chemin le surveillant de là-bas. Il m'a dit que je les trouverais ici. Figurez-vous, madame, que ce brave homme vient chez vous avec toutes les bêtes de sa ferme !…

— Je le sais, c'est sa femme qui veille Anielka, interrompit Mme Wichrzycka : c'est une personne très vulgaire, et, sans l'opiniâtreté de madame la baronne…

— Une baronne !… pensa la cousine ; puis elle reprit, tout haut :

— Je voudrais voir madame la baronne. Je la remerciais pour les soins qu'elle a donnés aux enfants, et ensuite je les emmènerais…

Mme Wichrzycka hocha légèrement la tête, mais ne répondit rien. Elle fit entrer la cousine dans les appartements, et alla prévenir la baronne des intentions de la visiteuse.

La cousine Anna s'installa sur un canapé de velours, et essaya de tuer le temps en examinant les bibelots encombrant les tables, puis les tableaux, parmi lesquels se trouvait un portrait d'homme en uniforme d'intendant militaire.

— Bogata bo bogata — myślała. — To on był baronem... Ale czego ona chce od dzieci?... Kto ją o nich zawiadomił?... Ha! widać miłosierna kobieta...

Wtem cicho otworzyły się drzwi, i do salonu weszła właścicielka pałacu. Mogła mieć około lat czterdziestu, była dobrego wzrostu, śniada, z czarnemi, bardzo żywemi oczyma. Rysy jej grube i namiętne zachowały jednak i dziś ślady piękności.

— Żydówka?... — przemknęło przez głowę cioci Andzi. Podniosła się jednak szybko z kanapy i złożyła wchodzącej głęboki ukłon.

Baronowa serdecznie ścisnęła ją za rękę.

— Pani jest ciotką Anielci i Józia? — spytała.

— Tak — odparła przybyła.

— Siądźmy, proszę... Pani jest bliską krewną biednej?...

Ciocia Andzia nagle posmutniała.

— Podobno w ostatnich czasach — mówiła baronowa — ona mieszkała w domu pani... Tam także...

— Przyjechałam też, aby dzieci zabrać... Bo ja w tych dniach — mówiła ciotka z odcieniem zakłopotania — otrzymałam miejsce u jednego zacnego kanonika...

Baronowa poruszyła się na kanapie.

« Elle doit certainement être riche, pensait-elle. C'est sans doute le portrait du baron ! Mais que veut-elle des enfants ?... Qui lui en a parlé ?... C'est une femme très charitable, sans doute... »

La porte du salon s'ouvrit doucement, et la maîtresse du logis entra. Elle pouvait avoir une quarantaine d'années environ ; elle était de belle taille ; son teint était basané, ses yeux noirs, très vifs. Ses traits grossiers, mais passionnés, conservaient encore les traces d'une grande beauté.

— Une Juive ? se demanda la cousine, qui se leva vivement, et salua profondément la baronne.

Celle-ci lui serra amicalement la main.

— Vous êtes la cousine d'Anielka et de Joseph ?

— Oui, Madame.

— Asseyons-nous, je vous en prie ! Vous êtes une proche parente de la pauvre défunte ?

Un nuage de tristesse assombrit le front de la cousine.

— Je crois même qu'elle demeurait avec vous, dans les derniers temps ? continua la baronne.

— Je suis venue chercher les enfants... Ces jours derniers, — la cousine parut légèrement embarrassée, — ces jours derniers, j'ai enfin obtenu une place de gouvernante chez un respectable chanoine...

La baronne parut inquiète.

— Ale że to człowiek dostatni i bardzo dobry, więc pozwolił mi sprowadzić dzieci do siebie. Wypłacił mi nawet pensją za kwartał, aby im kupić co potrzeba...

— Nie wydaje mi się to miejsce stosownem dla dzieci, nawet tymczasowo — rzekła baronowa.

— Przysięgłam Meci, że ich, biedaków, nie opuszczę — przerwała prędko ciocia — i dotrzymam słowa. Majątku nie mam już oddawna, ale praca moja wystarczy nam, a poczciwy kanonik...

— Pani zdaje się nie wiedzieć o tem, że mnie pan Jan upoważnił do przywiezienia dzieci tutaj. Przeczyta pani list. Zresztą on sam za parę dni przyjedzie... Ale choćby nawet pan Jan nie nadał mi tych praw, to jeszcze nie mogłaby pani tak prędko zabrać dzieci, bo Anielka jest bardzo chora...

Ciotka spuściła głowę.

— Mamy tu dwu lekarzy — mówiła baronowa — w razie potrzeby możemy mieć ich więcej, choćby najznakomitszych w kraju. Anielka znajdzie wszelkie wygody.

— Więc ja — przerwała ciotka nieśmiało — mam już opuścić chore dziecko siostry?...

— Ależ nie!... — pochwyciła baronowa, wyciągając rękę do ciotki. — Ja właśnie liczę na to, że pani u nas jakiś czas zabawi.

— Mais comme c'est un homme aisé et très, très bon, il m'a permis de prendre les enfants chez lui ; il m'a même payé un trimestre d'avance, pour que je puisse leur acheter les choses les plus nécessaires.

— Cela ne me semble guère une demeure convenable pour ces enfants, même provisoirement, observa la baronne.

— J'ai juré à Mathilde de ne jamais abandonner ses enfants, interrompit la cousine, et je tiendrai parole. Je n'ai plus de fortune, depuis longtemps déjà, mais mon travail nous suffira, et le bon chanoine...

— Il me semble, Madame, que vous ignorez l'autorisation de me charger des enfants que m'a donnée M. Jean. Je vais vous montrer sa lettre. Au reste, lui-même sera ici dans deux ou trois jours... Et si même M. Jean ne m'avait pas conféré ce droit, vous ne pourriez pas encore emmener les enfants : car Anielka est gravement malade...

La cousine baissa la tête.

— Nous avons deux docteurs, continua la baronne : nous pouvons en avoir d'autres encore, même les plus grandes célébrités du pays, si cela devient nécessaire. Anielka a, en outre, ici, tout le confort possible.

— Alors il me faut abandonner l'enfant malade de ma cousine germaine ? dit timidement la cousine.

— Mais non, mais non, protesta la baronne en lui tendant la main, j'espère au contraire que vous nous resterez quelque temps !

A widząc wahanie się ciotki, poczęła nalegać.

— Bardzo panią proszę!... W domu moim panuje staropolska gościnność, tembardziej dla osób... życzliwych... Znajdzie tu pani oddzielny apartament dla siebie... Będzie pani czuwać nad Anielcią...

Ciotka była zakłopotana.

— Doprawdy, że choć mi żal odmówić, nie śmiem jednak nadużywać uprzejmości pani...

— Niech pani dom ten uważa za własny, a mnie za... za szczerą przyjaciółkę. Zresztą pani wie, że niema w kraju dwóch rodzin, któreby nie były spowinowacone ze sobą. My wszyscy jesteśmy krewni...

Ciotka, zdziwiona i wzruszona — uległa. Napisała do kanonika, prosząc go o urlop na parę dni, a następnie udała się do pokoju Anielki.

Karbowa, poznawszy ciotkę Andzię, zawołała: „ooo!..." — i rzuciła się jej do kolan. Anielka popatrzyła na nią, uśmiechnęła się smutno i znowu przymknęła oczy.

— Jakże się masz, Anielciu? — spytała ją ciotka.

Dziewczynka milczała.

— Niczego! — odparła za nią karbowa. — Są tu przecie dwa doktory. A jak jeść dają!... byle człek przełknął... Ino, że jest ciemno i niema na czem siedzieć, więc kuczy się noma. Ja już nawet zapomniałam w tej ciemnicy, jak świat wygląda. A jeszcze mi mego żal...

Voyant les hésitations de la cousine Anna, elle crut devoir insister :

— Je vous en prie ! On pratique chez moi la vieille hospitalité polonaise... surtout pour les personnes qui nous veulent du bien... On vous donnera un appartement à part, et vous nous aiderez à soigner Anielka !

La tante paraissait embarrassée.

— Je regrette de devoir refuser, mais je ne saurais abuser de votre amabilité, madame !

— Considérez cette maison comme vôtre et traitez-moi en... amie sincère. Et puis vous savez très bien qu'il n'y a pas, dans notre pays, deux familles qui ne soient alliées entre elles, aussi sommes-nous tous un peu parents...

La cousine, étonnée et émue tout à la fois, consentit à rester. Elle écrivit au chanoine pour lui demander un congé de quelques jours, et se rendit ensuite chez Anielka.

En l'apercevant, la surveillante s'écria : « Oh !... » et se jeta à ses pieds. Anielka la regarda, sourit tristement, et referma les yeux.

— Comment te sens-tu, Anielka ? demanda la cousine Anna.

La fillette ne répondit pas.

— Pas mal, dit la surveillante. Il y a deux docteurs. Et on donne tant à manger !... c'est à peine si on peut tout avaler... Seulement il fait toujours sombre, et on n'a pas sur quoi s'asseoir, alors on s'ennuie un peu... J'ai même oublié de quoi le monde a l'air, depuis que je suis toujours dans l'obscurité... et puis je regrette aussi mon homme...

— To też jedźcie sobie, moja Zającowa, a ja teraz przy Anielci posiedzę. Spotkałam w drodze waszego męża. Jedzie tu z całem gospodarstwem...

— Zdurzał para, czy co?... — krzyknęła karbowa. — A jakże on dom ostawił?...

— Tego ja nie wiem, ale zdaje się, że jego tylko co nie widać. Wyjdźcie na podwórze, a pewnie się z nim spotkacie...

Kobieta wyszła, ślizgając się na posadzce, i ledwie trafiła do sieni.

— To ci pałac, o Jezu! i za tydzieńby go nie obszedł po wszystkich kątach... — szeptała.

Gdy zostały obie z ciotką, Anielka otworzyła oczy.

— Ciociu, ja chcę usiąść.

Ciotka uniosła ją i oparła na poduszkach, a widząc, że mimo to dziewczynka siedzieć nie może, objęła ją wpół i rękę jej położyła na swojej szyi.

— Żeby ciocia wiedziała, jaka ja chora...

— To przejdzie, moje dziecko. Jutro już ci będzie lepiej, jak tylko lekarstwa zaczną działać.

— Tak?... — spytała dziewczynka, całując ją. — A ja myślałam, że już umrę...

Ciotka oburzyła się.

— *Fi!* moje dziecko... Któż znowu mówi takie rzeczy?... Przecież niejeden choruje... Ja sama ile razy!...

— Alors vous pouvez sortir un peu, ma bonne Zaïone, je resterai ici. J'ai rencontré votre mari en chemin ; il vient ici avec tout le ménage...

— Est-ce qu'il est devenu fou ? s'écria la surveillante. Et comment a-t-il pu quitter la maison ?...

— Ça, je n'en sais rien. Je sais seulement qu'il ne doit pas être loin d'ici. Sortez un peu, vous le verrez sans doute...

La femme sortit, en glissant à chaque pas sur le parquet ciré, et gagna le vestibule.

— C'en est un de palais, mon doux Jésus ! on n'en visiterait pas tous les coins en huit jours, marmotta-t-elle.

Dès que la surveillante fut sortie de la chambre, Anielka rouvrit les yeux.

— Je voudrais m'asseoir, ma cousine !

Celle-ci la souleva, l'installa commodément ; mais voyant que la fillette n'avait pas la force de rester assise, elle la soutint dans ses bras.

— Si vous saviez comme je suis malade !...

— Ça passera, ma petite chérie ! Demain, aussitôt que les remèdes auront fait leur effet, tu iras mieux.

— Vraiment ? interrogea la fillette en l'embrassant... Moi, je pensais déjà que je mourrais bientôt !

La cousine fit une mine fâchée.

— Fi, ma fillette... qui dit de telles choses ? Combien de personnes tombent malades... et, moi-même, que de fois...

— Tak mi tu było smutno... Nikogo przy mnie niema... Ani mamy... O, żeby się choć mama nie dowiedziała o tem!...

Ale i ta krótka rozmowa wysiliła ją. Dziewczynka położyła się, oblana zimnym potem.

— Ja pewnie umrę... o Boże!...

— Dajże pokój, Anielciu, nie rań mi serca... — przerwała ciotka.

— Kiedy ja się nie boję, tylko... Ja nie wiem, jak się to umiera, i dlatego... tak mi smutno...

Skrzypnęły drzwi, i na posadzkę upadła szeroka smuga światła. Weszła pani baronowa, trzymając Józia za rękę.

— Patrz, Anielciu! — krzyknął chłopiec — jak ja jestem ubrany... Mam buty i kurtkę aksamitną...

— Cicho, Józiu! Jakże się ma Anielcia? — spytała dama, stając nad łóżkiem chorej.

Ciotka Andzia pokiwała głową.

— Jeździłem dziś na koniu — mówił Józio — chodziłem z Krzysztofem po ogrodzie... Mama obiecała mi...

Anielka zerwała się.

— Gdzie mama? — krzyknęła, szeroko otwierając oczy.

Józio umilkł, pani baronowa cofnęła się od łóżka.

— Gdzie jest mama?... — powtórzyła Anielka.

— J'étais si seule... Je n'ai personne près de moi... Maman n'est pas là... Oh ! si du moins maman pouvait ne pas le savoir...

Ce court entretien l'avait épuisée ; elle retomba sur ses oreillers, une sueur froide perlait sur son front.

— Je mourrai... certainement... Oh ! mon Dieu !...

— Laisse donc, Anielka, ne me déchire pas le cœur !

— Mais je n'ai pas peur, moi, ma cousine ; seulement... je ne sais pas comment on meurt... c'est pourquoi... tout me paraît si triste !

La porte tourna sur ses gonds et un rayon de lumière inonda le plancher. La baronne, tenant Joseph par la main, entra.

— Regarde, Anielka, comme je suis habillé ! cria le petit garçon. J'ai des bottes et une veste de velours...

— Chut, Joseph... Comment va Anielka ? demanda la dame en se baissant vers le lit de la malade.

La cousine Anna hocha la tête.

— Je suis monté à cheval, aujourd'hui, continua Joseph, et j'ai fait le tour du parc avec Christophe... Maman m'a promis...

Anielka se leva en sursaut.

— Maman ? Où est donc maman ? s'écria-t-elle en ouvrant de grands yeux.

Joseph se tut ; la baronne s'éloigna de quelques pas.

— Où est maman ? insista Anielka.

— Ja mówię o naszej mamie chrzestnej — odparł Józio, wskazując na baronowę.

Anielka upadła na łóżko i zakryła twarz rękoma.

Scena ta zakłopotała ciotkę Andzię, a jeszcze mocniej baronowę, która, zapytawszy: czy chora nie żąda czego? — wnet opuściła salon.

Zając istotnie przyjechał, niekutym wozem, zaprzęgniętym we dwa chude woły. Na wozie umieścił skrzynią i przyodziewek, a ztyłu przyczepił konia i krowę.

Osobliwy ten kram parobcy przywitali starodawnem: „Pochwalony!" dworscy lokaje szyderczemi śmiechami, a karbowa okrzykiem radości. Z rozkrzyżowanemi rękoma wybiegła baba naprzeciw męża, ale Zając przyjął ją cierpkiem pytaniem:

— No... po chorobę ja się tu przywlekłem?...

— Ooo!... a tożeś się przecie sam jaśnie pani napraszał — odparła karbowa, zdziwiona krótką pamięcią męża.

— A cóżem miał robić?...

Karbowa obraziła się.

— I nie wydziwiaj, nie wydziwiaj!... Nie lepiej ci to posiedzieć kilo czasu między ludźmi, a nie samemu jak wilk pod lasem?

— A króliki noma przez ten czas djabli wezmą.

— Nic im nie będzie.

— Je parle de note marraine, répondit Joseph en désignant la baronne.

La fillette retomba sur ses oreillers et se couvrit le visage de ses mains.

Cette scène ne laissa pas d'embarrasser légèrement la cousine Anna et beaucoup la baronne, qui quitta immédiatement le salon, après avoir demandé si la malade ne désirait rien.

Zaïone était arrivé, en effet, avec un chariot non ferré et attelé d'une paire de bœufs maigres. Un grand coffre et des vêtements étaient sur ce chariot ; son cheval et une vache venaient derrière.

Les valets de ferme accueillirent ce singulier équipage par le traditionnel « Dieu soit loué » ; les domestiques par des rires ironiques, et la surveillante par des cris joie. Elle courut au-devant de son mari les bras ouverts ; celui-ci la reçut en lui demandant d'un ton moins qu'aimable :

— Suis-je arrivé après la maladie ?

— Pourquoi n'es-tu pas venu plus tôt ? Madame t'en a prié elle-même ! dit la surveillante étonnée.

— Et qu'avais-je à faire ici ?

La surveillante s'offensa.

— Ne fais pas le gros dos… Est-ce qu'il ne vaut pas mieux vivre ici quelque temps avec des humains que de moisir comme un loup dans la forêt ?

— Et pendant ce temps le diable emportera nos lapins…

— Rien ne leur arrivera.

— No, a co ja tu będę robił?

— Wypoczniesz se. Takeś zawsze żądał wypoczynku.

— Ale! A gdzie ja tu stanę?... Przecie nie pod bramą, żeby się te parchy lokaje ze mnie naśmiewały.

Karbowa złożyła ręce po napoleońsku; pytanie to było najważniejsze ze wszystkich. Gdzie on stanie? Jużci chyba mąż powinienby siedzieć przy żonie. A że żona siedzi w pałacu, więc i on w pałacu. Więc i koń, krowa, dwa woły...

Nie rozwiązałaby tej zagadki karbowa, gdyby nie zjawił się Szmul w biedce. Wychodźcy z folwarku powitali go jak Mesjasza i prosili o radę. Żyd nic im nie odpowiedział, tylko uśmiechnął się.

Poszedł do pałacu, a w kwadrans wóz odprowadzono do szopy, konia do stajni, bydlątka do obory i karbowego do oficyny.

Tam dano mu obiad i flaszkę piwa. Chłop najadł się, pasa rozpuścił, gębę utarł rękawem, a potem — siadł na ławie — i jak weźmie płakać!... Aż się szyby chwilami trzęsły...

— Pocóżem ja tu nieszczęśliwy na tę pustynią przyjechał!... A bodaj mnie była pierwej nagła śmierć spotkała!... Ani tu pola, ani lasu, ani wody...

— Qu'est-ce que je ferai ici ?

— Tu te reposeras... tu désires du repos depuis si longtemps...

— Et où irai-je me fourrer ici... Je ne vais pas loger sous la porte-cochère, pour que ces satanés domestiques se moquent de moi...

La femme se croisa les bras, à la Napoléon. Cette question était, en effet, de la plus grande importance. Où allaient-ils loger ? Un mari doit demeurer avec sa femme, n'est-ce pas ? Et puisque sa femme est au palais, lui aussi doit y être... mais les bœufs, le cheval, la vache ?...

Jamais la surveillante n'aurait résolu cette question si Samuel n'était arrivé, en carriole, à ce moment. Les émigrés l'accueillirent comme le messie et lui demandèrent conseil. Le Juif se tut, mais sourit.

Il entra au château ; et, un quart d'heure plus tard, le chariot «était remisé sous un hangar, le cheval mis à l'écurie, les bœufs et la vache à l'étable, et le surveillant installé à la cuisine.

Là, on lui servit à dîner et une bouteille de bière. Il mangea, desserra sa ceinture, s'essuya la bouche du revers de sa manche et puis alla s'asseoir sur un banc et se mit à pousser de tels sanglots que les vitres ne tremblèrent.

— Pourquoi suis-je venu dans ce désert, moi pauvre diable ? Pourquoi la mort ne m'a-t-elle pas pris, plutôt ? Il n'y a ici ni champs, ni forêt, ni eau...

Nie powiedział jednak: ani ludzi, ponieważ otaczało go kilkanaścioro służby płci obojej, którzy drwili z rozpaczy biedaka. Jemu też bynajmniej nie o ludzi chodziło, ale o te bagna kochane, czarny las i obdartą chałupę.

Beczał i szlochał z pół godziny, aż przyszła pani Wichrzycka i nawymyślała mu. Wtedy powlókł się ku stajni i oborom obejrzeć swój dobytek i zaznajomić się z parobkami.

Trochę pogadał, potem legł na słomie. Ale spać mu się nie chciało, więc począł chodzić z kąta w kąt, tęsknić za robotą, za żoną i za folwarkiem. W parę godzin obmierzła mu Wólka razem z pałacem, pięknemi budowlami i wielkim ogrodem tak, że rady sobie dać nie mógł.

— Co tu za życie? — mówił do siebie. — U nas — to dopiero raj!...

Wybrał się do karczmy, i tam on, człek od urodzenia trzeźwy, pierwszy raz w życiu poznał wielką prawdę, że często dolewany kieliszek jest pocieszycielem strapionych.

Gdy wrócił z szynku, nie tęsknił już do swego folwarku, bo miał umysł mocno zajęty.

— Coprawda — myślał — to w tej Wólce wesoło. Pałac jak kościół, budynki porządne, murowane. Jest browar, jest gorzelnia, młyn — człowiekowi nie żal na te rzeczy patrzeć. Na obiad dzwonią jak na sumę, a ludzi tyle, co na odpuście. I jeść dają — aż w gardło nie lezie.

Il n'ajouta pas toutefois « ni gens », car il était entouré d'une douzaine de domestiques des deux sexes qui raillaient son désespoir. Il se souciait peu de ces gens, du reste ; il leur préférait ses chers marécages, sa forêt sombre, et sa chaumière toute déplâtrée.

Il hurla et sanglota ainsi plus d'une demi-heure, jusqu'à ce que Mme Wichrzycka fût venue le gronder. Alors il se traîna vers les écuries et les étables, pour voir ses bêtes et faire connaissance avec les gens de là.

Quand il eut tout passé en revue, il se coucha sur un tas de paille ; et, comme il ne pouvait pas dormir, il se leva, alla d'un coin à l'autre, soupirant après sa femme, ses occupation, et sa ferme. En deux heures, Volka lui devint si odieux, avec sa belle maison, ses belles constructions, et son grand parc, qu'il n'eut plus qu'un désir : s'enfuir.

« Quelle vie, ici ! se dit-il. Chez nous, c'est vraiment comme au paradis. »

Il alla jusqu'au cabaret et lui, l'homme sobre depuis sa naissance, il connut pour la première fois cette grande vérité : qu'un verre souvent rempli est la consolation des affligés.

Quand il quitta le cabaret, il ne soupirait déjà plus après sa ferme, son esprit était ailleurs.

— C'est vrai, il fait gai à Volka... Le palais est comme une église... Les bâtiments sont bien entretenus, bâtis en pierre... Et puis il y a une brasserie, une distillerie, un moulin... Un homme ne doit pas se plaindre d'avoir à regarder ces choses-là... On sonne pour le dîner comme pour la messe... et les gens ont toujours l'air d'être à une fête... Et puis, comme on donne à manger ! plus qu'on n'en peut avaler...

Szedł drogą, i zdawało mu się, że go coś podrywa, tak mu było lekko, a w głowie myśli skaczą coraz osobliwsze. Nie trzymały się one jedna drugiej, ale szły szparko jak wicher. Jeszcze nigdy Zając tyle nie wymyślił, choć całe życie miał ochotę do myślenia. Wkońcu rozebrała go taka radość, że aż zaśpiewał.

Dociągnął do obory i zwalił się na kupę słomy. Jakie tu spanie chrześcijańskie... We śnie zdawało mu się, że go ktoś targa za ramię.

— Kuba! Kuba!... ocknijże się...

— Byś ksy! ksy!... — odmruknął machinalnie Zając.

— A tożeś ty pijany, bestyjo... Kuba!...

— Daj mi spokój!... Nie widzisz, co robię? — odparł i przewrócił się twarzą do słomy, wywijając nogami.

Obudzić go nie było możności. Spał aż do wschodu słońca.

Il suivait le chemin ; et il lui semblait que quelque chose l'enlevait de terre, tant il se sentait léger ; ses idées tournoyaient de plus en plus étrangement dans sa tête... elles ne tenaient pas ensemble, mais elles allaient, allaient, rapides comme l'éclair. Jamais encore Zaïone n'avait tant réfléchi, bien qu'il eût le goût de la réflexion depuis sa naissance. Enfin, une telle joie le prit qu'il se mit à chanter.

Il arriva ainsi aux étables et s'étendit sur un tas de paille. Tout à coup, il lui sembla qu'on le tirait par la manche.

— Kouba !... Kouba !... réveille-toi donc...

— Quoi ?... Hein ?... marmotta-t-il.

— Mais tu es ivre, animal !... Kouba !

— Laisse-moi tranquille... tu ne vois donc pas ce que je fais ? répondit-il enfin, et il enfonça son visage dans la paille et agita ses jambes.

On ne put le tirer de ce sommeil. Il dormit ainsi jusqu'à la pointe du jour.

Epilog

W pałacu, wieczorem, lekarze jeszcze raz zbadali chorą i w bocznym pokoju złożyli drugie konsyljum.

— Więc pan dobrodziej ciągle twierdzisz, że tu niema zapalenia płuc? — zaczął Dragonowicz z protekcjonalnym uśmiechem.

— I twierdzę, i jestem przekonany, żeś się kolega uprzedził — odparł szatyn ozięble.

Miara już się przepełniła. Dragonowicz założył nogę na nogę, dłonie splótł i topiąc królewskie spojrzenie w obliczu młodzika, zapytał:

— Przepraszam... ile też pan dobrodziej liczy sobie lat?

Młody szatyn powstał.

— Kochany kolego! — rzekł — mam tyle lat, ile potrzeba do stu obserwacyj zapalenia płuc...

Zerwał się i Dragonowicz.

— Mało mnie pańskie obserwacje obchodzą! — krzyknął, wstrząsając ręką. — A gdzie pan uniwersytet kończył?...

Épilogue

Le soir, les médecins auscultèrent de nouveau la malade, et tinrent de nouveau conseil dans une chambre à part.

— Alors, Monsieur, vous persistez à affirmer qu'il n'y a pas de fluxion de poitrine ? fit Dragonowicz, un sourire protecteur aux lèvres.

— Je l'affirme et je suis persuadé que vous allez trop loin ! répliqua froidement le jeune médecin.

La coupe débordait. Dragonowicz se croisa les jambes, joignit les mains, et jetant un regard majestueux au jeune homme, il lui demanda :

— Pardon... mais quel âge avez-vous ?

Le jeune médecin se leva.

— Mon cher collègue, j'ai juste l'âge qu'il faut pour reconnaître une fluxion de poitrine.

Dragonowicz se leva à son tour.

— Vos connaissances m'importent très peu, s'écria-t-il en levant le bras. Et à quelle université avez-vous étudié ?

Szatyn włożył ręce w kieszeń.

— Nie w Pacanowie, szanowny kolego!...

Czerwoną twarz starego doktora oblał piękny karmazyn.

— Ja także nie w Pacanowie! — wykrzyknął. — Ale ponieważ pan liczysz sobie tyle lat życia, ile ja praktyki — i — ponieważ nie na jednej ławie nas... tego...

Tu wykonał ręką kilka zamaszystych ruchów zgóry nadół.

— Więc upraszam pana dobrodzieja, abyś mnie tytułem kolegi nie honorował...

Skończywszy, Dragonowicz zostawił osłupiałego doktora na środku pokoju, a sam wyszedł, aby ochłonąć.

Szatyn nie spał całą noc, ale natomiast dużo myślał o tem:

Czy postępowanie kolegi Dragonowicza zasługuje na upomnienie ustne, czy listowne, czy też na wniesienie skargi do najbliższego towarzystwa lekarskiego?

Czy raczej brutalne postępowanie kolegi Dragonowicza nie wymaga satysfakcji z bronią w ręku? A w takim razie:

Czy w okolicy znajdzie się dostateczna liczba sekundantów?

Le jeune médecin mit ses mains dans ses poches.

— Pas à la vôtre, mon cher collègue !

Le visage coloré du vieux docteur devint cramoisi.

— Ni moi non plus, je n'ai pas étudié à la vôtre, cria-t-il ; mais vous comptez juste autant d'années d'existence que j'ai d'années de pratique, et comme ce n'est pas... sur le même banc... ah !...

Il fit quelques violents gestes de dénégation et reprit, après un instant :

— Donc, je vous prie de ne plus m'honorer du titre de collègue !

Et laissant le jeune médecin debout au milieu de la pièce, il sortit pour se calmer un peu.

Le jeune homme n'en dormit pas moins à poings fermés, mais, cependant, il réfléchit beaucoup aux questions suivantes :

« La conduite de Dragonowicz méritait-elle une réprimande de vive voix, ou par lettre ? Et devait-il porter plainte devant la Société médicale de l'endroit ?

« Le procédé, plutôt brutal, de Dragonowicz envers un collègue n'exigeait-il pas une réparation par les armes ? Et dans ce cas :

« Trouverait-on aux environs les quatre témoins nécessaires ? »

Na drugi dzień obaj przeciwnicy byli bladzi i jedli śniadanie bez apetytu. Każdy znajdował się pod wpływem bardzo energicznych i niezależnie powziętych postanowień, które streszczały się w tem, że żaden nie miał z drugim rozmawiać, jak najrzadziej na przeciwnika spoglądać — i — jak najśpieszniej koni zażądać.

Co też obaj uczynili. Ale ponieważ pani baronowa więcej ufała warszawiakowi niż Dragonowiczowi, wyjechał więc ten ostatni, otrzymawszy sute honorarjum.

W przedpokoju Dragonowicz znalazł kamerdynera, Krzysztofa, i zwyczajnego lokaja. Pan Krzysztof kazał ubrać lokajowi pana doktora do podróży, a pan doktor prosił pana Krzysztofa, aby tenże powiedział lekarzowi z Warszawy, że jest chłystkiem.

Krzysztof zdumiał się.

— Pozwoli sobie pan doktór zrobić uwagę — rzekł — że ja tamtego pana mam przyjemność znać, i że...

— Cóżto, byliście w jednej restauracji? — spytał Dragonowicz z najwyższą wściekłością.

Wyglądało to na obelgę, ale pan Krzysztof nie stracił zimnej krwi.

— Ja w restauracjach nie przesiadywałem — odparł z godnością — a tamtego pana spotykałem w takich towarzystwach, w jakich pan doktór — nie bywa!...

Le lendemain, les deux adversaires étaient pâles ; ils déjeunèrent sans appétit. Chacun se trouvait sous l'impression des résolutions décisives qu'il avait prises, résolutions consistant en ce qu'ils ne devaient pas s'adresser la parole, devaient se regarder le moins possible, et demander des chevaux immédiatement.

C'est ce qu'ils firent tous les deux : mais comme Mme la baronne avait plus de confiance dans le Varsovien qu'en Dragonowicz, le Varsovien ne partit que plus tard, emportant de généreux honoraires.

Dans l'antichambre, Dragonowicz trouva le valet de chambre Christophe et un simple domestique. M. Christophe ordonna à celui-ci d'aider monsieur le docteur à endosser son paletot ; et monsieur le docteur pria M. Christophe de dire au médecin de Varsovie qu'il n'était qu'un béjaune.

M. Christophe en resta tout stupéfait :

— Monsieur le docteur voudra bien me permettre de lui faire remarquer que je n'ai pas le plaisir de connaître ce monsieur et que...

— Mais si, vous avez dû servir dans le même restaurant !... fit Dragonowicz, ne se contenant plus.

Cela avait tout l'air d'une injure, mais M. Christophe garda son sang-froid.

— Je n'ai jamais servi dans un restaurant, répliqua-t-il avec dignité, et j'ai rencontré ce monsieur dans des sociétés que ne fréquente pas Monsieur.

To powiedziawszy, odszedł bez pożegnania, a następnie oświadczył pani baronowej, że stary doktór jest źle wychowany, i że on, pan Krzysztof, nie będzie mu już nigdy robił honorów, albo prosi o dymisją.

Tym sposobem młody lekarz stał się panem placu i mógł leczyć chorą bez przeszkód. Zajął się Anielką energicznie. Całe godziny spędzał przy jej łóżku, sam podawał lekarstwa, wino, dysponował buljony, pukał, słuchał, mierzył temperaturę. Lecz gdy baronowa pytała go, co sądzi o pacjentce, potrząsał głową i odpowiadał stylem kwiecistym:

— Chora przechodzi przez wąską kładkę, z której łatwo spaść i która również łatwo może się załamać. Ale...

W tem miejscu schylił głowę i rozłożył ręce.

— Natura ma swoje środki! — dokończył.

— Więc stan jest rozpaczliwy? — spytała niespokojnie baronowa.

— Do ostatniej chwili nie należy tracić nadziei...

— Kiedyż spodziewa się doktór przesilenia?

— W malarji niema przesilenia. Jest tylko stopniowe zwolnienie rozwoju choroby i upadku sił, no — a potem wyzdrowienie.

— Czy wypada przyśpieszyć powrót ojca chorej? — pytała dama.

— Nie zaszkodzi. Może to nawet wywrzeć pewien korzystny wpływ na system nerwowy.

Et sur ce, il sortit sans même saluer, et s'en fut déclarer à la baronne « que le vieux docteur était un mal élevé et que lui, M. Christophe, ne s'inclinerait plus jamais devant lui, ou bien qu'il demandait son congé ».

Le jeune Varsovien resta donc maître de la place et put soigner la malade à son gré. Il s'y employa énergiquement, resta des heures entières près du lit d'Anielka, lui fit prendre des remèdes, du vin, du potage, la palpa, l'ausculta, appliqua le thermomètre ; mais quand la baronne lui demanda ce qu'il en pensait, il secoua la tête et répondit, en langage fleuri :

— La malade traverse en ce moment une passerelle d'où elle peut choir facilement, et qui peut se rompre plus facilement encore, mais...

Il baissa la tête et ouvrit les bras.

— La nature peut venir en aide... conclut-il.

— Alors son état est désespéré ? demanda la baronne, inquiète.

— Nous devons espérer jusqu'à la dernière minute...

— Quand supposez-vous que la crise aura lieu ?

— Il n'y a pas de crise dans la malaria : il n'y a que des degrés de ralentissement et de développement de la maladie, un manque absolu de forces ; et puis, survient la convalescence.

— Ne conviendrait-il pas de hâter l'arrivée du père ?

— On le pourrait ; cela peut même influer favorablement sur le système nerveux.

— A arendarz z ich majątku czy może odwiedzić chorą?... To dobry Żyd... On tak pragnie zobaczyć ją...

— Owszem! — odparł doktór.

Na zasadzie tego „owszem" Szmul uzyskał prawo odwiedzenia Anielki. Miał ją zobaczyć pierwszy raz od kilku tygodni. Uwiadomiła go o tem pani Wichrzycka, której Szmul nie omieszkał spytać:

— Z przeproszeniem pani... Czy od tej słabości nie można się zarazić?

— Skądże znowu?

— Bo, widzi pani, ja mam dzieci — i... w tych czasach bardzo wiele interesów.

— A dajże mi Szmul spokój! Sam Szmul chciałeś tam pójść, a teraz boisz się?...

W arendarzu ocknął się duch Machabeuszów, plunął na rękę, przygładził nią włosy i — nieco blady — począł przebierać nogami, jak ognisty rumak przed bitwą.

Już mieli iść, gdy nagle pani Wichrzycka, przypomniawszy sobie coś, wzięła z biurka spory flakon i obficie oblała kapotę Szmula wodą kolońską.

— Czy to od zarazy? — spytał, kręcąc nosem.

— Od zarazy.

— Est-ce qu'un de leurs fermiers ne pourrait pas voir notre chère malade ?... C'est un très digne Juif... et il désire tant la voir !...

— Pourquoi pas ? répondit le docteur.

En vertu de ce « pourquoi pas », Samuel fut autorisé à entrer chez la fillette. Il ne l'avait pas vue depuis plusieurs semaines ; et quand Mme Wichrzycka vint lui apporter l'autorisation, il n'eut garde d'oublier de lui demander :

— Pardon, Madame, mais ne peut-on pas gagner cette maladie ?

— Quelle sottise !

— C'est que, voyez-vous, Madame, j'ai des enfants, et beaucoup d'affaires en ce moment !

— Laissez donc, Samuel ! C'est vous qui avez voulu y aller, et maintenant vous avez peur...

L'âme des Machabées se réveilla en Samuel ; il cracha dans ses mains, lissa ses cheveux ; et, légèrement pâle, il se mit à remuer les jambes comme un fougueux coursier avant une bataille.

Avant qu'il se rendît chez la malade, Mme Wichrzycka parut se souvenir de quelque chose ; elle prit un grand flacon posé sur le bureau et arrosa abondamment la houppelande de Samuel d'eau de Cologne très parfumée.

— Est-ce que c'est contre la contagion ? demanda-t-il en se bouchant le nez.

— Oui !

Wyszli. W sieni spotkał ich kamerdyner, Krzysztof, który obejrzał arendarza od stóp do głów i zapytał:

— Cóż, pan Szmul dziś uperfumowany?...

— To tak pani Wichrzycka... — odparł Szmul.

W dalszych pokojach zetknęli się z lokajem, który ze śmiechem zawołał:

— A to dopiero zalatuje od Szmula!...

Żyd zmieszał się.

Potem spotkał ich młody doktór, i ten znowu począł uważnie przypatrywać się arendarzowi, który pachniał, jak ekstrakt wody kolońskiej.

Wkońcu nawinęła się karbowa.

— O la Boga, Szmulu! — zawołała — a dyć was tak czuć, jak samą jaśnie panią...

Arendarza pot oblał. Nie myślał on już o Anielce, ani o zaraźliwości choroby, ale o tem, ażeby ukryć swoją hańbę.

Gdy znalazł się w salonie, gdzie leżała chora, on, taki zwykle sprytny, stracił wszelką władzę nad sobą i pragnął ukryć się choć w mysiej jamie.

— Przyprowadziłam pannie Anieli Szmula — odrzekła Wichrzycka.

— Aha! Jak się macie Szmulu?... Nie przywieźliście mi ani razu listu od mamy... Ja nie wiem nawet, gdzie jest mama i co się z nią dzieje.

Ils sortirent. Dans l'antichambre, ils se heurtèrent à un valet de chambre qui examina le Juif des pieds à la tête et lui demanda :

— Qu'est-ce que c'est, vous êtes parfumé aujourd'hui, monsieur Samuel ?

— C'est Mme Wichrzycka qui...

Plus loin, ils rencontrèrent un autre domestique qui s'écria en riant :

—Vous en exhalez des parfums, aujourd'hui, Samuel !...

Le Juif resta tout décontenancé.

Le jeune docteur, qui se trouvait par hasard sur leur passage, examina aussi le fermier, embaumant comme de l'extrait d'eau de Cologne.

Enfin la surveillante les accueillit par :

— Grand Dieu, Samuel ! vous sentez comme un seigneur !...

Des gouttes de sueur perlèrent sur le front du Juif. Il en oublia Anielka, et la contagion, et ne songea plus qu'à une chose : cacher sa honte.

Dès qu'il fut dans le salon où était installée la malade, lui qui savait toujours se tirer d'embarras, perdit toute contenance. Il eût voulu pouvoir se cacher dans un trou de souris.

— Je vous amène Samuel, mademoiselle Anielka, dit Mme Wichrzycka.

— Ah !... Comment allez-vous, Samuel ? Vous ne m'avez pas apporté une seule lettre de maman... Je ne sais même pas où est maman... ce qu'elle devient...

W tej chwili ciotka Andzia zaczęła dawać jakieś znaki Szmulowi. Anielka spostrzegła to i zlękła się.

— Szmulu! — zawołała — gdzie jest moja mama?... Co mu tak ciocia pokazuje rękami?...

— Jaśnie pani zdrowa jest! — odezwał się Żyd zmienionym głosem.

Anielka wpadła w rozdrażnienie.

— Dlaczego Szmul taki niespokojny?... Chodźcie-no do mnie, Szmulu!... przysuńcie się...

— Idźcie, Szmulu! — rzekła pani Wichrzycka.

— Chodźcie tu, Szmulu! — mówiła ciotka.

Ale Szmul ani myślał zbliżyć się do łóżka.

— Czy wy boicie się mnie? — pytała Anielka. — Czy ja taka chora, że już do mnie przyjść bliżej nie można?...

— Przepraszam bardzo — wyjąkał Żyd. — Ja nie dlatego, że panienka chora, nie chcę iść, ale dlatego, że ja... troszkę śmierdzę...

Ja tu potem wstąpię — rzekł i prędko wybiegł z pokoju.

Wichrzycka ze śmiechem powiedziała, jako Szmul wstydzi się tego, że został uperfumowany, a ciotka Andzia potakiwała jej. Lecz Anielki nie można było uspokoić. Od tej chwili mówiła wciąż, że jest śmiertelnie chora i że mama musi być także chora.

À cet instant la cousine Anna fit quelques signes à Samuel ; Anielka les aperçut et s'effraya.

— Samuel ! s'écria-t-elle, où est maman ? Qu'est-ce que ma cousine vous montre de la main ?

— Madame se porte bien ! répondit Samuel d'une voix toute changée.

Anielka devint toute nerveuse.

— Pourquoi avez-vous l'air si agité, Samuel ?... Approchez un peu... venez ici...

— Approchez-vous donc, Samuel ! dit Mme Wichrzycka.

— Venez plus près, Samuel, dit la cousine à son tour.

Mais Samuel ne paraissait nullement disposé à s'approcher du lit.

— Est-ce que vous avez peur de moi ? demanda Anielka. Suis-je donc si malade qu'on ne puisse plus m'approcher ?...

— Je vous demande bien pardon, bégaya le Juif ; ce n'est pas parce que Mademoiselle est malade que je n'approche pas... mais parce... parce... que je pue un peu... Je reviendrai plus tard...

Et il s'enfuit du salon.

Mme Wichrzycka conta en riant comme il avait honte d'avoir été parfumé, la cousine rit aussi, mais cela ne parvint nullement à rassurer Anielka. À partir de cet instant, elle persista à répéter qu'elle était mortellement atteinte, et que sa mère aussi devait être gravement malade...

— Już ja pewnie umrę, ciociu — szeptała z bolesną rezygnacją. — Niech ciocia modli się za mnie... Możeby księdza sprowadzić?...

Ciotka była w rozpaczy.

— Co ty mówisz o śmierci, dziecino kochana?... Co się tobie przy widuje?... Przecież tu jest doktór, który cię codzień bada, a jednak nic podobnego nie przypuszcza...

Anielka przez chwilę milczała, a potem znowu szepnęła:

— Zawsze niech mi ciocia księdza poprosi.

Pani Anna była kobietą pobożną i wierzyła w natchnienia.

— Ha! moje dziecko — rzekła — jeżeli chcesz, to ci poproszę księdza. Wiadomo, że nieraz Ciało i Krew Pańska prędzej ludziom zdrowie przywracały, aniżeli wszystkie lekarstwa.

A w duchu dodała: „I jużci lepiej jest umrzeć z Bogiem, jeżeli już tak ma być!"

Gdy zawiadomiono panią baronowę, że chora chce księdza, dama bardzo przestraszyła się. Dostała bicia serca, wysłała dwie depesze do pana Jana, ażeby nie zwłóczył z powrotem, i poczęła wypytywać doktora, czy tak straszna ceremonja nie pogorszy choroby dziecka.

— I... nie! — odparł. — Podobny akt może nawet zbawiennie oddziałać na jej system nerwowy, jeżeli chora sama sobie życzy.

— A jakiż jest stan jej? czy rzeczywiście rozpaczliwy?...

— Je mourrai certainement, disait-elle avec une résignation douloureuse. Priez pour moi, ma cousine... Ne faudrait-il pas faire venir un prêtre ?...

La cousine était désespérée.

— Que parles-tu de mort, fillette chérie ?... quelle vision as-tu là ?... Est-ce que le docteur ne t'examine pas chaque jour ? Et, cependant, il ne prévoit rien de semblable...

Anielka se tut. Un moment après, elle murmura :

— Dans tous les cas, faites venir un prêtre !

La cousine était pieuse et croyait aux pressentiments.

— Si tu le veux, mon enfant, j'en ferai venir un. Il est certain que la chair et le sang de Notre-Seigneur rendent mieux la santé aux malades que tous les médicaments...

Et elle ajouta, dans son for intérieur : « Et mieux vaut mourir avec Dieu, s'il faut mourir ! »

Lorsqu'on annonça à la baronne que la malade demandait un prêtre, elle s'alarma, eut des palpitations de cœur, et enfin fit expédier deux dépêches à M. Jean, le priant de ne pas retarder son arrivée ; puis elle alla demander au docteur s'il ne fallait pas craindre que cette effrayante cérémonie n'empirât l'état de l'enfant.

— Non, répondit le docteur ; un tel acte peut au contraire agir efficacement sur le système nerveux, si la malade le désire elle-même.

— Son état est-il vraiment désespéré ?

Doktór wysoko podniósł brwi.

— Proszę pani, natura ma środki, jakich my nie domyślamy się nawet!

Baronowa wniosła z tych wyrazów, że niema już żadnej nadziei, wysłała do pana Jana trzecią depeszę i zamknęła się w swym pokoju.

W pałacu i na folwarku poczęto mówić, że z Anielką jest źle.

W nocy wysłano najpiękniejszy ekwipaż na stacją drogi żelaznej, naprzeciw pana Jana. Około dziesiątej rano przyjechał proboszcz. Zawiadomiono Anielkę i ubrano ją w nową bieliznę. Dziewczynka z zajęciem przypatrywała się swemu kaftanikowi haftowanemu, służbie chodzącej na palcach, łzom ciotki i przerażeniu karbowej.

Szczególną jakąś przyjemność sprawiała jej myśl o tem, że wszyscy tak dziś biegają około niej, że ona będzie się spowiadać i że umrze, jakby jaka osoba dorosła!

Ciotka Andzia dostrzegła, że Anielka jest spokojniejsza i wcale nie majaczy.

Doniosła jej więc, że lada chwilę przyjedzie ojciec.

— Tak... A to dobrze! — odparła Anielka.

Przed spowiedzią lekarz zbadał jeszcze raz chorą, zmierzył temperaturę i zamyślił się. Następnie kazał jej podawać jak najczęściej stare wino, zamknąć żaluzje,

Le docteur releva les sourcils :

— Madame, la nature a des moyens que nous ne connaissons pas.

La baronne conclut, d'après ces paroles, qu'il n'y avait plus aucun espoir, et envoya immédiatement un troisième télégramme à M. Jean ; puis elle alla s'enfermer dans ses appartements.

Le bruit circula bientôt, au château et à la ferme, qu'Anielka était perdue.

La nuit, on envoya la plus belle voiture au-devant de M. Jean. Vers neuf heures du matin, le prêtre arriva. On alla prévenir Anielka ; puis on la vêtit de linge neuf. La fillette regarda avec un certain intérêt sa camisole brodée, les allées et venues des servantes, les larmes de sa cousine, et la stupeur de la surveillante.

Il lui était visiblement agréable que chacun s'empressât auprès d'elle, et puis de penser qu'elle allait se confesser, communier, et se préparer à mourir, comme une grande personne.

La cousine, qui remarqua ce calme d'Anielka, s'empressa de lui annoncer qu'on attendait son père d'un moment à l'autre.

— Vraiment ?... c'est très bien, dit Anielka.

Avant la confession, le docteur examina encore la malade, appliqua le thermomètre, et parut réfléchir profondément, puis il ordonna de lui faire prendre du vin vieux le plus souvent possible, de fermer les persiennes

gdyż Anielkę blask raził, i — poszedł na wieś odwiedzić kilku pacjentów. Ciocia Andzia przysunęła fotel do łóżka i oparła dziewczynkę na poduszkach w postawie siedzącej.

— Wie ciocia, że dzisiejszej nocy śniło mi się niebo. Widziałam tam wiele wysp, jakby ze złota, na morzu zielonozłotem, ale to tak wydawało się tylko — zdaleka. Zbliska niebo wygląda jak ziemia. Są tam drzewa, trawniki, kwiaty, tych samych kolorów, co i u nas, tylko jeszcze piękniejszych. Po jednym ogrodzie chodziła mama, a przed nią biegł Karusek... Jacy byli śliczni oboje!... Wołałam na nich, ale nie słyszeli mnie. Nareszcie obudziłam się...

— Uspokój się, moje dziecko, zmów paciorek... — prosiła ciotka, widząc, że Anielkę zmęczyło to opowiadanie, i że rumieńce wystąpiły jej na twarz.

W uchylonych drzwiach ukazał się stary proboszcz w białej komeżce. Anielkę nagły strach ogarnął.

— Czy to już ksiądz przyszedł? — zawołała. — O, jakże ja się boję!... Dlaczego tu tak ciemno?... Jak tu ciemno!...

— Oczy cię bolały, i dlatego doktór kazał przymknąć żaluzje — szeptała ciotka.

— Już mnie nie bolą — przerwała Anielka. — Otwórzcie choć jedno okno. Zdaje mi się, że już jestem na cmentarzu, w tej kaplicy, gdzie leżą dziadek i babcia.

si la lumière venait à l'incommoder ; puis il se rendit au village, où il avait quelques malades à voir. La cousine Anna approcha son fauteuil du lit, puis plaça des oreillers derrière la fillette, pour qu'elle pût rester assise.

— Figurez-vous, ma cousine, que j'ai rêvé du ciel, cette nuit ! J'y ai vu beaucoup, beaucoup d'îles comme en or sur une mer vert doré, mais cela paraissait tel seulement de loin, parce que de tout près, le ciel ressemblait à la terre. Il y a aussi des pelouses, des fleurs de couleurs tout à fait pareilles à celles d'ici, mais plus jolies cependant. Maman se promenait dans un des jardins, et Karo courait devant... Comme ils étaient beaux à voir, tous les deux !... Je les ai appelés, mais ils ne m'ont pas entendue... Enfin je me suis réveillée.

— Calme-toi, mon enfant, fais ta prière ! implora la cousine, en voyant de grandes taches rouges marbrer les joues de l'enfant, que ce récit avait fatiguée.

Un vieux prêtre en surplis parut dans l'embrasure de la porte. Anielka s'effraya.

— Est-ce que c'est le prêtre qui est déjà venu ?... Oh ! comme j'ai peur. Pourquoi fait-il si sombre ici ?... Comme il fait noir !...

— Tu avais mal aux yeux, c'est pourquoi le docteur a fait fermer les persiennes, murmura la cousine.

— Je n'ai plus mal, maintenant, interrompit la fillette. Ouvrez au moins une fenêtre ! Il me semble que je suis dans un cimetière, dans la chapelle où sont mon grand-père et ma grand-mère.

— Otwórzcie okna! — odezwał się proboszcz, siadając przy chorej.

Skrzypnęły żaluzje, i jasny dzień wlał się do ponurego salonu. Ciotka wyszła, zakrywając oczy, ksiądz szeptał po łacinie, a za oknem wtórował mu szelest drzew i świergot ptaków.

— Módl się, moje dziecko... — rzekł proboszcz.

— Jak tam ładnie!... — odezwała się Anielka, wskazując na ogród. — Boże mój, Boże!... czy ja kiedy zobaczę dom nasz... mamę moją kochaną?...

Potem zaczęła bić się w piersi i spojrzała na księdza, czekając jego pytań.

— Byłaś, moje dziecko, u spowiedzi przed Wielkanocą?

— Tak.

— Dobrze, moje dziecko. Trzeba przynajmniej raz na rok spowiadać się. A na mszy świętej bywałaś każdej niedzieli?

— Nie.

— Więc zapewne modliłaś się w domu?

— Niezawsze — odparła Anielka, spuszczając oczy. — Czasami biegałam po ogrodzie i bawiłam się z Karuskiem.

— Można się bawić w święta, ale zawsze trzeba się choć trochę pomodlić. A paciorek odmawiałaś codzień rano i wieczór?...

— Ouvrez la fenêtre ! intervint le prêtre, en s'asseyant près de la malade.

Les persiennes grincèrent, et la claire lumière du jour inonda le salon morose. La tante sortit en se couvrant les yeux de ses mains, le prêtre murmura des paroles latines, accompagné par le murmure des feuilles et le gazouillement des oiseaux dans le jardin.

— Prie, mon enfant ! dit le prêtre.

— Comme il fait beau là-bas ! s'écria Anielka en montrant le jardin. Mon Dieu ! mon Dieu ! reverrai-je jamais notre maison... ma chère maman ?...

Puis elle se frappa la poitrine et regarda le prêtre, attendant qu'il l'interrogeât.

— As-tu été à confesse avant Pâques, mon enfant ?

— Oui.

— C'est bien, mon enfant. Il faut toujours se confesser au moins une fois par an... Et as-tu assisté à la sainte messe chaque dimanche ?

— Non.

— Tu priais à la maison, sans doute ?

— Pas toujours, répondit Anielka en baissant les yeux. Quelquefois je courais dans le jardin et je jouais avec Karo.

— On peut jouer le dimanche et les jours de fête, mais il faut toujours prier au moins un peu. As-tu dit tes prières chaque matin et chaque soir ?

Anielka zamyśliła się.

— Raz, wieczór, nie mówiłam pacierza.

— Z jakiegoż to powodu?

— Siedziałam długo przy mamie i zasnęłam na krześle...

Potem dodała z drżeniem w głosie:

— Wtedy nam się dom spalił... Może to za moje grzechy? — spytała, patrząc bojaźliwie na proboszcza.

Spowiednik zakłopotał się.

— Nie jestem pewny, moje dziecko — rzekł — ale, zdaje mi się, że nie... Słuchałaś też rodziców, chętnie wypełniałaś ich rozkazy?...

— Nie — szepnęła Anielka. — Ojciec nie kazał mi rozmawiać z Gajdą, a ja rozmawiałam...

— Trzeba, moje dziecko, zawsze spełniać wolę rodziców, bo oni nic nie nakazują bez powodu. Pocóżeś rozmawiała z tym człowiekiem?

— Prosiłam go, żeby córki swej nie bił... Ona taka mała...

— Aha!... Moje dziecko... moje dziecko... To dobrze, żeś prosiła, ale rodziców zawsze słuchać potrzeba... A nie wzywałaś kiedy imienia boskiego nadaremnie?...

— Tak.

— Doprawdy? — rzekł proboszcz. — Iz jakiegoż to powodu, moje dziecko...

Anielka réfléchit.

— Un soir, je n'ai pas prié.

— Pour quelle raison ?

— Je suis restée longtemps auprès de maman ; et puis, je me suis endormie dans son fauteuil.

Et elle ajouta, un tremblement dans la voix :

— C'est alors que notre maison a brûlé... Peut-être est-ce à cause de mes péchés, demanda-t-elle en regardant craintivement le prêtre.

Le confesseur parut embarrassé.

— Je n'en suis pas sûr, mon enfant, répondit-il, mais il me semble que non. As-tu toujours obéi à tes parents ? Leur as-tu obéi volontiers, sans murmurer ?

— Non, balbutia Anielka, papa m'a défendu de parler à Gaïda, et je lui ai parlé cependant...

— Il faut toujours accomplir la volonté de ses parents, mon enfant ; ils n'ordonnent rien sans motif. Pourquoi as-tu causé avec cet homme ?

— Je l'ai prié de ne plus battre sa fille... Elle est si petite encore !...

— Ah !.... mon enfant... mon enfant... C'est très bien de lui avoir demandé cela, mais il faut toujours obéir à ses parents... Et n'as-tu pas prononcé le nom de Dieu en vain ?...

— Si.

— Vraiment ? fit le prêtre. Et à quel sujet, mon enfant ?

— Prosiłam Boga, ażeby ojca do nas przysłał... potem mamę...

— Aha!... Moje dziecko...

Proboszcz dobył fularową chustkę i obtarł nos.

— Czy już nic nie pamiętasz, moje dziecko?...

— Nic...

— Bij się w piersi, moje dziecko, i mów: „Boże bądź miłościwi..." A za pokutę zmów jeden pacierz na intencją wszystkich grzeszników.

Odmówił nad nią modlitwę głosem zmienionym i prędko wybiegł z salonu, unikając spotkania z ludźmi.

Młody doktór powracał właśnie ze wsi do pałacu, gdy pędem przeleciała obok niego kareta, zaprzężona w cztery konie. Lekarza coś tknęło i przyśpieszył kroku.

— To ojciec chorej! — pomyślał. — Żeby choć zaraz nie wpadł do niej, bo mi całą robotę zepsuje.

I począł biegnąć kłusem.

Ale kareta wyprzedziła go znakomicie. Ledwie stanęła przed gankiem, wyskoczył z niej pan Jan, serdecznie powitał gospodynią domu, która wyszła na jego spotkanie, i zażądał, aby go natychmiast zaprowadzono do córki.

— W tej chwili ksiądz od niej wyszedł! — ostrzegła go baronowa.

— J'ai demandé à Dieu de nous envoyer papa... puis maman...

— Ah ! mon enfant...

Le prêtre tira de sa poche un ample mouchoir de soie et se moucha.

— Ne te souviens-tu plus de rien, mon enfant ?...

— De rien...

— Frappe-toi la poitrine, mon enfant, et dis : « Mon Dieu, ayez pitié de moi !... » Et, comme pénitence, récite une prière à l'intention de tous les pécheurs !

Et ayant achevé lui-même une courte prière d'une voix toute changée, il s'enfuit du salon en évitant de rencontrer personne.

Le jeune docteur revenait lentement au château lorsqu'une voiture de maître, attelée de quatre chevaux lancés à fond de train, le dépassa. Un mauvais pressentiment l'envahit ; il hâta le pas.

— C'est le père de la malade, pensa-t-il. Pourvu qu'il n'entre pas chez elle sans la prévenir, il me gâterait mon ouvrage !

Et il se mit à courir.

Mais la voiture était déjà loin. À peine se fut-elle arrêtée devant le perron que M. Jean en descendit. Naïvement et, après avoir salué la maîtresse du logis, venue à sa rencontre, il demanda qu'on le conduisît chez sa fille.

— Le prêtre vient de la quitter, lui dit la baronne.

Pan Jan zatrząsł się.

— Prowadźcie mnie do niej, niechże chociaż ją zastanę przy życiu... Na mojej drodze stają wciąż trumny i groby!...

Ciotka Andzia pośpieszyła naprzód; za nią pan Jan i baronowa weszli do salonu chorej.

— Jestem już... jestem, moja dziecino!... — zawołał troskliwy ojciec, biegnąc do łóżka.

Anielka ucieszyła się, choć nie tak gwałtownie, jak przewidywał lekarz.

— O, jak to dobrze, że tatko już przyjechał... Nam tak było źle...

Pan Jan ściskał ją i całował.

— Wiem, że było wam źle na tym przeklętym folwarku, który obecnie sprzedałem. Ale zacna baronowa Weiss, dowiedziawszy się...

— Weiss?... — spytała Anielka, szeroko otwierając oczy.

Przyszła jej na myśl mimowoli podsłuchana rozmowa ojca ze Szmulem.

— Tak, jesteście przecież w domu pani Weiss... — odparł zdziwiony pan Jan.

Teraz Anielka zaczęła przypatrywać się ojcu uważniej — i przy kołnierzu czarnego surduta dostrzegła dwie białe tasiemki.

— Co to?... żałoba?... — zapytała, drżąc. — Po kim tatko w żałobie?...

M. Jean tressaillit.

— Conduisez-moi tout de suite auprès d'elle, que je la revoie vivante, au moins... Je ne rencontre que des cercueils et des tombes, sur ma route...

Quelques instants après, la baronne et lui, précédés de la cousine Anna, entraient chez la malade.

— Me voici... me voici... ma petite chérie !... s'écria le tendre père, en courant vers le lit.

Anielka se réjouit, moins toutefois que ne l'avait supposé le docteur.

— Comme c'est bien que vous soyez arrivé, papa... je me sentais si mal !...

M. Jean la serra dans ses bras, et la couvrit de baisers.

— Je sais que vous avez été très mal logés, dans cette maudite ferme dont je me suis enfin débarrassé : mais la bonne baronne Weiss, ayant appris...

— Weiss ? fit Anielka, en ouvrant de grands yeux.

La conversation de son père et de Samuel lui revint involontairement à l'esprit.

— Mais oui, n'êtes-vous pas chez Mme Weiss ?... repartit M. Jean étonné.

Anielka regarda son père attentivement et elle aperçut deux petits galons blancs au revers de sa redingote.

— Qu'est-ce que c'est que ça... le deuil ?... demanda-t-elle toute tremblante. De qui êtes-vous en deuil, papa ?

Nagle błysnęła jej jakaś myśl.

— Mama nie żyje!... — krzyknęła, zasłaniając rękoma oczy — i upadła na poduszki.

Ojciec pochylił się nad nią.

— Anielciu!... uspokój się! — mówił. — Anielciu!... Anie... O, Boże...

I ukląkł przy łóżku.

Dziecko leżało blade, bez ruchu.

W tej chwili wbiegł do salonu doktór. Widząc, że ciotka Andzia zanosi się od płaczu, że baronowa zdaje się być bliska zemdlenia, a pan Jan klęczy, odgadnął coś niedobrego. Zbliżył się do Anielki, wziął ją za puls... Posłuchał oddechu... Anielka już nie oddychała.

*
* *

Pan Jan ożenił się z panią Weiss w karnawale — i już podobno w wielkim poście został pod pantoflem drugiej małżonki swojej, osoby, jak się następnie okazało, bardzo energicznej. Dała ona władcy serca swego, wzamian za piękne nazwisko, wszelkie wygody, ale ograniczyła jego wydatki pozadomowe. Dzięki tajemnej interwencji Szmula, pan Jan prawie nie mógł długów zaciągać, a że i sąsiedzi niebardzo chętnie podejmowali go, zasiedział się w domu żony i — począł tyć.

Une pensée lui traversa l'esprit.

— Maman est morte !... s'écria-t-elle ; et, se couvrant les yeux de ses mains, elle retomba sur les oreillers.

Le père se pencha sur elle.

— Anielka, calme-toi, implora-t-il. Anielka... Aniel... Mon Dieu !...

Et il tomba à genoux près du lit.

L'enfant était étendue, pâle, sans mouvement.

Le docteur entrait en ce moment. Voyant la cousine tout en larmes, la baronne sur le point de s'évanouir et M. Jean à genoux, il devina que quelque chose avait dû survenir. Il s'approcha d'Anielka, lui tâta le pouls... Il écouta la respiration... Anielka ne respirait plus.

*
* *

M. Jean a épousé Mme Weiss pendant le carnaval ; et, en carême, il était déjà gouverné par sa seconde femme, personne très énergique, comme on le vit dans la suite. Elle donna à l'élu de son cœur, en échange de son beau nom, tout le bien-être possible : mais elle lui défendit de rien dépenser hors de la maison. Grâce à l'intervention secrète de Samuel, M. Jean ne trouva plus à emprunter, et, comme il n'était guère aimablement accueilli par ses voisins, il resta tranquillement au logis, et prît de l'embonpoint.

Józia pieści macocha, lecz pomimo to ujęła wychowanie jego w pewne karby. Rośnie więc chłopak na przyzwoitego panicza.

Nareszcie Szmul, otrzymawszy młyn od pani Weiss, wciąż powiększa swoją fortunę, a karbowy, Zając, dostał obowiązek w majątku pani Janowej.

Szkoda tylko, że nieborak od owej znajomości z karczmą, zrobionej pod wpływem tęsknoty za pustym folwarkiem, zagląda dosyć często do kieliszka i jest źle traktowany przez żonę.

Koniec

Joseph est très gâté par sa belle-mere, qui s'occupe cependant très sérieusement de son éducation. Le garçonnet promet de devenir un jeune homme bien élevé.

Samuel, qui enfin a obtenu la location d'un moulin appartenant à Mme Weiss, a déjà doublé sa fortune ; et le surveillant Zaïone est également occupé chez Mme Jean.

Seulement, depuis le jour où, poussé par la nostalgie de sa chaumière déserte, le malheureux a fait connaissance avec le cabaret, il y retourne trop volontiers, ce qui lui vaut d'être souvent fort maltraité par sa femme.

FIN

DANS LA MÊME ÉDITION BILINGUE + AUDIO INTÉGRÉ :

- BARTEK VAINQUEUR (Henryk Sienkiewicz) *polonais-français*
- LE PORTRAIT DE DORIAN GRAY (Oscar Wilde) *anglais-français*
- LE FANTÔME DE CANTERVILLE (Oscar Wilde) *anglais-français*
- SALOMÉ (Oscar Wilde) *anglais-français*
- L'ÎLE AU TRÉSOR (R. L. Stevenson) *anglais-français*
- L'ÉTRANGE CAS DE DR JEKYLL ET M. HYDE (Stevenson) *anglais-français*
- AGNES GREY (Anne Brontë) *anglais-français*
- WUTHERING HEIGHTS (Emily Brontë) *anglais-français*
- LE NOMMÉ JEUDI (G. K. Chesterton) *anglais-français*
- LE TOUR D'ÉCROU (Henry James) *anglais-français*
- LES PAPIERS D'ASPERN (Henry James) *anglais-français*
- JOHN BARLEYCORN (Jack London) *anglais-français*
- LES VAGABONDS DU RAIL (Jack London) *anglais-français*
- LE LIVRE DE LA JUNGLE (Rudyard Kipling) *anglais-français*
- LA MACHINE À EXPLORER LE TEMPS (H. G. Wells)) *anglais-français*

- LE VAMPIRE (John Polidori, Lord Byron) *anglais-français*
- WALDEN, OU LA VIE DANS LES BOIS (Thoreau) *anglais-français*
- LA DÉSOBÉISSANCE CIVILE (Thoreau) *anglais-français*
- MA VIE, MON ŒUVRE (Henry Ford) *anglais-français*
- MA VIE D'ESCLAVE AMÉRICAIN (Frederick Douglass) *anglais-français*
- ROMÉO ET JULIETTE (William Shakespeare) *anglais-français*
- HAMLET (William Shakespeare) *anglais-français*
- OTHELLO (William Shakespeare) *anglais-français*
- LA FILLE DE RAPPACCINI (Nathaniel Hawthorne) *anglais-français*
- LE LIVRE DES MERVEILLES (Nathaniel Hawthorne) *anglais-français*
- RASSELAS, PRINCE D'ABYSSINIE (Samuel Johnson) *anglais-français*
- CONTES CHOISIS (Frères Grimm) *allemand-français*
- LE JOUEUR D'ÉCHECS (Stefan Zweig) *allemand-français*
- LE BOUQUINISTE MENDEL (Stefan Zweig) *allemand-français*
- LES CAHIERS DE MALTE LAURIDS BRIGGE (R.M. Rilke) *allemand-français*
- LES SOUFFRANCES DU JEUNE WERTHER (J.W. Goethe) *allemand-français*
- CONTES (H.C. Andersen) *danois-français*
- CORNÉLIA (Cervantès) *espagnol-français*
- RINCONÈTE ET CORTADILLO (Cervantès) *espagnol-français*
- ALICE AU PAYS DES MERVEILLES (Lewis Carroll) *espéranto-français*
- LES AVENTURES DE PINOCCHIO (Carlo Collodi) *italien-français*
- LE PRINCE (Nicolas Machiavel) *italien-français*
- MAX HAVELAAR (Multatuli) *néerlandais-français*
- LE PETIT JOHANNES (Frederik van Eeden) *néerlandais-français*
- MÉMOIRES POSTHUMES DE BRÁS CUBAS (M. de Assis) *portugais-français*
- LA DAME DE PIQUE (Alexandre Pouchkine) *russe-français*
- LA FILLE DU CAPITAINE (Alexandre Pouchkine) *russe-français*
- LE PORTRAIT (Nicolas Gogol) *russe-français*
- TARASS BOULBA (Nicolas Gogol) *russe-français*
- NIETOTCHKA NEZVANOVA (Fiodor Dostoïevski) *russe-français*
- ROUDINE (Ivan Tourgueniev) *russe-français*
- NOUS AUTRES (Ievgueni Zamiatine) *russe-français*
- LA MÈRE (Maxime Gorki) *russe-français*
- UNE MAISON DE POUPÉE (Henrik Ibsen) *norvégien-français*
- LA SAGA DE NJAL (Anonyme) *islandais-français*

*Impression CreateSpace
à Charleston SC, en septembre 2018.*

Imprimé aux États-Unis.

En couverture :
Alexei Harlamoff,
« Portrait d'une jeune fille »

Découvrez l'ensemble de nos ouvrages
sur notre site :

www.laccolade-editions.com

www.ingramcontent.com/pod-product-compliance
Lightning Source LLC
Chambersburg PA
CBHW030212170426
43201CB00006B/63